Sentieri

ATTRAVERSO L'ITALIA CONTEMPORANEA

Shiyun Chen.

:)

Julia M. Cozzarelli
Ithaca College

VISTA
HIGHER LEARNING
Boston, Massachusetts

Legend:

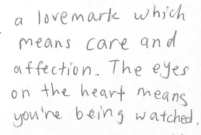

a lovemark which means care and affection. The eyes on the heart means you're being watched.

ISBN: 978-1-60576-171-8

1 2 3 4 5 6 7 8 9 RE 15 14 13 12 11 10

Table of Contents

LAB MANUAL

VIDEO MANUAL

Introduction

The **SENTIERI** Workbook

Completely coordinated with the **SENTIERI** textbook, the Workbook for **SENTIERI** provides additional practice of the vocabulary and grammar presented in each of the textbook's twelve units. The Workbook will also help you build your reading and writing skills in Italian. Icons and page references in the **risorse** boxes of the **SENTIERI** textbook correlate the Workbook to your textbook, letting you know where you can find additional practice for a given vocabulary set or grammar point. Answers to the Workbook activities are located in a separate Answer Key.

The Workbook contains materials for both lessons in each unit, as well as materials for the **Panorama** section of **Avanti**. Each lesson's workbook activities focus on developing your reading and writing skills as they recycle the language of the corresponding textbook lesson and unit. Activity formats include, but are not limited to: true/false, multiple choice, fill-in-the-blanks, sentence completion, sentence expansion, and answering questions. You will also find activities based on maps, photographs, and illustrations.

Reflecting the overall organization of the unit structure, each workbook unit contains two lessons, each of which contains **Contesti** and **Strutture** sections, followed by a **Panorama** section corresponding to the region(s) presented in **Avanti**.

The **SENTIERI** Lab Manual

Completely coordinated with the **SENTIERI** textbook, the Lab Manual for **SENTIERI** provides additional practice of the vocabulary and grammar presented in each of the textbook's twelve units. The Lab Manual will also help you build your listening and speaking skills in Italian. Icons and page references in the **risorse** boxes of the **SENTIERI** textbook correlate the Lab Manual to your textbook, letting you know when additional practice is available. Answers to the Lab Manual activities are located in a separate Answer Key.

The laboratory activities are designed for use with the **SENTIERI** Lab Program MP3s on the **SENTIERI** Supersite. They focus on building your listening comprehension, speaking, and pronunciation skills in Italian as they reinforce the vocabulary and grammar of the corresponding textbook lesson. The Lab Manual guides you through the Lab MP3 files, providing the printed cues— direction lines, models, charts, drawings, etc.—you will need in order to follow along easily. You will hear statements, questions, mini-dialogues, conversations, monologues, and many other kinds of listening passages, all recorded by native Italian speakers. You will encounter a wide range of activities, such as listening-and-repeating exercises, listening-and-speaking practice, listening-and-writing activities, illustration-based work, and dictations.

Each laboratory lesson contains a **Contesti** section that practices the active vocabulary taught in the corresponding textbook lesson. The **Pronuncia e ortografia** section parallels the one found in your textbook, and, in addition, offers a dictation activity. Each laboratory lesson includes sections for each **Strutture** presentation in the lesson.

The **SENTIERI** Video Manual

The **SENTIERI Fotoromanzo** video episodes offer approximately seven minutes of dramatic footage for each textbook lesson, i.e., two episodes per unit. Each episode tells the continuing story of four college students studying in Rome. They live together in a *pensione*, where they frequently meet and interact with the landlady and her teenage son. The video, shot in a variety of locations in Rome, tells their story. The video modules contain two distinct elements. First, you will see a dramatic episode that brings the themes, vocabulary, grammar, and language functions of the corresponding textbook lesson to life. These vignettes are expanded versions of the ones featured in the **Fotoromanzo** sections of your textbook. Each dramatic episode then ends with a **Riepilogo** segment in which a narrator calls out key, active language from the video episode, highlighting functional vocabulary and grammatical structures in the context of their use by the video characters.

The video activities will guide you through the video modules. **Prima di guardare** offers previewing activities to prepare you for successful video viewing experiences. **Durante il video** contains while-viewing activities that will track you through each module, focusing on key ideas and events in the dramatic episode and its **Riepilogo** segment. Lastly, **Dopo la visione** provides post-viewing activities that check your comprehension and ask you to apply these concepts to your own life or to offer your own opinions.

We hope that you will find the **SENTIERI** Student Activities Manual to be a useful language learning resource and that it will help you to increase your Italian language skills in a productive, enjoyable way.

The **SENTIERI** *author and Vista Higher Learning editorial staff*

Unità 1

Lezione 1A

CONTESTI

1   **Saluti** For each statement or question, write an appropriate response from the list.

Buonanotte.	A presto!	Di niente.
Anch'io.	Piacere di conoscerLa.	Mi chiamo Daniele Ricci.
Piacere mio.	Non c'è male.	

1. Arrivederci! _A presto!_
2. A domani. _Buonanotte._
3. Come stai? _Non c'e' male._
4. Come si chiama? _Mi Chiamo Daniele Ricci._
5. Piacere. _Piacere di conoscerla._ _Piacere mio._
6. Franca, ti presento il professor Volpi. _____
7. Grazie. _Di niente_
8. Sto male. _Anch'io_

2   **Completare** Complete each expression with the missing word.

1. _A_ domani!
2. _Boun_ giornata!
3. _Come_ sta?
4. Così _Così_.
5. _Sto_ male.

6. Come ti _chiami_?
7. Maria, piacere di _conoscerla_.
8. Piacere _mio_.
9. Grazie! _Di_ niente.
10. _Per_ favore.

3   **Formale o informale?** Indicate whether these expressions are used in formal or informal situations. If an expression may be used in either situation, check both columns.

	Formale	Informale
1. Scusi, signora.	⊘	○
2. Di niente!	⊘	⊘
3. Come stai?	○	⊘
4. Buonasera!	⊘	⊘
5. Ti presento Laura.	○	⊘
6. Per favore.	⊘	⊘
7. E Lei?	⊘	○
8. Buonanotte.	⊘	⊘
9. Buonasera, professore.	⊘	⊘
10. Ciao, Carlotta!	○	⊘
11. A presto.	⊘	⊘
12. Come si chiama?	⊘	○

4 | Abbinare Match each word or expression with its opposite.

_f_ _x_ _b_ ___ 1. qui   a. prego

_d_ ___ 2. la donna   b. qua

_h_ ___ 3. sto male   c. buonanotte

_a_ ___ 4. grazie   d. l'uomo

_c_ ___ 5. buongiorno   e. signora

_g_ ___ 6. il ragazzo   f. lì

_b_ _x_ _f_ ___ 7. là   g. la ragazza

_e_ ___ 8. signor   h. sto bene

5 | Conversazione Put the lines from this conversation in a logical order.

_6_ a. A domani, Anna.

_1_ b. Buongiorno, sono (*I am*) Anna. Come si chiama?

_5_ c. Anch'io sto bene. ArrivederLa.

_4_ d. Sto molto bene, grazie. E tu?

_2_ e. Piacere, sono la signora Persia.

_3_ f. Come sta?

6 | Piccoli dialoghi Write four brief conversations based on the illustration. Be sure to use appropriate forms of address.

1. **SIGNORA GENTILI** Buongiorno Caterina. Come sta?

    CATERINA Buongiorno Signora Gentili! Sto molto bene.

2. **VITTORIO** Ciao Ilaria! Come stai?

    ILARIA Sto male... e tu?

3. **ALESSANDRA** Elena baby! Grazie grazie!

    ELENA Prego Alessandra.

4. **UGO** Ciao guys. Come stai?

    CRISTIANO Sto bene, grazie!

    SIMONE Sto cusi cusi, tutto bene?

STRUTTURE

1A.1 Nouns and articles

1 **Maschile o femminile?** Write the correct indefinite article before each noun. Then write each article and noun under the correct heading.

1. ___un___ amico

2. ___uno___ studente

3. ___una___ casa

4. ___un'___ automobile

5. ___un'___ idea

6. ___un___ caffè

7. ___una___ notte

8. ___unox un___ ristorante

9. ___una___ televisione

Maschile

amico

studente

ristorante

caffè

Femminile

casa

automobile

idea

~~A~~ notte

televisone

2 **Articoli determinativi** Write the correct definite article before each noun.

1. ___l'___ amico

2. ___~~l~~ lo___ strumento

3. ___l'___ ufficio

4. ___le ~~g ix~~___ domande

5. ___l'___ attrice

6. ___la___ donna

7. ___gli___ studenti

8. ___l'___ albergo

9. ___le___ idee

10. ___l'___ ufficio

11. ___la___ stazione

12. ___le___ lezioni

3 **Trasformare** Give the plural form of each singular noun and article and the singular form of each plural noun and article.

Modello

il libro i libri   le ragazze la ragazza

1. lo studente ___gli studenti___

2. l'uomo ___gli uomi___

3. l'amica ___le amiche___

4. il dottore ___i dottori___

5. l'autobus ___gli autobus___

6. il caffè ___i caffè___

7. le donne ___la donna___

8. le università ___la università___

9. le classi ___la classe___

10. gli oggetti ___l'oggetto___

11. gli amici ___l'amico___

12. i telefoni ___il telefono___

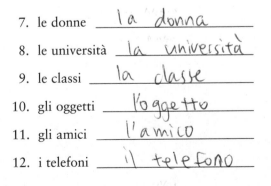

Unità 1 Workbook Activities   **3**

Workbook

4 **Riempire** Provide the definite and the indefinite article for each noun. Then provide the plural of both the noun and the definite article.

Noun	Indefinite article	Definite article	Plural
video	un	il	i video
1. attrice	un'	l'	le attrici
2. ragazzo	un	il	i ragazza
3. computer	un	il	i computer
4. città	una	la	le città
5. uomo	un	l'	gli ~~uom~~ uomo
6. albergo	un	l'	gli alberghi

5 **Trasformare** Write the feminine forms of masculine nouns and articles and the masculine forms of feminine nouns and articles.

1. l'attore __l' attrice__
2. l'amica __l' amico__
3. il ragazzo __la ragazza__

4. la studentessa __lo studente__
5. il signore __la signora__
6. il professore __la professoressa__

6 **Identificare** For each illustration, write the noun and its corresponding definite and indefinite articles.

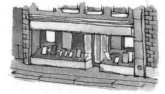
Modello
una libreria: la libreria

1. __un computer__ :
   __il computer__

2. __un' università__ :
   __l'università__

3. __uno studente__ :
   __lo studente__

4. __un' amica__ :
   __l'amiche__

5. __una biblioteca__ :
   __la biblioteca__

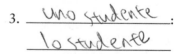

6. __un tavolo__ :
   __il tavolo__

1A.2 Numbers 0–100

1   **Numeri** Fill in the chart with the missing numbers, then write out each number. Start at the top left, and work your way down each column

1. cinque
2. sei
3. undici
4. diciassette
5. diciannove
6. trenta
7. trentatre
8. trentotto
9. quarantacinque
10. cinquanta
11. cinquantuno
12. settantasei
13. ottantotto
14. novantacinque
15. cento.

1		21	31	41		61	71	81	91
2	12	22	32	42	52	62	72	82	92
3	13	23		43	53	63	73	83	93
4	14	24	34	44	54	64	74	84	94
	15	25	35		55	65	75	85	
	16	26	36	46	56	66		86	96
7		27	37	47	57	67	77	87	97
8	18	28		48	58	68	78		98
9		29	39	49	59	69	79	89	99
10	20		40		60	70	80	90	

2   **Numeri di telefono** Write out the following telephone numbers.

1. 055-39.78.92   zero cinque cinque – trenove sette otto. nove due
2. 06-11.45.61   zero sei – uno uno – quattro cinque – sette uno
3. 02-27.53.84   zero due – due sette . cinque tre . otto quattro.
4. 095-16.13.19   zero nove cinque – uno sei. uno tre . uno nove
5. 031-60.08.24   zero tre uno – sei zero. zero otto. due quattro

3   **Quale numero?** Write out, in Italian, the number you associate with each of these items.

1. seasons in a year   quattro
2. days in a week   sette
3. number of days in February   ventotto
4. number of pets you have   zero
5. your age   venti
6. number of classes you are taking   tre

Workbook

4   **C'è o ci sono?** Write a full sentence saying how many of each person or thing there are.

> **Modello**
>
> 2 studenti: *Ci sono due studenti.*

1. 3 uffici   Ci sono tre uffici.
2. 21 esami   Ci sono ventuno esami.
3. 1 professore d'italiano   C'è uno professore d'italiano.
4. 18 amici   Ci sono diaciotto amici.
5. 63 attori   Ci sono sessanta attori.
6. 99 problemi   Ci sono novanttra problemi.
7. 1 autobus   C'è uno autobus.
8. 84 tavoli   Ci sono ~~ottantotto tavoti~~ ottantaquattro tavoli.
9. 1 studentessa   C'è una studentessa.
10. 13 caffè   Ci sono tredici caffè.

5   **Rispondere** Ask and answer questions according to the illustration. Write out the words for the numbers. Indicate…

> **Modello**
>
> pictures: *Ci sono foto? Sì, ci sono tre foto.*
> phones: *Ci sono telefoni? No, non ci sono telefoni.*

1. how many people there are.
   Quanti persone ci sono ?
   Si, ci sono quattro persone
2. how many computers there are.
   Ci sono computer ?
   Si, c'è un computer
3. how many televisions there are.
   Ci sono televisoni ?
   No, non ci sono televisoni
4. how many tables there are.
   Ci sono tavoli ?
   Si, c'è un tavolo.

6   **In classe** Answer these questions about your Italian class using complete sentences. Write out each number.

1. Ci sono tavoli?   Ci sono un tavolo.
2. Ci sono professori?   o C'è un professore.
3. Ci sono studentesse?   Ci sono nove studentesse.
4. Ci sono studenti?   Ci sono diciotto studenti.
5. Ci sono telefoni?   Ci sono due telefoni.
6. Ci sono televisioni?   No, non ci sono televisioni.

Unità 1

CONTESTI

1 **Cercare** Find these words in the grid. They can appear backwards, forwards, vertically, horizontally, or diagonally.

appunti	gomma
cestino	lavagna
cartina	matita
compiti	penna
dizionario	quaderno
esame	testo

```
G  J  T  R  A  P  P  U  N  T  I
D  E  M  A  S  E  R  T  H  C  I
I  F  B  C  A  N  L  O  E  T  F
Z  A  A  M  Z  N  D  S  U  I  Q
I  N  V  H  M  A  T  I  T  A  H
O  G  H  A  N  I  T  R  A  C  S
N  A  N  L  N  S  F  E  T  Q  A
A  V  G  O  M  M  A  F  S  N  E
R  A  I  T  I  P  M  O  C  T  U
I  L  T  U  F  S  A  C  Z  O  O
O  N  R  E  D  A  U  Q  F  S  C
```

2 **Associare** Choose the word on the right most closely associated with each word on the left.

____d____ 1. una matita   a. una ragazza

____h____ 2. un uomo man.   b. i compiti homework.

____a____ 3. una donna   c. il professore

____b & bl____ 4. gli appunti   d. una penna

____e____ ____l____ 5. il cestino wastebucket.   e. il foglio di carta sheet of paper.

____f____ 6. la porta   f. la finestra

____c____ 7. gli studenti   g. un libro

____g____ 8. un dizionario   h. un ragazzo

3 **Trova l'intruso** Choose the word from each group that does not belong and write it on the line.

1. buongiorno, buonasera, a dopo, buonanotte _____a dopo_____

2. bene, male, così così, anch'io _____anch'io_____

3. mensa, biblioteca, caffè, ristorante _____biblioteca_____

4. televisione, zaino, lezione, aula _____televisone_____

5. esame, sport, domanda, voto _____sport_____

6. foglio di carta, gomma, matita, autobus _____autobus_____

Workbook

4 **In classe** Write the noun and definite article that correspond to each item labeled in the illustration.

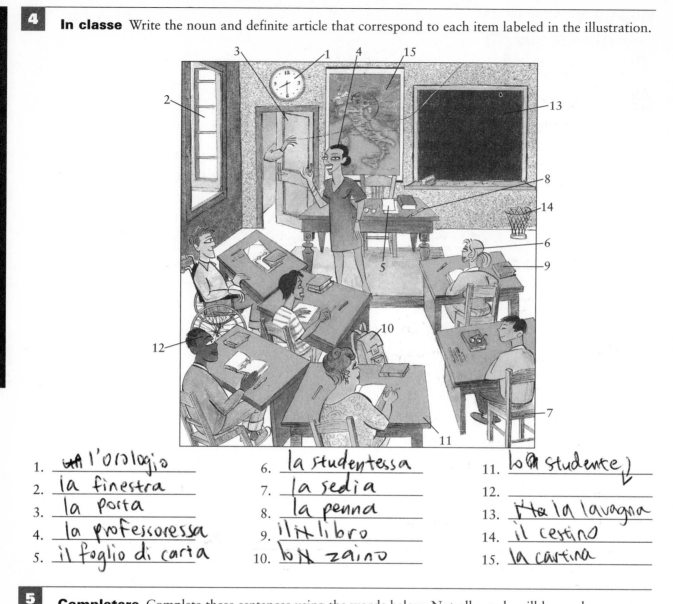

1. ~~un~~ l'orologio
2. la finestra
3. la porta
4. la professoressa
5. il foglio di carta

6. la studentessa
7. la sedia
8. la penna
9. ~~il~~ libro
10. ~~lo~~ zaino

11. lo ~~la~~ studente
12. _____
13. ~~la~~ la lavagna
14. il cestino
15. la cartina

5 **Completare** Complete these sentences using the words below. Not all words will be used.

cestino ✓	finestre	penne ✓
classe ✓	lavagna ✓	ragazze
dizionario ✓	orologio	zaino

1. Ci sono tre __penne__ nello (*in the*) zaino.

2. Ci sono ventuno studenti nella __classe__.

3. C'è una __lavagna__ nella classe.

4. C'è un foglio di carta nel __cestino__.

5. C'è il significato (*meaning*) delle parole nel __dizionario__.

STRUTTURE

1B.1 Subject pronouns and the verb *essere*

1 **Pronomi** Complete the table with the missing subject pronouns.

Singolari		Plurali
io	4.	Noi
1. ~~sei~~ tu	5.	Voi
2. Lei		Loro
lui	6.	loro
3. lei		

2 **Completare** Complete these sentences with the correct subject pronouns. In some cases, more than one option will be appropriate.

1. _____Lui_____ è uno studente.

2. _____Noi_____ siamo all'università.

3. _____Io_____ sono un amico.

4. _____Lei_____ è una professoressa.

5. _____loro_____ sono amiche.

6. _____Tu_____ sei un attore.

7. _____Voi_____ siete in un ristorante.

8. _____loro_____ sono in biblioteca.

3 **Io sono, noi siamo** Rewrite each sentence with the new subject and the correct form of the verb **essere**.

> **Modello**
> Lui è professore. Noi *siamo professori*.

1. Noi siamo studenti. Voi _siete studenti._

2. Lei è a Roma. Tu _sei a Roma._

3. Io sono attrice. Lui _è ~~attrice~~. attore._

4. Voi siete amici. Loro _sono amici._

5. Tu sei in classe. Noi _siamo in classe._

Workbook

4 **A Milano!** Complete the paragraph about Marco with the correct forms of **essere**.

Buongiorno! Mi chiamo Marco. Io (1) _____Sono_____ un ragazzo di Milano. Rachele, Alessandro e
Beatrice (2) _____Sono_____ i miei (*my*) amici. Alessandro (3) _____è_____ uno studente di ingegneria.
Rachele, Beatrice e io (4) _____Siamo_____ studenti di architettura. Alessandro e Beatrice
(5) _____sono_____ attori! E tu? Anche tu (6) _____Sei_____ uno studente?

5 **Identificare** Identify these people or objects using complete sentences with the verb **essere**.

1. È uno
   studente

2. Sono
   quaderni

3. È un
   computer

4. Sono
   amiche

5. è un
   libro

6. Sono
   matite
   penne.

7. è un
   uomo

8. è una
   professoressa.

6 **Rispondere** Answer each question with a complete sentence.

1. Chi è Johnny Depp?
   Lui è un' attore.

2. Chi sono Nicole Kidman e Gwyneth Paltrow?
   Loro sono celebrities.

3. Chi sei tu?
   Io sono una studentessa.

4. C'è una lezione d'italiano domani?
   Sì, c'è una lezione d'italiano.

5. Quanti studenti ci sono in classe?
   Ci sono venti studenti in classe.

1B.2 Adjective agreement

1   **I contrari** Match each adjective with its opposite.

_d_	1. contento	a.	interessante
_h_	2. difficile	b.	antipatico
_a_	3. noiosa	c.	cattivo
_c_	4. buono	d.	triste
_f_	5. onesto	e.	tranquilla
_b_	6. simpatico	f.	disonesto
_g_	7. socievole	g.	timido
_e_	8. nervosa	h.	facile

2   **Trova l'intruso** Circle the adjective that does not belong with the others in each list.

1. felice, simpatico, (cattivo)
2. antipatico, pessimista, (facile)
3. bello, (noioso), bravo
4. (indipendente), cinese, svedese
5. pigro, (lungo), timido
6. italiano, tedesco, (socievole)
7. indipendente, (pigro), intelligente
8. (spagnolo), studioso, serio

3   **Nazionalità** Identify each person's nationality using a complete sentence.

> **Modello**
> Caterina / Italia: _Caterina è italiana_.

1. Bob e Jim / Stati Uniti: _Bob e Jim sono americani._
2. Fatima / Marocco: _Fatima è marocchina._
3. Trevor / Inghilterra (*England*): _Trevor è inglese._
4. Francine e Annette / Francia: _Francine e Annette sono francesi._
5. Monika / Germania: _Monika è tedesca._
6. Andreas / Grecia: _Andreas è greco._
7. Jean e Philippe / Svizzera: _Jean e Philippe sono svizzeri._
8. Gabriela / Messico: _Gabriela è messicana._
9. Yoko e Keiko / Giappone: _Yoko e keiko sono giapponesi._
10. Paul / Canada: _Paul è canadese._

Unità 1 Workbook Activities   **11**

Workbook

4 **Personaggi famosi** Describe each celebrity in a complete sentence using **essere** and an adjective of your choice. Do not repeat the same adjective twice.

1. Jim Carrey è interessante. _____.

2. Catherine Zeta-Jones _____?_____.

3. Julia Roberts e Renée Zellweger sono brave. _____.

4. George Clooney e Kelly Ripa sono _____.

5. Stephen Hawking è importante. _____.

6. Dr. Phil e Oprah Winfrey sono divertanti. _____.

7. Il presidente degli Stati Uniti è simpatico. _____.

8. Donald Trump è tranquillo. _____.

5 **Descrivere** Describe the appearance and personality of each member of the family pictured below. Write complete sentences and use as many adjectives as possible.

1. Carlo è fat e sincero. _____

2. Susanna è socievole, felice e simpatica. _____

3. Carlotta è timida e onesto. _____

4. Roberto è old, serio e buono. _____

5. Tommaso è studioso, serio e noiso. _____

6. Ettore è cute! _____

1B.3 Telling time

1 **Che ore sono?** Write what time it is according to each clock. Then write what time it will be in ten minutes. Use complete sentences and follow the model.

> **Modello**
>
> 3:14 *Sono le tre e quattordici. Tra 10 minuti (In ten minutes) sono le tre e ventiquattro.*

1. Sono le ~~quattro~~ cinque meno un e quattor. Tra 10 minuti sono le cinque meno cinque.

2. Sono le dodici e sette. Tra 10 minuti sono le dodici e diciasette.

3. Sono le otto meno due. Tra 10 minuti sono le otto e otto.

4. Sono le due e un quator. Tra 10 minuti sono le due e venticinque.

5. Sono le sei e mezzo. Tra 10 minuti sono le sette meno venti.

6. Sono le uno e venti. Tra 10 minuti sono le uno e mezzo.

2 **A che ora?** Use complete sentences to say what time and day(s) each class meets each week.

> **Modello**
>
> matematica: **lun, 10.00** *C'è matematica il lunedì alle dieci.*

1. italiano: lun – mer – ven, 9.50 C'è italiano il lunedì, il mercoledì e il venerdì quindici

2. letteratura: mar – gio, 14.15 C'è letteratura il martedì e il giovedì alle quattordici

3. storia: lun – gio, 8.00 C'è storia il lunedì e il giovedì alle otto.

4. fisica: sab, 10.00 C'è fisica il sabato alle dieci.

5. scienze: mar – ven, 1.00 C'è scienze il martedì e il venerdì alle tredici.

6. religione: dom, 17.30 C'è religione il domenica alle diciasette e ~~mezzo~~ trenta

3 **Completare** Complete the table with the missing days of the week, then complete each sentence according to your preferences.

lunedì	martedì	mercoledì	giovedì	venerdì	sabato	domenica

1. _Venerdì_ è un giorno interessante.

2. _lunedì_ è un giorno noioso.

3. _giovedì_ è un giorno facile.

4. _mercoledì_ è un giorno lungo.

4 **Scegliere** Choose words from the list to complete each sentence. Not all words will be used.

domenica	lunedì	sabato
giorni	martedì	settimana _week._
giovedì	mercoledì	venerdì

1. Ci sono sette giorni in una _Settimana._ (day)

2. Dopo (*After*) domenica c'è _lunedì_ .

3. Ci sono trenta _giorni_ in novembre.

4. Il _martedì_ è il secondo giorno della settimana.

5. Tra (*Between*) mercoledì e venerdì c'è _giovedì_ .

6. Il sabato e la _domenica_ non c'è lezione.

5 **Il calendario** Use this calendar to answer the questions.

Ottobre

L	M	M	G	V	S	D
		1	2	3	4	5
6	7	8	9	10	11	12
13	14	15	16	17	18	19
20	21	22	23	24	25	26
27	28	29	30	31		

Novembre

L	M	M	G	V	S	D
					1	2
3	4	5	6	7	8	9
10	11	12	13	14	15	16
17	18	19	20	21	22	23
24	25	26	27	28	29	30

1. Che giorno è il trentuno ottobre? _Venerdì_

2. Che giorno è il ventiquattro novembre? _lunedì_

3. Che giorno è il diciannove ottobre? _domenica._

4. Che giorno è il sei novembre? _giovedì_

5. Che giorno è l'otto ottobre? _mercoledì._

6. Che giorno è il venticinque ottobre? _martedì_

Workbook

Unità 1   Avanti

PANORAMA

1 **Italiano** In which of the following countries and regions is Italian the official language?

	Sì	No
1. Italia	○	○
2. Austria	○	○
3. Ticino (Svizzera)	○	○
4. Francia	○	○
5. San Marino	○	○
6. Città del Vaticano	○	○
7. Grecia	○	○

2 **Chi sono?** Match each person with his/her profession and write a complete sentence.

Modello

Roberto Benigni *è un attore e un regista.*

_____ 1. Mario Andretti _____   a. esploratore

_____ 2. Cristoforo Colombo _____   b. pilota automobilistico

_____ 3. Leonardo da Vinci _____   c. attrice

_____ 4. Giuseppe Tornatore _____   d. cantante

_____ 5. Sophia Loren _____   e. artista e scienziato

_____ 6. Carmen Consoli _____   f. regista e sceneggiatore

3 **L'Italia** Find the following cities on the map in your textbook. Then write the name of each city's region.

1. Firenze: Toscana _____

2. Roma: _____

3. Torino: _____

4. Milano: _____

5. Palermo: _____

6. Napoli: _____

7. Genova: _____

Workbook

4 Vero o falso? Indicate whether each statement is **vero** or **falso**.

	Vero	Falso
1. L'italiano è la lingua ufficiale in più di 15 paesi.	○	○
2. In Italia ci sono circa sessanta milioni di abitanti.	○	○
3. La capitale dell'Italia è Milano.	○	○
4. In Italia si parlano *(are spoken)* molti dialetti diversi.	○	○
5. In Italia ci sono 24 regioni.	○	○
6. La Città del Vaticano è molto grande.	○	○
7. Le Alpi sono montagne *(mountains)*.	○	○
8. Cristoforo Colombo era *(was)* toscano.	○	○

5 Scegliere Select the option that best completes each sentence.

1. Verde, bianco e rosso sono i colori _____.
   a. della nazionale di calcio   b. della bandiera italiana   c. della Repubblica di San Marino

2. Milan, Juventus e Roma sono _____.
   a. tre città italiane   b. tre dialetti italiani   c. tre squadre di calcio italiane

3. Dante, Petrarca e Boccaccio sono _____.
   a. poeti greci   b. poeti toscani   c. poeti latini

4. Il colore della squadra nazionale di calcio è _____.
   a. azzurro   b. bianco   c. verde

5. L'italiano moderno deriva _____.
   a. dallo spagnolo   b. dal francese   c. dal latino

6 Città del Vaticano o Repubblica di San Marino? Read the following statements and indicate whether they refer to **Città del Vaticano**, **Repubblica di San Marino**, or both (**tutte e due**).

	Vaticano	San Marino	Tutte e due
1. È uno stato indipendente.	○	○	○
2. Nasce l'11 febbraio 1929.	○	○	○
3. È una repubblica parlamentare.	○	○	○
4. È il più piccolo stato del mondo.	○	○	○
5. La lingua ufficiale è l'italiano.	○	○	○
6. È una monarchia assoluta.	○	○	○
7. Ci sono italiani e svizzeri.	○	○	○
8. Ci sono circa 29.000 abitanti.	○	○	○

Workbook

Unità 2

CONTESTI

Lezione 2A

1 **Parole crociate** Find the following words related to sports and pastimes in the word search below.

ballare	cinema	pescare
calcio	freccette	tennis
carte	nuoto *swimming.*	sci
cycling · ciclismo	perdere *to lose .*	stadio *stadium .*

```
F T E N N I S G A I M O N
O U Q M C N C R O L R E U
L F S P H C I C L I S M O
P M S T F B O A L L B E T
P B R V R I A L I U P M O
U A E H E M C C N P I L I
A L E P C E C I N E M A T
R L G I C O A O E S H T C
C A R T E P M E A C O N P
E R D I T N E S T A D I O
N E T N T U R L V R R U A
N R O P E R D E R E B G L
```

2 **Attività** Indicate whether each activity is generally practiced outside (**fuori**) or inside (**dentro**).

	Fuori	Dentro
1. andare in bicicletta	☑	○
2. andare a cavallo	☑	○
3. andare al cinema	○	☑
4. atletica	☑	○
5. automobilismo	☑	○
6. campeggio	☑	○
7. danza classica	○	☑
8. guardare la TV	○	☑
9. pescare	☑	○
10. sci	☑	○

3   **Mi piace e non mi piace** Which sports and activities do you like? Which ones don't you like? List five activities in each category.

Mi piace…		Non mi piace…	
1.	cavallo	6.	l'atletica
2.	andare al cinema.	7.	il campo.
3.	andare in bicicletta	8.	la palestra
4.	ascoltare la musica	9.	pescare
5.	lo sci.	10.	gli scacchi.

4   **Quali sport?** Suggest an activity for each person based on his or her likes and dislikes.

Modello

> Rosa: Mi piacciono i giochi di strategia. _gli scacchi_

1. Leonardo: Mi piace giocare con una squadra. _il calcio._
2. Giacomo: Non mi piace essere fuori. _andare al cinema_
3. Stella: Mi piace essere da sola (*by myself*). _ascoltare la musica._
4. Paolo: Mi piace giocare fuori. _cavallo._
5. Daniela: Mi piace la natura. _il campeggio._
6. Maria: Mi piace nuotare e mi piace ballare. _il nuoto e la danza._
7. Giovanni: Mi piace giocare in palestra e allo stadio. _la pallavolo._
8. Antonella: Non mi piace camminare o correre. _pescare._
        to walk.   to run.

5   **Che cosa?** Complete this paragraph according to the illustrations to find out what Margherita and her friends like to do after school.

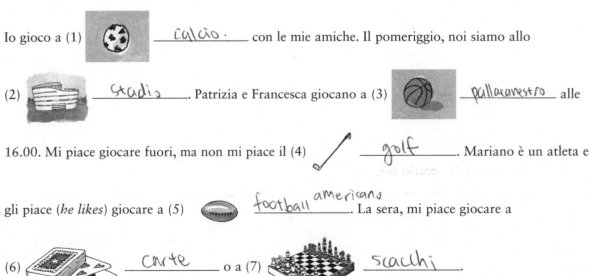

Io gioco a (1) _calcio._ con le mie amiche. Il pomeriggio, noi siamo allo

(2) _stadio_. Patrizia e Francesca giocano a (3) _pallacanestro_ alle

16.00. Mi piace giocare fuori, ma non mi piace il (4) _golf_. Mariano è un atleta e

gli piace (*he likes*) giocare a (5) _football americano_. La sera, mi piace giocare a

(6) _carte_ o a (7) _scacchi_.

STRUTTURE

2A.1 Regular -are verbs

1 **Verbi mancanti** Write the missing forms of each verb.

io	tu	Lei/lui/lei	noi	voi	Loro/loro
1. canto	canti	canta	cantiamo	cantiate	cantiano
2. racconto	racconti	racconta	raccontiamo	raccontate	raccontano
3. pago	paghi	paga	paghiamo	pagate	pagano
4. ascolto	ascolti	ascolta	ascoltiamo	ascoltate	ascoltano
5. guido	guidi	guida	guidiamo	guidate	guidano
6. desidero	desideri	desidera	desideriamo	desiderate	desiderano

2 **Completare** Complete each sentence using the correct form of the verb in parentheses.

1. Gli studenti __mangiano__ (mangiare) alla mensa.

2. Elena e io __studiamo__ (studiare) italiano.

3. Carlotta __cerca__ (cercare) uno zaino grande.

4. Tu __cominci__ (cominciare) a insegnare lunedì.

5. Voi __telefonate__ (telefonare) alla mamma.

6. Noi non __dimentichiamo__ (dimenticare) il numero di telefono.

7. Tu __spieghi__ (spiegare) matematica a Piero.

8. Nicola __lavora__ (lavorare) dalle 8.00 alle 15.00.

3 **Frasi mescolate** Write complete sentences using the cues provided. Remember to write out all numbers.

1. io / abitare / a Palermo
   Io abito a Palermo.

2. il film / cominciare / alle 8.30
   Il film comincia alle otto e mezzo.

3. Olivia e Silvana / frequentare / 4 lezioni
   Olivia e Silvana frequentano quattro lezioni.

4. tu / arrivare / in orario (on time)
   Tu arrivi in orario.

5. io e Gioia / non dimenticare / i libri di fisica
   Io e Gioia no dimentichiamo i libri di fisica.

6. voi / viaggiare / in Europa
   Voi viaggiate in Europa.

Unità 2 Workbook Activities   **19**

4 **Una lettera** Complete this letter with the appropriate forms of the verbs in the word bank.

to live
~~dest~~
meet with

abitare ✓	incontrare ✓
adorare ✓	lavorare ✓
frequentare	parlare *to speak.*
guardare ✓	studiare ✓

14 settembre

Ciao, Maria!

Come stai? Io sto molto bene. Ti piace l'università? Io (1) __adoro__ le lezioni! Sono molto interessanti. I professori sono simpatici, ma (noi) (2) ~~lavoriamo~~ molto... Io (3) __abito__ in un piccolo appartamento con Stefania. Lei (4) __studia__ scienze politiche. Noi (5) __frequentiamo__ *together* due corsi insieme. Stefania è molto simpatica, ma la sera lei (6) ~~frequenta~~ *parla* molto al telefono! Il weekend noi (7) __incontriamo__ gli amici e (8) __guardiamo__ un film alla TV.

E tu, cosa fai?

A presto!

Lucia

5 **Creare** Create six sentences using a subject from column A, a verb from column B, and an object of your choice.

A	B
io	cercare *to look for*
la mia (*my*) famiglia	dimenticare *to forget*
io e i miei (*my*) amici	frequentare
tu	imparare *to learn*
i professori	mangiare
tu e gli altri (*other*) studenti	telefonare ✓

1. Io cerco mia libro.
2. La mia famiglia telefonano mia ~~sorella~~ *sorella* di Chicago.
3. Io e i miei amici ~~frequentiamo~~ andiamo al cinema.
4. Tu impari matimetica.
5. I professori ~~dimenticano~~ spiegano corsi.
6. Tu e gli altri studenti mangi pasta.

2A.2 *Andare, dare, fare,* and *stare*

1 **Associare** Form complete sentences by matching the sentence beginnings on the left with the sentence endings on the right.

_____f___ 1. Io e Laura...   a. andate all'università in autobus. ✓

_____c___ 2. Tiziana...   b. sto bene. ✓

_____e___ 3. I signori..   c. dà il telefono a Franca. ✓

_____b___ 4. Io...   d. fai i biscotti. ✓

_____a___ 5. Voi...   e. danno un orologio a Luigi. ✓

_____d___ 6. Tu...   f. andiamo in Italia. ✓

2 **Dove vanno?** Indicate where each person is going and an activity he/she might do there, based on the illustrations.

> **Modello**
> Sergio e Martina *vanno in libreria e cercano i libri.*

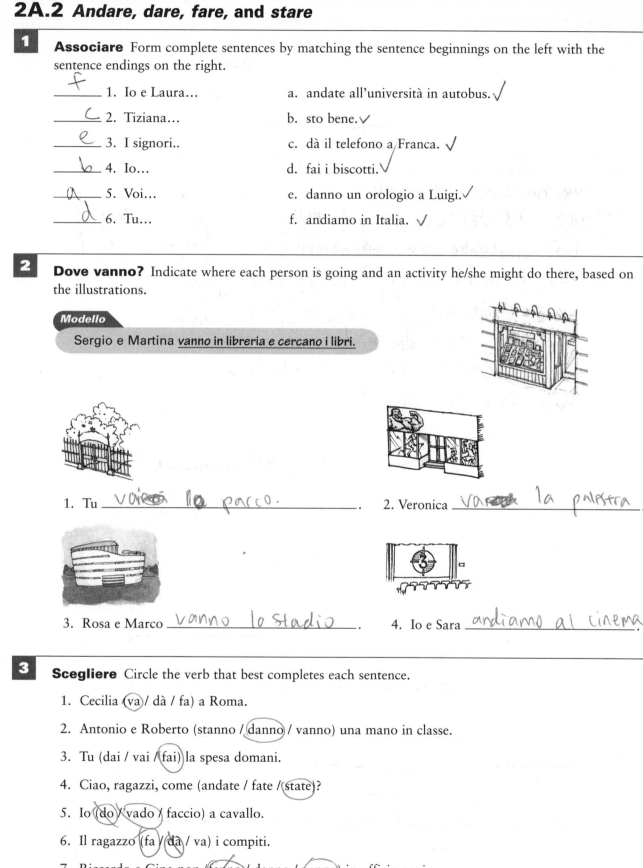

1. Tu ___vai al parco.___

2. Veronica ___va la palestra___.

3. Rosa e Marco ___vanno lo stadio___.

4. Io e Sara ___andiamo al cinema___

3 **Scegliere** Circle the verb that best completes each sentence.

1. Cecilia (va / dà / fa) a Roma.

2. Antonio e Roberto (stanno / danno / vanno) una mano in classe.

3. Tu (dai / vai / fai) la spesa domani.

4. Ciao, ragazzi, come (andate / fate / state)?

5. Io (do / vado / faccio) a cavallo.

6. Il ragazzo (fa / dà / va) i compiti.

7. Riccardo e Gina non (fanno / danno / vanno) in ufficio oggi.

8. Tu e Sonia (fate / state / date) insieme (*together*).

4 **Fare, stare o dare?** Write the infinitive of the verb that completes each idiomatic expression below. Then, write a complete sentence using each expression.

1. _Stare_ zitto
2. _dare_ del Lei
3. _fara_ attenzione
4. _fare_ una gita

5. _dare_ un esame
6. _fara_ una domanda
7. ~~fare~~ stare attento
8. _fare_ la spesa

1. _La ragazza sta zitto._
2. _Io do del Lei al professore._
3. _Lo studente fa attenzione._
4. _Io e miei amici facciamo una gita._
5. _La studentessa dà un esame._
6. _Tu fai una domanda in classe, bravo!_
7. _Janice sta attento in classe._
8. _Facciamo le spese?_

5 **Espressioni idiomatiche** Use an idiomatic expression with **fare** to write a complete sentence describing what each person or group is doing in the illustrations below.

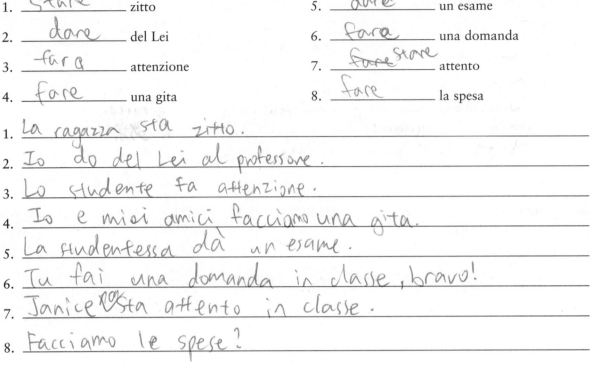

1. Marcella   2. io   3. Martina e Bernardo

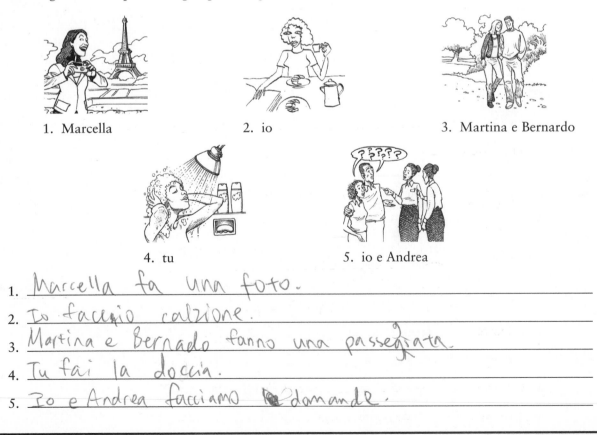

4. tu   5. io e Andrea

1. _Marcella fa una foto._
2. _Io faccio colazione._
3. _Martina e Bernado fanno una passeggiata._
4. _Tu fai la doccia._
5. _Io e Andrea facciamo domande._

Workbook |

Unità 2

Lezione 2B

CONTESTI

---

1 **Che tempo fa?** Use the forecast below to describe the weather in each city, including the high and low temperatures.

> **Modello**
> A Bolzano fa freddo ed è nuvoloso. La temperatura minima è di 8 gradi. La temperatura massima è di 15 gradi.

Bolzano
8°C / 15°C

1. Milano
2°C / 5°C

2. Napoli
22°C / 25°C

3. Agrigento
27°C / 31°C

4. Ancona
12°C / 20°C

1. A Milano fa freddo ed è ~~nuvoloso~~ ventoso. La temperatura minima è di due gradi. La temperatura massima è di cinque gradi.

2. A Napoli è è piovoso. La temperatura minima è di ~~dodici~~ ventidue gradi. La temperatura massima è di venticinque gradi.

3. A Agrigento fa caldo ed è soleggiato. La temperatura minima è di ventisette gradi. La temperatura massima è di trentuno gradi.

4. A Ancona fa freddo ed è nuvoloso. La temperatura minima dodici gradi. La temperatura massima venti gradi.

---

2 **Le stagioni** Name the season or seasons in which you are likely to find these weather conditions.

1. Nevica e fa freddo. inverno.

2. Fa molto caldo. estate

3. Sono necessari un impermeabile e un ombrello. primavera. /autunno.

4. C'è sole e andiamo al mare. *to the beach* estate

5. Terminano (*End*) le lezioni all'università. ~~primavera estate~~ primavera.

6. Andiamo a sciare. inverno.

---

3 **I mesi** Complete the lists with the names of the missing months.

1. primavera: marzo, aprile , maggio

2. estate: giugno , luglio , agosto

3. autunno: settembre , ottobre, novembre

4. inverno: dicembre, gennaio , febbraio.

---

4 **Domande** Answer the following questions using complete sentences.

1. In quale (*which*) stagione è il tuo compleanno?

   È il autunno è il undici settembre.

2. Quale stagione è la tua preferita (*favorite*)?

   Mia la preferita l'estate. stagione

3. Quale stagione non ti piace?

   Non mi piace l'inverno.

4. In quale stagione ti piace andare in vacanza?

   Mi piace andare in vacanza in l'estate.

5 **Eventi speciali** Write out the date on which each of these occasions is celebrated.

1. San Valentino quatordici febbraio.

2. Indipendenza americana Quattro aprile.

3. Inizia (*Begins*) l'estate prima giugno.

4. Il tuo compleanno undici settembre.

5. La settimana di Spring Break ventinuove marzo

6. L'ultimo (*The last*) giorno dell'anno @ trentuno dicembre.

6 **Attività e stagioni** Write a short letter to a friend of yours in which you explain what the weather is like in your town in each season, as well as what activities you like to do at each time of year.

Ciao Nikka,

Io sto molto bene e abito in Milano. Milano è simpatico
e divertente, ea Ci sono l'autunno e fa freddo. Mi piace
l'estate e soleggiato tempo "L Ma, autunno è bello.

X O XO,
Rachel

STRUTTURE

2B.1 The verb *avere*

1   **Che cosa hai?** Use the correct form of the verb **avere** to indicate what these people have or don't have.

1. io / un computer

   Io ho un computer.

2. tu e Giada / due biciclette

   Tu e Giada avete due biciclette.

3. io e i miei amici / professori bravi

   Io e i miei amici abbiamo professori bravi.

4. tu / non / un cavallo

   Tu non hai un cavallo.

5. Federico / gli sci

   Federico ha gli sci.

6. tu e Ivo / non / problemi

   Tu e Ivo non avete problemi.

2   **Rispondere** Answer these questions using complete sentences.

1. Quanti anni hai?

   Io ho venti anni.

2. Tu e i tuoi amici avete un esame domani?

   Sì, noi abbiamo un esame domani.

3. Avete lezione il venerdì?

   Sì, io ho lezioni il venerdì.

4. I tuoi amici hanno corsi interessanti?

   Sì, i miei amici hanno corsi interessanti.

5. Tu hai una macchina (*car*)?

   No, no ho una macchina.

6. La tua famiglia ha una passione per il football americano?

   No, mia famiglia non hanno passione per il football americano.

3   **Scegliere** Choose the expression that most logically completes each sentence.

1. Tu ___hai paura___ degli esami.
   a. hai caldo   b. hai paura   c. hai sonno

2. Io ___ho voglia___ di telefonare a Francesca.
   a. ho voglia   b. ho ragione   c. ho freddo

3. Laura ___ha sonno___ la sera.
   a. ha torto   b. ha voglia   c. ha sonno

4. Nevica e i bambini ___hanno freddo.___
   a. hanno freddo   b. hanno voglia   c. hanno dieci anni

4 **Completare** Complete each sentence using the correct form of an expression from the list.

| avere bisogno di | avere paura ✓ | avere torto ✓ |
| avere freddo ✓ | avere sonno ✓ | avere voglia di ✓ |

1. C'è un esame domani. Noi _abbiamo bisogno di_ studiare.

2. Voi ascoltate la musica e _avete voglia di_ ballare.

3. Non hanno ragione. Loro _hanno torto_.

4. Sono le 23.30 e tu _hai sonno_.

5. La temperatura è di 12 gradi. Io _ho freddo_.

6. Un mostro (*monster*)! Riccardo _ha paura_!

5 **Descrivere** Describe each of the people in the illustrations below using an expression with **avere**.

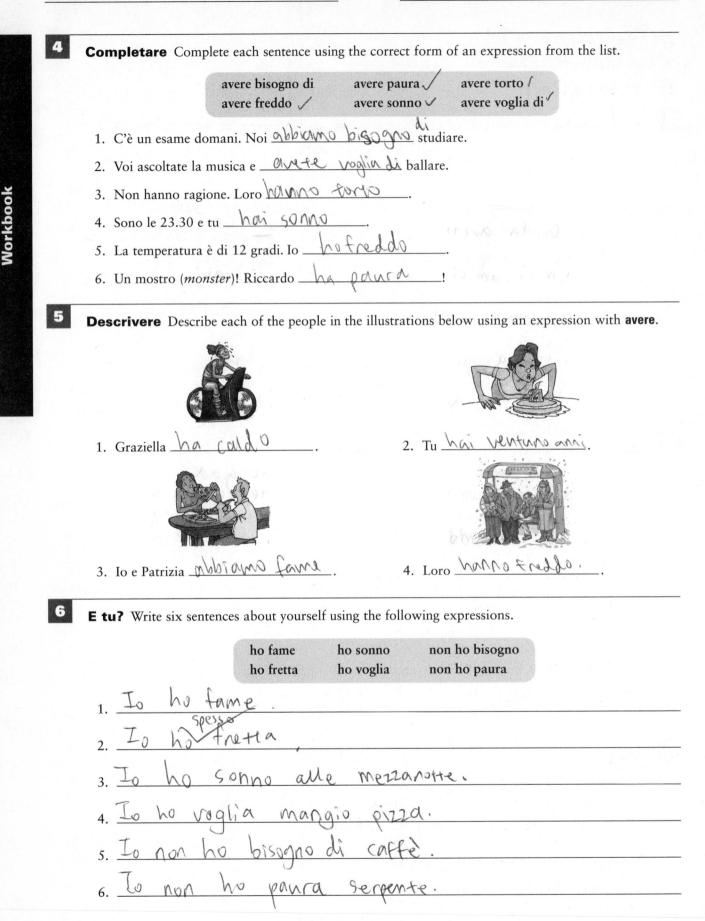

1. Graziella _ha caldo_.

2. Tu _hai ventuno anni_.

3. Io e Patrizia _abbiamo fame_.

4. Loro _hanno freddo_.

6 **E tu?** Write six sentences about yourself using the following expressions.

| ho fame | ho sonno | non ho bisogno |
| ho fretta | ho voglia | non ho paura |

1. _Io ho fame._

2. _Io ho spesso fretta,_

3. _Io ho sonno alle mezzanotte._

4. _Io ho voglia mangio pizza._

5. _Io non ho bisogno di caffè._

6. _Io non ho paura serpente._

2B.2 Regular *-ere* verbs and *piacere*

1 **Cosa fanno?** What are these people doing? Complete each sentence with the correct form of a verb from the list. Use each verb once.

> chiudere ✓   prendere ✓
> dipingere ✓   ricevere ✓
> leggere ✓   vedere ✓

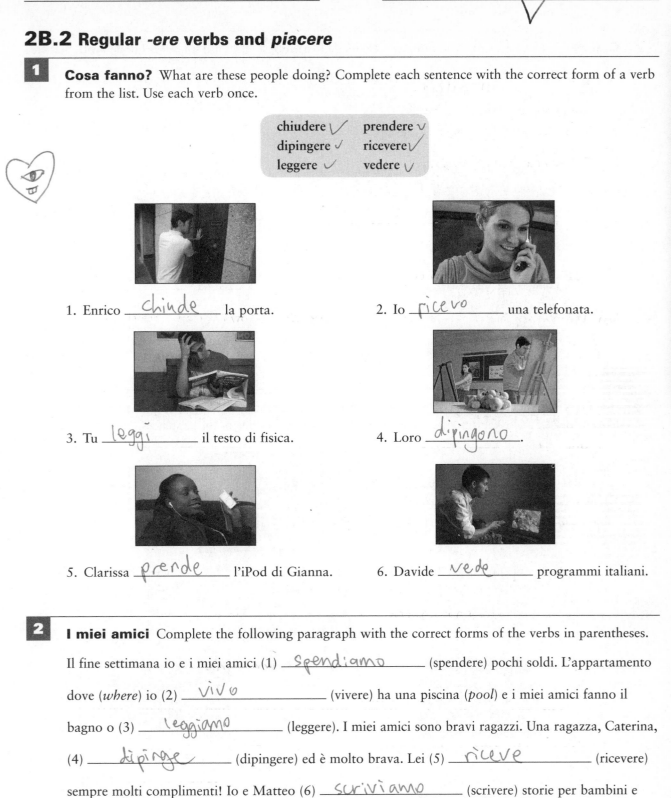

1. Enrico __chiude__ la porta.

2. Io __ricevo__ una telefonata.

3. Tu __leggi__ il testo di fisica.

4. Loro __dipingono__.

5. Clarissa __prende__ l'iPod di Gianna.

6. Davide __vede__ programmi italiani.

2 **I miei amici** Complete the following paragraph with the correct forms of the verbs in parentheses.

Il fine settimana io e i miei amici (1) __spendiamo__ (spendere) pochi soldi. L'appartamento

dove (*where*) io (2) __vivo__ (vivere) ha una piscina (*pool*) e i miei amici fanno il

bagno o (3) __leggiamo__ (leggere). I miei amici sono bravi ragazzi. Una ragazza, Caterina,

(4) __dipinge__ (dipingere) ed è molto brava. Lei (5) __riceve__ (ricevere)

sempre molti complimenti! Io e Matteo (6) __scriviamo__ (scrivere) storie per bambini e

Gianni e Luisa (7) __vendono__ (vendere) fotografie fantastiche dei loro (*their*) viaggi.

Io sono molto felice quando (io) (8) __vedo__ (vedere) i miei amici. E tu cosa fai con

i tuoi amici?

Workbook

3   **Creare** Use these cues to write complete sentences. Remember not to use subject pronouns with **piacere**.

1. (io) / piacere / il calcio

     Mi piace il calcio.

2. (noi) / non piacere / il campeggio

     Non Ci non piace il campeggio.

3. (tu) / piacere / gli scacchi

     Ti piacciono gli scacchi

4. (loro) / piacere / guardare la TV

     Gli piace guardare la TV.

5. (voi) / non piacere / i tuoni

     Non vi piacciono i tuoni.

6. (lei) / piacere / andare a cavallo

     Le Gli piace andare a cavallo.

7. (io) / non piacere / i giorni piovosi

     Non Mi piaceiono i giorni piovosi.

8. (lui) / non piacere / l'umidità

     Non gli piace l'umidità.

4   **Piacere** Write a complete sentence for each photo saying what you imagine each person or group likes or dislikes. Use the activities and actions listed. Use pronouns in the sentences.

Modello

Agnese: Le piace leggere e le piace ascoltare musica classica, ma non le piacciono i concerti di musica rock.

i concerti di musica rock	gli scacchi	correre
l'estate	gli spaghetti	dipingere
la pioggia	leggere	cantare
le freccette	ascoltare musica classica	studiare

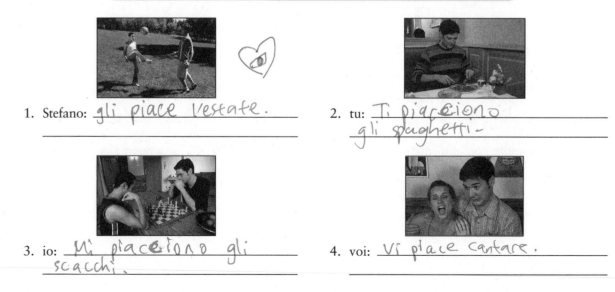

1. Stefano: gli piace l'estate.

2. tu: Ti piacciono gli spaghetti.

3. io: Mi piaceiono gli scacchi.

4. voi: Vi piace cantare.

2B.3 Numbers 101 and higher

1 **Vendesi casa** Write out the number corresponding to the price of each house or apartment.

1. Casa: trecentosettantanovemilanovecento euro _€37 9.900_

2. Appartamento: duecentomilaottocentocinquanta euro _€ 200.850_

3. Villa: un milione duecentoquarantottomila euro _€ 1.248.000_

4. Palazzo: sette milioni seicentonovantacinquemiladuecentotrentanove euro _€ 7.695.239_

2 **I prezzi** Write out the prices on each of these price tags found in a high-end Italian clothing store.

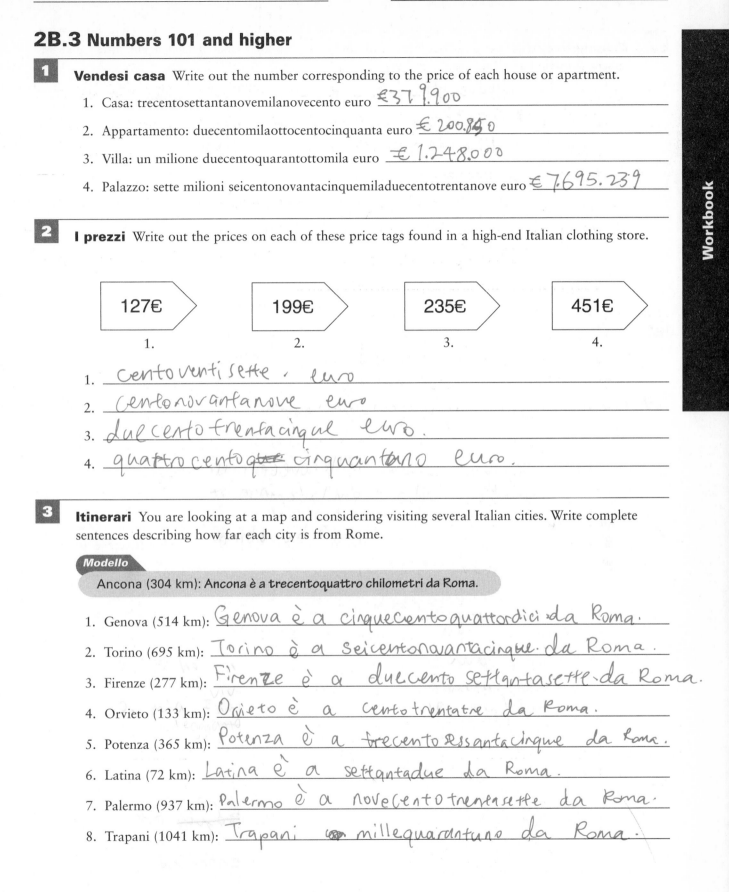

| 127€ | 199€ | 235€ | 451€ |
| 1. | 2. | 3. | 4. |

1. _Centoventisette . euro_
2. _Centonovantanove euro_
3. _duecento trentacinque euro._
4. _quattrocento~~que~~ cinquantuno euro._

3 **Itinerari** You are looking at a map and considering visiting several Italian cities. Write complete sentences describing how far each city is from Rome.

> **Modello**
> Ancona (304 km): *Ancona è a trecentoquattro chilometri da Roma.*

1. Genova (514 km): _Genova è a cinquecentoquattordici da Roma._

2. Torino (695 km): _Torino è a seicentonovantacinque da Roma._

3. Firenze (277 km): _Firenze è a duecento settantasette da Roma._

4. Orvieto (133 km): _Orvieto è a cento trentatre da Roma._

5. Potenza (365 km): _Potenza è a trecento essantacinque da Roma._

6. Latina (72 km): _Latina è a settantadue da Roma._

7. Palermo (937 km): _Palermo è a novecento trentasette da Roma._

8. Trapani (1041 km): _Trapani è millequarantuno da Roma._

Unità 2 Workbook Activities   **29**

4 **Matematica** Write out these math problems and their solutions using **più, meno, per, diviso,** and **uguale.** Write out all numbers.

1. $297 \times 875 =$ _duecentonavanta sette per ottocentosettanta cinque uguale duecento cinquanta novemila ottocentosettantacinque._

2. $1.309 + 5.298 =$ _Milletrecentonove più cinquemiladuecentonavantotto uguale seimila seicentosette._

3. $1.439.397 - 58.441 =$ _Un millone quattrotrentanove~~cento~~ mile trecento novanteasette meno cinquantotto~~cento~~ mila quattrocentoquarantuno uguale un millione trecentottanta milanovecento cinquantasei._

4. $4.932.000 : 5 =$ _Quattro milioni novecento trentadue cento diviso cinque uguale novecentottantaseimila quattrocento._

5 **Date** Write out the following dates. Remember that the day comes before the month.

1. 5/12/1780 _cinque dicembre millesettecentottanta._

2. 9/3/2000 _nove marzo duemila_

3. 20/8/2008 _venti agosto duemilaotto._

4. 1/1/1111 _primo gennaio millecentoundici._

5. 31/10/1987 _trentuno ottobre millenovecentottantasette._

6. 15/7/2020 _quindici luglio duemilaventi._

6 **Quando?** Complete each sentence with a preposition or prepositional contraction from the list. Each word may be used more than once.

al	da	dal	nel

1. Siamo a Firenze ___da___ agosto.

2. Viviamo qui ___dal___ 1995.

3. Penso di lavorare negli Stati Uniti ___da___ gennaio.

4. Sono nata ___nel___ 1970.

5. Spero di vivere in Italia ___dal___ 2010 ___al___ 2012.

6. Lavoro con Giulio ___da___ due anni.

Unità 2

Avanti

PANORAMA

1 **Le foto** Write a label for each photo.

1. _____ 2. _____ 3. _____ 4. _____

2 **Scegliere** Choose the option that best completes each sentence.

1. Trastevere è _____ di Roma.
   a. una cattedrale
   b. un rione
   c. una fontana

2. La provincia di Roma ha circa _____.
   a. due milioni di persone
   b. tre milioni di persone
   c. quattro milioni di persone

3. Elsa Morante era (*was*) _____.
   a. una regista
   b. una scrittrice
   c. una cantante

4. Alberto Sordi era _____.
   a. un attore
   b. un dittatore
   c. un calciatore

5. Ogni giorno, circa _____ persone visitano la tomba di Papa Giovanni Paolo II.
   a. 20.000
   b. 35.000
   c. 7 milioni di

6. La costruzione della Basilica di San Pietro è stata iniziata (*began*) nel _____.
   a. 1506
   b. 1626
   c. 1746

Workbook

3 **Associare** Match each description on the left with its subject on the right.

_____ 1. È il primo re di Roma.   a. *La dolce vita*

_____ 2. È chiamata «Hollywood sul Tevere».   b. Piazza Navona

_____ 3. È un famoso film di Fellini.   c. la metropolitana di Roma

_____ 4. È il 6 gennaio.   d. Romolo

_____ 5. Ha la linea A e la linea B.   e. Roma

_____ 6. È uno dei colli di Roma.   f. Aventino

_____ 7. Viaggia su una scopa.   g. la Befana

_____ 8. Ci sono molte rovine antiche.   h. Cinecittà

_____ 9. È un famoso attore italiano.   i. Marcello Mastroianni

_____ 10. È una delle piazze più famose di Roma. l. la Festa dell'Epifania

4 **Vero o falso?** Indicate whether each statement is **vero** or **falso**. Correct the false statements.

	Vero	Falso
1. Roma è la capitale d'Italia.	○	○
2. Ci sono circa cinquemila residenti stranieri a Roma.	○	○
3. Roma è il più grande comune d'Italia.	○	○
4. La Fontana delle Tartarughe è in Piazza di Spagna.	○	○
5. La Pietà di Michelangelo è a Cinecittà.	○	○
6. Il Fascismo è in Italia negli anni '50.	○	○
7. La Befana è una strega buona.	○	○
8. Cinecittà è stata costruita nel 1926.	○	○

Unità 3

Lezione 3A

CONTESTI

1 **L'albero genealogico** Use these clues to complete Antonia's family tree.

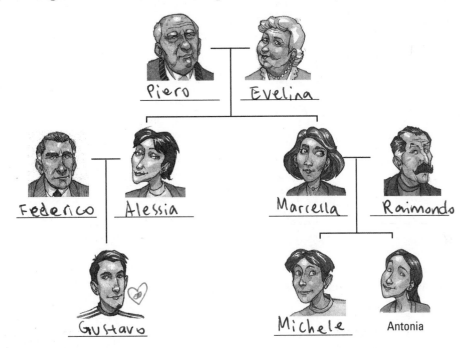

Piero   Evelina

Federico   Alessia   Marcella   Raimondo

Gustavo   Michele   Antonia

1. Marcella è la madre di Antonia.
2. Raimondo e Marcella hanno una figlia e un figlio.
3. Michele è il fratello di Antonia.
4. Alessia è la sorella di Marcella.
5. Marcella è la cognata di Federico.
6. Gustavo è il cugino di Michele.
7. Gustavo è il nipote di Piero.
8. Federico è il genero di Evelina.

2 **Ritratti di famiglia** Match each family picture with its description below.

A   B   C   D   E   F

___E___ 1. Sono i miei cugini, Franco e Stefania. Sono studenti all'Università di Perugia.
___F___ 2. Ecco la madre di mia madre. È vecchia. Si chiama Anna Maria.
___A___ 3. Ecco i miei nonni. Loro abitano a Bologna.
___D___ 4. Ecco mio zio Stefano e sua moglie Veronica. Mio cugino, Guglielmo, ha un gatto.
___C___ 5. Ecco mia sorella. Lei ha quindici anni. Qui è con il suo amico Vieri.
___B___ 6. Ecco mio fratello, Fiorello. Fiorello ha due anni. È il bambino della famiglia!

Workbook

Workbook

3 **Cercare** Find the fourteen family-related words in the grid. They may appear horizontally, vertically, forwards, backwards, or diagonally.

celibe	cognome
coppia	divorziato
fidanzata	gemelli
maggiore	minore
nubile	parenti
separato	sposato
suocera	vedova

```
D F G F N L I L L E M E G M D
S A F I I U I T V U V F D I N
E V E D O V A C N D G H A S A
S S I A U D C A P A R E N T I
C O G N O M E R A E R Q C N C
M U R Z C C M R P S M I Z C I
A I V A A O E V P E B I L E C
G F G T N C P O O P C M G O D
G A F A O U S P V A V F R I N
I O I U T A E C I R G E A S U
O S S B T D C A P A D R R V B
R F U O C I Q R G T R O C N I
E U R C I C M I P O M N Z C L
D I V O R Z I A T O N I C D E
D F G F N L U C O S C M G M D
```

4 **Opposti** Write the feminine equivalent of each noun.

1. gemelli ___gemelle___
2. fratello ___sorella___
3. patrigno ___matrigna___
4. marito ___moglia___
5. genero ___nuora___
6. suocero ___suocera___

5 **Un messaggio** Read this e-mail from your Italian pen-pal. Then, answer her e-mail by describing your own family.

Ciao!
Ecco la mia famiglia. Mia madre si chiama Sandra e mio padre si chiama Vincenzo. Ho un fratello maggiore, Raffaelle, e una sorella minore, Cecilia. Noi abitiamo a Venezia. La zia Teresa e lo zio Arturo hanno due bambini. I miei cugini, Ugo e Ilaria, hanno 7 e 12 anni. Loro abitano a Milano. La nonna, Camilla, è vecchia e abita con noi a Venezia. È la madre di mio padre. I nonni Ivo e Matilde sono il padre e la madre di mia madre. Loro abitano a Vicenza. Com'è la tua famiglia?

A presto, Silvia

STRUTTURE

3A.1 Possessives

1 **Scegliere** Choose the correct possessive adjective to complete each sentence.

1. Vi presento (il mio / la mia / le mie) amica, Caterina.
2. Lei ama (tuo / tuoi / tua) fratello.
3. Caterina e io parliamo italiano con (i nostri / le sue / la mia) genitori.
4. Ecco (suo / suoi / sua) zio, Armando.
5. Zia Giovanna ha un gatto. (La sua / Il suo / I suoi) gatto si chiama Fifì.
6. Armando e Giovanna amano (le mie / il suo / i loro) bambini.
7. Telefoniamo alle (tua / tuo / tue) amiche.
8. Ti piacciono (i miei / il mio / le mie) cugini?
9. (La mia / Le nostre / Il suo) chitarra è gialla.
10. Arturo e Erica sono gemelli. (I loro / Il loro / La loro) compleanno è oggi.

2 **Riscrivere** Rewrite each sentence, changing the verbs and possessive adjectives to match the new subjects.

> **Modello**
>
> Gino adora la sua macchina.
> Io: *Io adoro la mia macchina.*

1. Maria telefona alle sue amiche.
   Noi: Noi telefoniamo alle nostre amiche.

2. Io vivo con mia madre.
   Tu: Tu vivi con tua madre.

3. Ci piace la nostra città.
   Voi: ~~Voi~~ Vi piace la vostra città.

4. Io leggo i miei libri.
   Loro: Loro leggono i loro libri.

5. Sua sorella si chiama Rachele.
   Io: Mia sorella si chiama Rachele.

6. I nostri amici sono simpatici.
   Lei: I suoi amici sono simpatici.

7. Tua cugina è un'attrice.
   Noi: Nostra cugina è un'attrice.

8. Invitate i vostri parenti.
   Io: Invitate i miei parenti.

Unità 3 Workbook Activities   **35**

3 **Chi è?** Provide the correct form of each possessive adjective to complete each sentence. Remember to include the definite article if necessary.

1. _Mia_ (*My*) nonna è italiana, ma _mio_ (*my*) nonno è tedesco.
2. _Loro_ (*Their*) cugini abitano in Germania.
3. Signora Paoli, come si chiama _il Suo_ (*your, formal*) marito?
4. _Nostri_ (*Your, plural*) genitori sono giovani.
5. _Nostra_ (*Our*) amica ama _suo_ (*her*) fratello.
6. _Loro_ (*Their*) zio è inglese.
7. _Nostri_ (*Our*) nipoti sono professoresse.
8. _Tuo_ (*Your, singular*) padre lavora all'estero.

4 **Creare** Create complete sentences using the cues given. Remember to conjugate all verbs and to make all the necessary changes to the possessive adjectives.

1. mio / fratello / giocare a tennis
   Mio fratello gioca a tennis.
2. tuo / sorelle / leggere molto
   Le tue sorelle leggono molto.
3. loro / madre / non usare mai / il computer
   La loro madre no usa mai il computer.
4. vostro / figlie / essere gemelle?
   Le vostre figlie sono gemelle?
5. nostro / gatti / fare attenzione alla TV
   I nostri gatti fanno attenzione alla TV.
6. suo / moglie / essere molto simpatica
   Sua moglie è molto simpatica.

5 **Trasformare** Provide the correct possessive adjective to add detail to each description.

> **Modello**
> È il padre di Mario. *Suo* padre vive a Cagliari.

1. I fratelli di Zoe si chiamano Vieri e Giulio. _Suoi_ fratelli sono giovani.
2. Loro parlano spesso con gli amici. _Loro_ amici sono molto simpatici.
3. Antonio ha genitori molto gentili. Lui adora _suoi_ genitori.
4. Io e Daniele andiamo all'università. _Nostra_ università è molto grande.
5. Luca è sposato con Nina. _Sua_ moglie è molto bella.
6. Tu e tuo fratello giocate a calcio. _Tuoi_ compagni di squadra sono molto bravi.
7. Io ho due cani. _Miei_ cani sono molto intelligenti.
8. Tu hai molte amiche. _Tue_ amiche sono spesso a casa tua.

3A.2 *Preposizioni semplici e articolate*

1 **Scegliere** Circle the prepositions or prepositional contractions needed to complete each sentence.

1. Studiamo (da / per / in) Franco (con / su / per) due ore.

2. Sabato mattina sono (da / con / a) casa, ma domenica mattina vado fuori (in / con / per) Sabina.

3. Metto i libri (nello / allo / con lo) zaino e vado (sull' / nell' / all') università.

4. Lavoro (da / su / fra) Internet (in / su / a) biblioteca.

5. Mi piacciono molto il gatto (nello / dello / sullo) zio Pietro e i cani (sui / nei / dei) nostri cugini.

6. Gioco (a / tra / in) calcio (sullo / per lo / allo) stadio (di / in / a) centro.

2 **Semplice o articolata?** Determine whether each sentence requires a **preposizione semplice** or a **preposizione articolata**. Then use the prepositions provided to complete the sentences.

1. Telefono _a a_ (a) mio fratello maggiore ogni (*every*) mercoledì.

2. Leggo molte informazioni interessanti _nel_ (in) libro di storia.

3. Vado _da da_ (da) Giorgia _per_ (per) imparare a cucinare.

4. Guardo la televisione _dalle_ (da) dieci _alla a_ (a) mezzanotte.

5. Vado a scuola _in_ (in) autobus, _a_ (a) piedi o _con_ (con) la macchina di mio padre.

6. Andiamo in vacanza _negli_ (in) Stati Uniti _a_ (a) Washington D.C.

7. Studio sempre _in_ (in) biblioteca _con_ (con) mia sorella.

8. La madre _del_ (di) mio amico è professoressa _di_ (di) biologia.

3 **Completare** Read this paragraph and complete the sentences using the appropriate preposition or prepositional contraction.

Ciao! Mi chiamo Giulietta e abito (1) _a_ Ancona. Sono nata (2) _a_ Sciacca, (3) _in_ Sicilia, (4) _nel_ 1990. Mi piace molto viaggiare (5) _in_ Europa e anche fuori Europa. Vivo (6) _con_ due amiche, Chiara e Anna. Le mie compagne di stanza sono molto simpatiche. Loro adorano i dolci e io compro sempre cioccolato e tiramisù (7) _per_ loro. Insieme giochiamo spesso (8) _a_ pallavolo. Il fine settimana ci piace anche andare (9) _in_ bicicletta, (10) _al_ cinema o (11) _in_ centro. Domani è il compleanno (12) _della_ mia amica Luigia e andiamo tutti (13) _dai_ suoi genitori (14) _al_ mare: che bello!

4   **L'orario** This is Martina's busy schedule for the weekend. Write complete sentences describing what she has planned. Use as many different prepositions as possible.

	mattina	pomeriggio	sera
venerdì	• studiare / esame • comprare zucchini / mercato	• parlare / professore	• incontrare / amici • andare / ristorante
sabato	• andare / bicicletta / centro	• guardare / film / televisione	• ballare / discoteca / amici
domenica	• andare / chiesa / piedi	• giocare / calcio / stadio	• andare / cugini / cena

Martina is so busy on venerdì that she has to studiare for her esame in the morning, eat lunch, parla professore, incontra con amici, andiamo ristorante. Sabato Martina goes to cycle, blah guardare film e televisione. Andare ballare a discoteca com sugli amici di sera. Martina goes for chiesa a piedi domenica ~~di~~ a mattina. Lei gioca di calcio a stadio del pomeriggio. Martina va ~~da~~ cugini per cena di sera.

5   **Cosa fanno?** Look at the following illustrations and write a sentence to describe each. Include as many prepositions as possible.

1. A group of people are dancing at the party.

2. They had a drink and are sleepy.

3. The two women are really worried about the time.

4. The whole family come to the hotel during the trip.

3A.3 Regular -ire verbs

1 **Quale verbo?** Choose the verb that best completes each sentence, then write the correct form of the verb in the space provided.

1. Tara _____capisce_____ (capire / pulire) la matematica molto bene.

2. Patrizia e Rossella _____aprono_____ (sentire / aprire) un nuovo ristorante il 10 maggio.

3. Voi _____dormite_____ (dormire / preferire) 10 ore ogni notte.

4. Io _____offro_____ (seguire / offrire) della (*some*) limonata ai miei amici.

5. Tu _____spedisci_____ (partire / spedire) una lettera ogni settimana ai tuoi genitori.

6. Io e i miei compagni di classe _____finiamo_____ (finire / servire) l'esercizio in cinque minuti.

2 **Azioni** Describe what is going on in each photo using one of the verbs provided. Do not use the same verb twice. Write three affirmative and three negative sentences.

aprire	finire
capire	partire
dormire	spedire

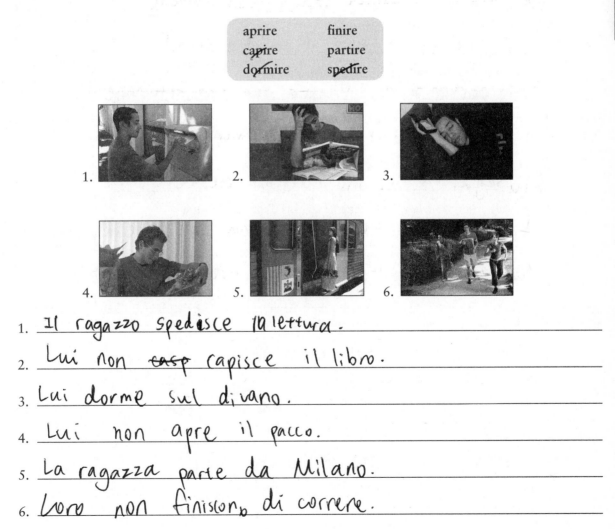

1. Il ragazzo spedisce la lettura.
2. Lui non ~~casp~~ capisce il libro.
3. Lui dorme sul divano.
4. Lui non apre il pacco.
5. La ragazza parte da Milano.
6. Loro non finiscono di correre.

3 **Domande e risposte** Match each question with its answer.

_e_ 1. Chi serve il caffè oggi?

_b_ 2. Quando partite per l'Italia?

_d_ 3. Puoi (*Can you*) aprire la porta, per favore?

_f_ 4. Capisci il problema?

_c_ 5. Quando finiscono le lezioni quest'anno?

_a_ 6. Finisci il tuo caffè?

a. No, grazie.

b. Il primo agosto.

c. Ad aprile o a maggio.

d. No, sono al telefono!

e. Lina e Silvana.

f. No, è molto difficile.

4 **Frasi mescolate** Create complete sentences using the cues provided. Be sure to rearrange words in the correct order.

1. andare / preferire / a luglio / in vacanza / Sonia

Sonia preferisce andara in vacanza a luglio.

2. non / Riccardo / mai / pulire / la sua camera

Riccardo non pulisce mai la sua camera.

3. il fine settimana / molto / dormire / voi / ?

Voi dormite molto il fine settimana?

4. per l'Italia / loro / due settimane / partire / fra

Loro partono per l'Italia fra due settimane.

5. aprire / il museo / a che ora / la domenica / ?

A che ora apre il museo la domenica?

6. tre lezioni / tu / questo semestre / seguire

Tu segui tre lezioni questo semestre.

7. servire / in punto (*sharp*) / la cena / i signori Trotti / alle sette

I signori Trotti servono la cena alle sette in punto.

8. sentire / in inverno / noi / molto freddo

Noi sentiamo molto freddo in inverno.

5 **Completare** Complete each sentence using an **-ire** verb of your choice. Use six different verbs.

1. Antonella e suo marito _sentono freddo_.

2. Io _capisco_ ~~tda~~ il libro.

3. Tu e Ubaldo _segui un corso di filosofia_.

4. Gloria _Pulisce la casa_.

5. Tu _apri la porta per mia madre_.

6. Io e Quintino _preferiamo il caffè_.

Unità 3

CONTESTI

Lezione 3B

1 **Trova l'intruso** Circle the word that doesn't belong.

1. attivo, atletico, triste, energico

2. vecchio, lento, debole, curioso

3. lamentoso, paziente, modesto, disponibile

4. architetto, avvocato, egoista, giornalista

5. simpatico, spiritoso, gentile, duro

6. atleta, stanco, forte, sportivo

7. uomo d'affari, cameriere, paziente, parrucchiere

8. generoso, onesto, avaro, modesto

2 **I contrari** Provide the opposite of each adjective, matching the listed word in gender and number.

1. crudele _buono_

2. forti _deboli_

3. vecchia _giovane_

4. amaro _dolce_

5. poveri _ricchi_

6. deboli _forti_

7. lente _~~vot~~ veloci_

8. generose _avare._

3 **Come sono?** Look at the illustrations and write a complete sentence using at least two adjectives to describe each person or group.

1. _Lei è fedele._

2. _Lei è vecchia._

3. _Lui è disponibile._

4. _Lui è forti._

4 **Concordanza** Complete each sentence with the correct forms of the adjectives in parentheses.

1. Graziella è ___alta___ (alto), ___bella___ (bello) e ___gentile___ (gentile).

2. I professori sono ___pazienti___ (paziente) e ___disponibili___ (disponibile).

3. Le mie amiche sono ___attive___ (attivo) e ___spiritose___ (spiritoso).

4. I miei nonni sono ___vecchi___ (vecchio) e ___gentili___ (gentile).

5. Il suo cane è ___energico___ (energico) e ___giovane___ (giovane).

6. La loro cugina è ___lamentosa___ (lamentoso), ___crudele___ (crudele) e ___avara___ (avaro).

7. Tua moglie è ___straniera___ (straniero) e ___spiritosa___ (spiritoso).

8. Io sono ___intelligente___ (intelligente), ___laboriosa___ (laborioso) e ___modesta___ (modesto).

5 **Amici** Federica and Fabio are best friends, but they are completely different. Based on the description of Federica, write a paragraph describing what Fabio is like. Use as many adjectives as possible.

> Espressioni utili:
> **tutti e due** *both (of them)*
> **nessuno dei due** *neither (of them)*

Federica   Fabio

Federica ha venticinque anni. È molto attiva e va in palestra cinque giorni alla settimana. Non mangia molti dolci, preferisce broccoli e zucchine. È magra, ma anche energica e forte. È molto gentile e paziente con gli amici.

Fabio è molto pigro. Gli piace mangiare molti dolci. È grasso e lento, debole. È amaro e lamentoso con gli amici.

_____

_____

_____

_____

_____

STRUTTURE

3B.1 Descriptive adjectives

1 **Descrizioni** Describe the people listed below. Use two different adjectives for each, one related to physical description and one related to personality.

> **Modello**
> tu: Tu sei alta e fantastica.

1. il presidente degli Stati Uniti _è alto e coraggioso._
2. l'insegnante d'italiano _è disponibile e spiritoso._
3. la mia famiglia _è spiritosa e energica._
4. i miei amici _sono dolci, modesti e spiritosi._
5. io _sono brillante e convinta._

2 **Parole incomplete** For each definition on the left, find and complete the word in the column on the right.

_C_ 1. non sensibili   a. C a r i na

_e_ 2. forte   b. d i s i n v o lto

_a_ 3. bella   c. i n s e ns i b i li

_b_ 4. non timido   d. g r a ss o

_d_ 5. non magro   e. m u s c olo s o

3 **Definizioni** Complete each definition with the appropriate adjective. Do not use the same adjective more than once.

1. Una persona che (*who*) va in palestra tutti i giorni è _sportiva._
2. Una persona che pensa solo a se stessa (*him-/herself*) è _egoista._
3. Una persona che non è alta e non è bassa è _di media statura._
4. Una persona che pensa sempre che tutto va male è _pessimista._
5. Una persona in favore dei diritti delle donne è _femminista._
6. Una persona attiva ed energica è _dinamica._
7. Una persona che mangia molto è _grassa._
8. Una persona che non è bassa è _alta._

     Unità 3 Workbook Activities   **43**

4   **Una persona perfetta** What characteristics should a perfect . . . have?

> *Modello*
>
> dentista <u>Un dentista perfetto è gentile, calmo e molto bravo.</u>

1. professore   <u>Un professore perfetto è paziente, gentile, responsabile.</u>
2. avvocato   <u>Un'avvocato perfetto è disinvolto, furbo e responsabile.</u>
3. parrucchiere   <u>Un parrucchiere perfetto è allegro, laborioso e energico.</u>
4. giornalista   <u>Una giornalista perfetto è audace, energico è laboriosa.</u>

5   **Prima o dopo?** Decide whether each adjective is used before or after the noun. Then write its correct form in the appropriate spot.

> *Modello*
>
> una _____ storia <u>interessante</u> (interessante)

1. dei <u>brutti</u> film _____ (brutto)
2. una _____ signora <u>gentile</u> (gentile)
3. un <u>buono</u> amico _____ (buono)
4. i _____ capelli <u>lunghi</u> (lungo)
5. le _____ macchine <u>~~nove~~ nuove</u> (nuovo)
6. due <u>begli</u> zaini _____ (bello)
7. gli _____ occhi <u>blu</u> (blu)
8. il _____ fratello <u>egoista</u> (egoista)

6   **Parole e frasi** Unscramble each of the adjectives listed below. Then, write a complete sentence using each word. Use different verbs and subjects.

1. anermro <u>marrone. Sua moglie ha gli occhi marroni.</u>
2. stmaitoit <u>ottimista. Marco è ottimista.</u>
3. daucae <u>audace. Francesca è una ragazza audace</u>
4. enugino <u>ingenuo. Peter è molto ingenuo.</u>
5. sosmo <u>mosso. Io preferisco i capelli mossi.</u>
6. robuf <u>furbo. I bambini sono furbi.</u>
7. choviec <u>vecchio. Lui è vecchio ma anche sportivo.</u>
8. licopoc <u>piccolo. La bambina è piccolo e carino.</u>
9. pailbnersose <u>responibile. Mi piace una persona responibile.</u>
10. tirobaraba <u>arrabbiato. Signora Sita è molto arrabbiato.</u>

3B.2 Interrogatives and demonstratives

1 **L'intervista** Fill in the correct interrogative words to reconstruct this interview with Sabina, a student at an Italian university. Not all of the words in the list will be used.

Che cosa	Con chi	Quale
Chi	Dove	Quando
Come	Perché	Quante

GIACOMO (1) _Come_ ti chiami?
SABINA Mi chiamo Sabina.
GIACOMO (2) _Dove_ abiti?
SABINA Abito a Udine.
GIACOMO (3) _Che cosa_ studi?
SABINA Studio economia.

GIACOMO (4) _Perché_ studi economia?
SABINA Per diventare una donna d'affari.
GIACOMO (5) _Quale_ lezione preferisci?
SABINA La lezione d'italiano!
GIACOMO (6) _Quante_ materie segui?
SABINA Seguo quattro materie.

2 **Due domande** For each statement, write two questions that could have prompted that response.

1. Letizia va al mercato domenica.
   Quando va al mercato Letizia?
   Dove va Letizia domenica?

2. Laura e Andrea sono al museo oggi.
   Dove sono Laura e Andrea oggi?
   Chi è al museo oggi?

3. Io e i miei amici facciamo una passeggiata con i nuovi studenti.
   Cosa facciamo con i nuovi studenti?
   Con chi facciamo una passeggiata Noi?

4. Lunedì il cinema chiude a mezzanotte.
   A che ora chiude il cinema lunedì?
   Quando giorno il cinema chiude a mezzanotte?

3 **Qual è la domanda?** Fill in all of Pia's questions to Nino to complete their conversation.

PIA Ciao, Nino! (1) _Come stai_ ?
NINO Ciao, Pia. Bene, grazie.
PIA (2) _Quali lezioni frequenti questo semestre_ ?
NINO Questo semestre frequento le lezioni d'italiano e le lezioni di scienze politiche con Gina.
PIA (3) _Chi è Gina_ ?
NINO Gina è la mia sorella gemella.
PIA (4) _Quando vai in vacanza_ ?
NINO Vado in vacanza a luglio. Vado in Italia!
PIA In Italia? (5) _Quanto costa il viaggio_ ?
NINO Il viaggio costa ottocento euro…
PIA È abbastanza economico. Devo (*I have to*) andare, Nino. Ma… (6) _Dové il mio zaino_ ?
NINO Il tuo zaino è su quel tavolo.
PIA Grazie!

4 **Questo e quello** Write the correct forms of **questo** and **quello** in front of each noun. Pay attention to gender and number.

1. _queste_ , _qrelle_ matite
2. _questo_ , _quello_ computer
3. _questa_ , _quella_ amica
4. _questi_ , _quei / quegli_ signori

5. _questi_ , _quegli_ zii
6. _questo_ , _quell'_ orologio
7. _questo_ , _quello_ studente
8. _questa_ , _quella_ donna

5 **Completare** Complete each sentence with the correct form of **questo**.

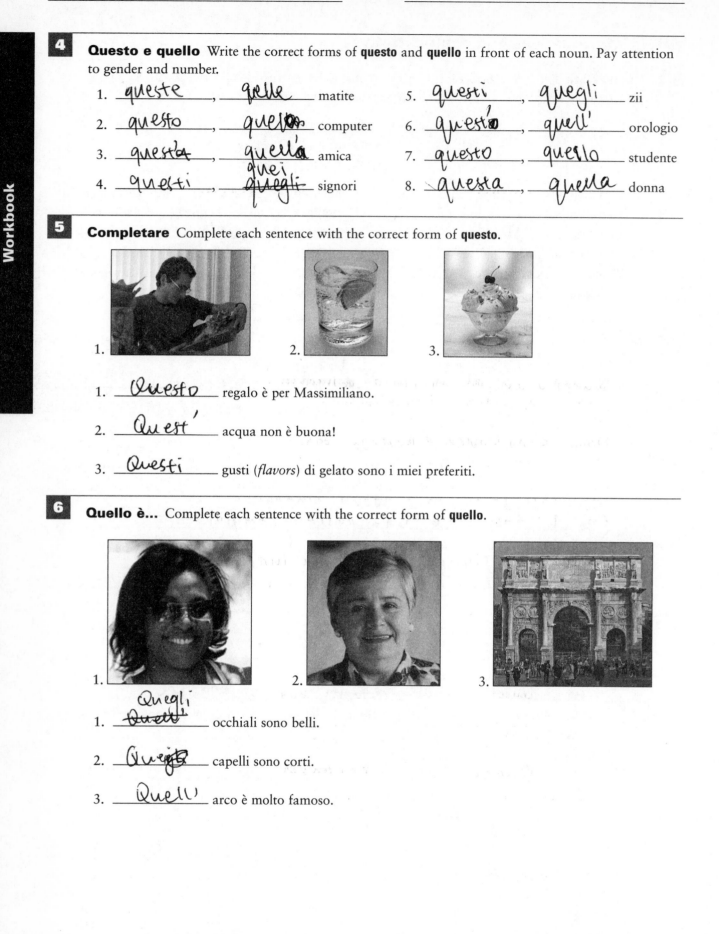

1. _Questo_ regalo è per Massimiliano.

2. _Quest'_ acqua non è buona!

3. _Questi_ gusti (*flavors*) di gelato sono i miei preferiti.

6 **Quello è...** Complete each sentence with the correct form of **quello**.

1. _Quegli_ occhiali sono belli.

2. _Quei_ capelli sono corti.

3. _Quell'_ arco è molto famoso.

Unità 3   **Avanti**

PANORAMA

---

1   **Rispondere** Answer each question using a complete sentence.

1. Che cos'è il *North End*?

   _____

2. In quale stato americano ci sono più oriundi italiani?

   _____

3. Quanti oriundi italiani ci sono in California?

   _____

4. Chi è Enrico Fermi?

   _____

5. Chi sono i due italoamericani che hanno firmato la Dichiarazione di Indipendenza degli Stati Uniti?

   _____

6. Quanti italiani partecipano alla Guerra Civile americana?

   _____

   _____

2   **In ordine** Put these states in order according to the number of Italian Americans living there. Start
with the highest number.

_____ a. California   _____ g. Michigan

_____ b. Connecticut   _____ h. New Jersey

_____ c. Florida   _____ i. New York

_____ d. Illinois   _____ l. Ohio

_____ e. Louisiana   _____ m. Pennsylvania

_____ f. Massachusetts   _____ n. Texas

3   **Associare** Match each person on the left with his/her profession on the right.

_____ 1. Joe DiMaggio   a. presidente della Camera dei rappresentanti

_____ 2. Frank Sinatra   b. cantante e attrice

_____ 3. Nancy Pelosi   c. regista

_____ 4. Liza Minnelli   d. giocatore di baseball

_____ 5. Sofia Coppola   e. attore

_____ 6. Leonardo DiCaprio   f. cantante e attore

Workbook

4 **Vero o falso?** Indicate whether each statement is **vero** or **falso**. Correct the false statements.

	Vero	Falso
1. Più di 25 milioni di argentini sono di origine italiana.	O	O
2. La festa del Giglio è nata nel 409 d.C.	O	O
3. La bruschetta è una ricetta preparata con il pane.	O	O
4. John Turturro è nato a Bari nel 1957.	O	O
5. John Turturro ha frequentato (*attended*) l'Università di Harvard.	O	O
6. La bruschetta è un tipo di pasta.	O	O
7. La festa del Giglio è in onore di San Paolino di Nola.	O	O
8. La Boca è un famoso quartiere italiano di New York.	O	O
9. John Turturro ha lavorato (*worked*) con Spike Lee.	O	O
10. La festa del Giglio in America è celebrata a Boston.	O	O

5 **Completare** Complete each sentence with the correct information.

1. I tre paesi con più cittadini italiani residenti all'estero sono _____.

2. I primi italiani in Argentina vengono (*come*) da _____.

3. La festa del Giglio è celebrata nel mese di _____.

4. John Turturro non ha mai vinto (*has never won*) _____.

5. Gli ingredienti classici della bruschetta sono _____.

Unità 4   Lezione 4A

CONTESTI

1   **Mettere etichette** Label each part of this desktop and computer. Include the definite articles.

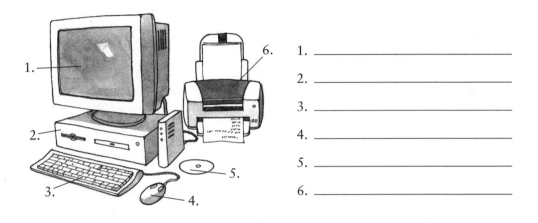

1. _____

2. _____

3. _____

4. _____

5. _____

6. _____

2   **Abbinare** Match each verb listed with the related word or expression on the right. Use each word only once.

_____ 1. accendere   a. il computer

_____ 2. ascoltare   b. il documento

_____ 3. cancellare   c. i messaggi della segreteria telefonica

_____ 4. caricare   d. il microfono

_____ 5. comporre   e. il numero di telefono

_____ 6. navigare   f. la password

_____ 7. spegnere   g. il programma

_____ 8. salvare   h. in rete

3   **Che cosa hai?** What electronics do you own? Write a paragraph describing at least five items.

_____

_____

_____

_____

_____

_____

_____

_____

Unità 4 Workbook Activities   **49**

Workbook

4

Scegliere Choose the expression that best completes each sentence.

1. Per guardare la televisione uso _____.
   a. il telecomando
   b. la macchina fotografica
   c. il cellulare

2. Per scrivere un'e-mail uso _____.
   a. lo pseudonimo
   b. il televisore
   c. la tastiera

3. Per ascoltare i miei messaggi uso _____.
   a. il microfono
   b. la segreteria telefonica
   c. il mouse

4. Per ricevere un documento uso _____.
   a. il telefono
   b. il fax
   c. il DVD

5. Per telefonare uso _____.
   a. il cellulare
   b. il lettore DVD
   c. la password

6. Per ascoltare la musica uso _____.
   a. il messaggio istantaneo
   b. il carica batteria
   c. le cuffie

5

Logico o illogico? Read each dialogue and decide whether it is **logico** or **illogico**.

		Logico	Illogico
1.	— Accendi il computer? — Sì, per scrivere un'e-mail.	○	○
2.	— Dov'è il telecomando? — No, il fax non funziona.	○	○
3.	— Perché telefoni al tecnico? — Perché lo schermo non funziona!	○	○
4.	— Qual è la password? — Non lo so!	○	○
5.	— Il tuo cellulare squilla! — Grazie, stampo subito il documento.	○	○
6.	— Componi questo numero. — Di chi è?	○	○
7.	— Salvo i documenti nella cartella. — Bene, e domani li (them) stampiamo!	○	○
8.	— Sei in linea? — Sì, navigo in rete.	○	○
9.	— Questo portatile è molto piccolo. — Sì, è un DVD fantastico!	○	○
10.	— Hai una videocamera? — Io no. E tu?	○	○

STRUTTURE

4A.1 *Dovere, potere,* and *volere*

1 **Il festival** You are inviting your friends to go to an Italian film festival. Complete each sentence with the correct forms of the verbs in parentheses to see who wants to go.

1. Gioia non _____ (volere) venire perché _____ (dovere) studiare.

2. Tommaso e Matteo _____ (volere) venire, ma _____ (potere) restare solo un'ora.

3. Matilde mi _____ (dovere) dei soldi, quindi io _____ (volere) vederla (*see her*)!

4. Tu _____ (potere) venire e _____ (volere) invitare la tua amica.

5. Voi non _____ (volere) venire perché non _____ (potere) stare fuori fino a tardi.

6. Loro _____ (dovere) stare a casa perché loro _____ (volere) finire di leggere i loro libri.

2 **Quale verbo?** Circle the verbs that best complete this paragraph.

Che giornata piena! Oggi io (1) (voglio / devo) guardare la televisione, ma (2) (devo / posso) andare al supermercato. Mia sorella non (3) (può / deve) andare dalla sua amica perché (4) (vuole / deve) studiare. Io e mio fratello (5) (vogliamo / dobbiamo) pulire il garage e non è divertente! Oggi c'è il sole e i miei genitori (6) (possono / devono) giocare a golf, ma prima (*before*) (7) (vogliono / devono) portare il nonno dal dottore. Le mie cugine (8) (devono / vogliono) venire a casa nostra oggi pomeriggio, ma gli zii non (9) (possono / devono) lasciare l'ufficio prima delle 17.00.

3 **Ipotesi** Complete each sentence about the people in these photos. Use your imagination and be sure to use **dovere**, **potere**, and **volere** at least once each.

1.  2.  3.  4.

1. Luigi e Gerardo vogliono dormire, ma _____.

2. Io devo andare all'aeroporto, ma _____.

3. Io e Carlo vogliamo parlare, ma _____.

4. Loro devono andare a scuola, ma _____.

Unità 4 Workbook Activities **51**

4 **Creare** Create sentences using the cues provided to find out why each person will not be at the party this weekend.

1. Marco / dovere venire / ma / essere malato (*sick*)

     _____

2. Carlotta e Vincenzo / non potere usare la macchina / perché / essere rotta

     _____

3. Letizia / volere / andare a trovare i nonni

     _____

4. voi / non volere venire / perché / essere stanchi

     _____

5. io e Angela / non potere / arrivare in tempo / perché / il treno / essere in ritardo

     _____

6. tu / volere venire / ma / la sveglia (*alarm*) / non funzionare

     _____

7. Enrico / dovere portare il cane / dal veterinario

     _____

8. Carmela / non potere venire / perché / dovere aiutare la nonna

     _____

5 **L'orario** Look at today's schedule and answer the questions using **potere**, **volere**, or **dovere**. Write complete sentences and, when possible, use more than one verb in each sentence.

> **Modello**
>
> Tu vuoi andare al cinema oggi pomeriggio?
> Non posso, perché devo andare in piscina!

	io	Luca	Ginevra e Vieri	io e Laura
mattina	andare in classe	parlare con il professore	andare a lezione	/
pomeriggio	andare in piscina	pulire la camera	/	lavorare

1. Ginevra e Vieri, potete giocare a tennis oggi pomeriggio?

     _____

2. Vuoi andare in piscina stamattina?

     _____

3. Tu e Laura volete andare a mangiare un gelato oggi pomeriggio?

     _____

4. Invitiamo Luca a studiare con noi oggi pomeriggio?

     _____

5. Ginevra e Vieri possono venire al parco stamattina?

     _____

6. Tu e Laura volete andare al parco stamattina?

     _____

4A.2 *Dire, uscire,* and *venire,* and disjunctive pronouns

1   **Dire** Complete each sentence with the correct form of the verb **dire.**

1. Il giornale _____ che domani c'è il sole.

2. Noi _____ che ci piace questa casa.

3. Tu non _____ mai che cosa fai in classe.

4. Tu e Veronica _____ ai vostri amici di telefonare alle 2.00

5. Io _____ sempre «Buongiorno a tutti!».

6. I figli _____ ai genitori cosa vogliono mangiare.

2   **Uscire o partire?** Complete each sentence with the correct form of **uscire** or **partire.**

1. Quest'anno andiamo in Germania. _____ ad agosto.

2. Mia sorella _____ spesso con Roberto.

3. Ciao, mamma. Noi _____ adesso e torniamo alle 11.00!

4. I treni per Roma _____ tutti da questa stazione.

5. Io non _____ spesso durante la settimana.

6. Davvero tu non _____ più con Patrizio?

3   **Venire** Use elements from each column, along with the verb **venire,** to create six complete sentences. Create both affirmative and negative sentences, adding other words for detail.

A	B
io	in palestra sabato prossimo
la mia famiglia	in classe in orario
i miei professori	a vedere la scuola
la mia amica	al cinema con noi
io e tu	in centro alle 16.00
tu e i tuoi amici	al ristorante venerdì sera

1. _____

2. _____

3. _____

4. _____

5. _____

6. _____

Workbook

4 **Espressioni** Complete these sentences with disjunctive pronouns using the cues provided. Don't forget to add the preposition **di** when necessary.

1. Luca arriva sempre in classe _____ (*after you, pl.*).

2. Margherita scrive un libro _____ (*about them*).

3. I miei genitori arrivano a casa _____ (*before me*).

4. No, non puoi andare al cinema _____ (*without us*).

5. Loro lavorano _____ (*under him*).

6. _____ (*According to me*), questo film è terribile!

7. Vuoi andare a guardare la televisione _____ (*at her place*)?

8. Loro non possono finire quel progetto _____ (*by themselves*).

5 **Riscrivere** Rewrite each sentence, replacing the underlined words with a preposition and a disjunctive pronoun.

> **Modello**
> Leggo un libro <u>alla mia sorellina</u>. *Leggo un libro a lei.*

1. Compro i libri <u>per i miei amici</u>.

   _____

2. Cantiamo le canzoni <u>a te e Giancarlo</u>.

   _____

3. Irene studia <u>da Antonella</u> tutti i martedì.

   _____

4. Olga legge le storie <u>ai bambini</u>.

   _____

5. Scrivete molte lettere <u>a Federico</u>?

   _____

6. Le mie cugine arrivano oggi <u>da me e i miei genitori</u>.

   _____

7. Gli attori leggono le loro parti <u>al regista</u> (*director*).

   _____

8. Suo marito scrive <u>a Silvana</u>.

   _____

Unità 4   Lezione 4B

CONTESTI

---

1   **Trova l'intruso** Circle the article of clothing that doesn't belong in each group.

1. la felpa, il cappello, il costume da bagno
2. la canottiera, il cappotto, i pantaloncini
3. il vestito, la valigetta, le scarpe da ginnastica
4. gli occhiali da sole, l'impermeabile, l'ombrello
5. la maglietta a maniche corte, i pantaloncini, gli stivali
6. i jeans, il maglione di cotone, la camicia di seta

---

2   **In quale stagione?** Name five articles of clothing that you would typically wear in the summer and five that you would typically wear in the winter.

In estate porto...   In inverno porto...

1. _____   1. _____
2. _____   2. _____
3. _____   3. _____
4. _____   4. _____
5. _____   5. _____

---

3   **Cosa indossi?** In complete sentences, describe what articles of clothing you might wear on each occasion.

1. per andare al lavoro: _____

_____

2. per andare in chiesa (*church*): _____

_____

3. per andare in piscina: _____

_____

4. per andare a sciare: _____

_____

5. per andare a una festa: _____

_____

6. per andare in palestra: _____

_____

7. per andare in treno: _____

_____

8. per andare al parco: _____

_____

     Unità 4 Workbook Activities   **55**

Workbook

4 **Fare spese** Based on the list of items for sale and Patrizia's description of her tastes, choose four articles of clothing for her to buy, and explain your choices.

Ciao, io sono Patrizia. Io amo correre nel parco. Non mi piace andare in piscina. Adoro l'inverno. Mi piacciono alcuni articoli eleganti, ma come pantaloni porto sempre jeans. Non spendo mai più di 100 euro per un solo articolo. Mi piacciono tutti i colori eccetto il nero, il viola e il beige.

Guanti e sciarpa € 10,50; Scarpe da ginnastica € 45,00	**Colori disponibili** (*available*):
Costume da bagno € 17,99; Tailleur € 189,00	arancione, azzurro, bianco, blu, beige, giallo,
Pantaloni di seta € 85,00; Camicetta elegante € 65,00	grigio, marrone, nero, rosa, verde, viola

_____

_____

_____

_____

5 **Di che colore?** Complete each sentence with the correct color. Be sure to match the gender and number of the subject.

1. I palloni da pallacanestro sono _____.

2. La cioccolata (*hot chocolate*) è _____.

3. Le banane sono _____.

4. L'erba (*grass*) è _____.

5. L'arcobaleno (*rainbow*) è _____!

6 **Che cosa porta?** Write sentences describing what clothes Lidia wears at different times during the day. Use your imagination to comment on the color and material of each article.

 1.    2.   3.   4.

1. _____

_____

2. _____

_____

3. _____

_____

4. _____

STRUTTURE

4B.1 The *passato prossimo* with *avere*

1   **Completare** Write the past participle(s) of each verb.

1. dire: _____
2. guardare: _____
3. fare: _____

4. leggere: _____
5. vedere: _____
6. chiedere: _____

7. comprare: _____
8. scrivere: _____

2   **Il fine settimana di Gloria** Complete Gloria's description of her weekend with the correct form of the **passato prossimo** of each verb in parentheses.

Sabato io (1) _____ (incontrare) i miei amici. Noi (2) _____

(telefonare) a mia cugina e lei (3) _____ (decidere) di venire a casa mia. Mia cugina e io

(4) _____ (giocare) a ping-pong e i miei amici (5) _____ (guardare)

la televisione. Domenica tutti noi (6) _____ (nuotare) in piscina. Il pomeriggio io

(7) _____ (correre) da casa mia a casa di Elena. Elena (8) _____

(preferire) non correre! Anche i miei amici amano correre, ma mi (9) _____ (scrivere)

un'e-mail per dire che ieri non potevano (*they couldn't*). E tu, che cosa (10) _____ (fare)?

3   **La famiglia Dotti** Use the cues in the box to write one sentence about what each member of the Dotti family did yesterday.

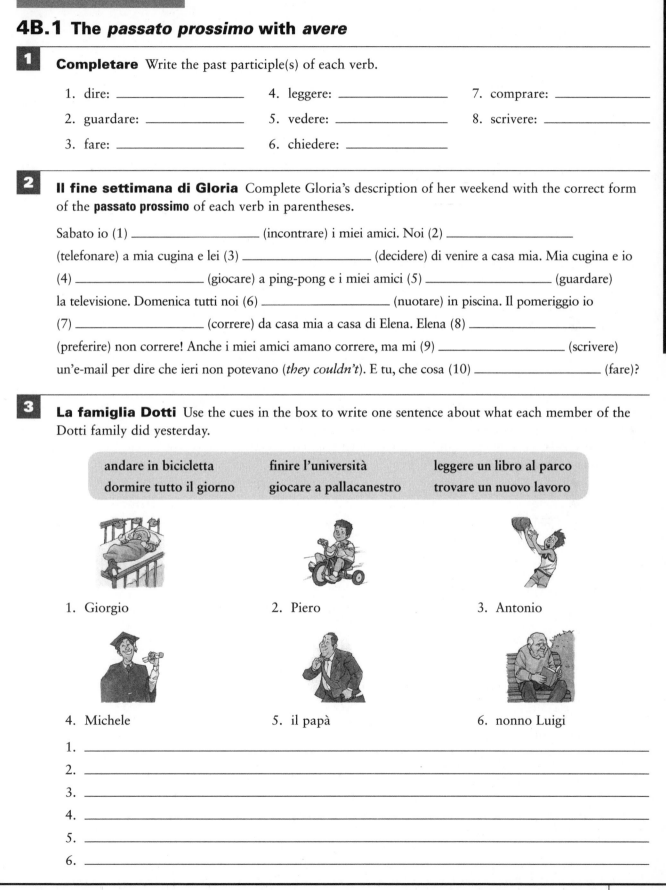

| andare in bicicletta | finire l'università | leggere un libro al parco |
| dormire tutto il giorno | giocare a pallacanestro | trovare un nuovo lavoro |

1. Giorgio   2. Piero   3. Antonio

4. Michele   5. il papà   6. nonno Luigi

1. _____
2. _____
3. _____
4. _____
5. _____
6. _____

Workbook

4 **Frasi mescolate** Write complete sentences in the **passato prossimo** using the cues provided. Add details as appropriate.

1. noi / comprare / un regalo / Giulia

   _____

2. tu / non mangiare / dolci

   _____

3. ieri / Margherita / dormire / poco

   _____

4. venerdì scorso / piovere / tutto il giorno

   _____

5. loro / fare / molte fotografie / Europa

   _____

6. voi / non chiudere / porta

   _____

7. io / purtroppo (*unfortunately*) / non studiare / esame

   _____

8. che cosa / (tu) / dire?

   _____

5 **Domande** Answer each question about what you did recently. Write complete sentences using the **passato prossimo**.

1. A chi hai scritto un'e-mail recentemente?

   _____

2. Hai corso recentemente?

   _____

3. Quali libri hai letto recentemente?

   _____

4. Hai perso qualcosa (*something*) recentemente?

   _____

5. Hai visto un film interessante recentemente?

   _____

6. Hai comprato dei vestiti recentemente?

   _____

7. Hai studiato molto recentemente?

   _____

8. Che cosa hai fatto ieri?

   _____

4B.2 The verbs *conoscere* and *sapere*

1 **Sapere o conoscere?** Decide whether you need to use **sapere** or **conoscere** in each of the following questions, and circle the correct option.

1. (Sai / Conosci) che ore sono?

2. (Sai / Conosci) dov'è il telefono?

3. (Sai / Conosci) mio cugino?

4. (Sai / Conosci) quel ristorante?

5. (Sai / Conosci) chi viene alla festa?

6. (Sai / Conosci) Roma?

2 **Creare** Decide whether each context requires **conoscere** or **sapere**, and complete the sentence with the correct form of the verb.

1. Chiara _____ il mio compagno di camera, Marco.

2. Io _____ guidare la motocicletta.

3. Antonio e Rossella _____ il proprietario di quel negozio.

4. Claudio non _____ dov'è la nostra casa.

5. Tu e Giovanni _____ parlare italiano e francese.

6. Noi non _____ quando arriva il treno.

7. Rosalba non _____ questo gioco molto bene.

8. Tu _____ chi è il presidente degli Stati Uniti?

3 **Elencare** Create a list of five people or things you know and five things you know or know how to do.

So...

1. _____

2. _____

3. _____

4. _____

5. _____

Conosco...

1. _____

2. _____

3. _____

4. _____

5. _____

4 **Sanno o conoscono** Describe what these people know or don't know in complete sentences using **sapere** and **conoscere**. Use your imagination and try to use both verbs in each sentence.

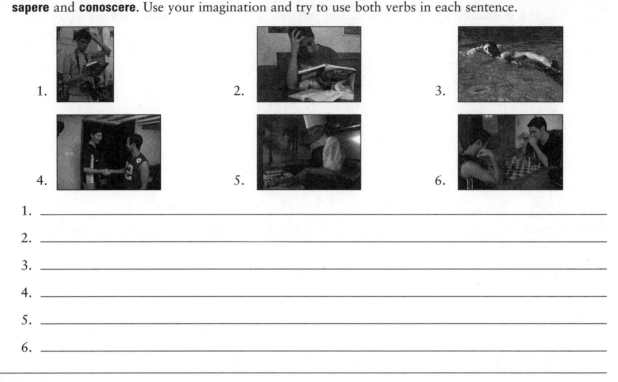

1.

2.

3.

4.

5.

6.

1. _____

2. _____

3. _____

4. _____

5. _____

6. _____

5 **Pettegolezzi** Complete the conversation between Angelo and Ludovica with the correct forms of **sapere** or **conoscere** in the **passato prossimo**.

ANGELO Ciao, Ludovica, come stai?

LUDOVICA Benissimo. E tu?

ANGELO Molto bene. Sai, ieri (1) _____ Eleonora, la fidanzata di Luciano.

LUDOVICA Davvero? Io (2) _____ che Luciano vuole sposarsi (*get married*) tra due mesi, ma Eleonora vuole aspettare.

ANGELO Esattamente come Sofia! Ricordi quando (noi) (3) _____ Sofia?

LUDOVICA Sì, ricordo! Ma perché Eleonora vuole aspettare?

ANGELO Perché (lei) (4) _____ che Luciano ha visto la sua ex ragazza e non sa se lui è serio.

LUDOVICA Che problema! Ma tu come (5) _____ questo?

ANGELO Ho parlato con Luciano. Tu sai quando Luciano (6) _____ Eleonora?

LUDOVICA Non esattamente. Credo circa un anno fa.

ANGELO Sì, ed è molto innamorato. Da quando lui e la sua famiglia (7) _____ Eleonora, non parlano di altro! Tu hai già incontrato Eleonora?

LUDOVICA No, io non (8) _____ Eleonora, ancora (*yet*).

ANGELO Se vuoi, possiamo andare fuori tutti insieme stasera. Che ne pensi?

LUDOVICA Ottima idea. A stasera!

Unità 4

PANORAMA

Avanti

1   **A Milano** Read the following list and then decide which of these sights you can see in Milan and which are not in Milan.

	A Milano	Non a Milano
1. il Colosseo	○	○
2. Palazzo Mezzanotte	○	○
3. il Teatro alla Scala	○	○
4. la Galleria Vittorio Emanuele	○	○
5. la Basilica di San Pietro	○	○
6. il Castello Sforzesco	○	○
7. Piazza di Spagna	○	○
8. il *Cenacolo*	○	○

2   **Personaggi celebri** Based on what you read in **Panorama**, indicate which person did each of the following things.

> Michelangelo Merisi da Caravaggio   Silvio Berlusconi
> Cesare Beccaria   Cristina Scabbia
> Nino Rota   Francesca Schiavone

1. Ha scritto la musica per film di Fellini, Zeffirelli e Visconti. _____

2. Fa parte della band metal Lacuna Coil. _____

3. Ha dipinto *Bacco*. _____

4. Ha fondato il partito politico «Forza Italia». _____

5. Ha partecipato all'US Open, al Roland Garros e alle Olimpiadi nel 2008. _____

6. Nel 1764 ha scritto *Dei delitti e delle pene*. _____

3   **Rispondere** Answer these questions using complete sentences.

1. Quando iniziano i problemi di traffico a Milano?

_____

2. Qual è la prima autostrada nel mondo?

_____

3. Quando è stata costruita quest'autostrada?

_____

4. Da quale città a quale città va?

_____

5. Qual è il limite di velocità sulle autostrade italiane?

_____

4 **Numeri importanti** After reading the **Panorama** section, identify what each of the numbers below refers to and what event happened on each of the dates.

1. 2015 _____

2. 182 kmq _____

3. 1808 _____

4. 130 km/h _____

5. 2.030 persone _____

6. anno 200 _____

7. $4.800,00 _____

5 **Associare** Match each subject on the left with a related piece of information on the right.

_____ 1. Borsa italiana   a. direttori d'orchestra

_____ 2. Dolce & Gabbana   b. il panettone

_____ 3. inaugurazione del Teatro alla Scala   c. Palazzo Mezzanotte

_____ 4. Milano-Laghi   d. settimana della moda

_____ 5. Toscanini, Abbado, Muti   e. autostrada

_____ 6. il garzone Toni   f. 1778

6 **Dove vai?** Using complete sentences, describe what you might see or do in each of these places.

1. a una sfilata di moda: _____

_____

_____

2. a Piazza Affari: _____

_____

_____

3. dal fornaio (*baker*) per comprare il panettone: _____

_____

_____

4. al Teatro alla Scala: _____

_____

_____

Unità 5

CONTESTI

Lezione 5A

1 **Al mercato** The new waiter can't get anyone's order right. Say what each customer ordered and what he or she received.

> **Modello**
>
> io / patate
> *Ho chiesto le patate, ma lui ha portato il pane.*

1. Pamela / pesca

_____

_____

2. Ornella / pomodoro

_____

_____

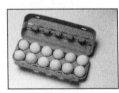

3. Emilio / burro

_____

_____

4. Arturo / peperone rosso

_____

_____

2 **Dove vai?** Where would you go to buy these foods?

1. la carne di maiale e la carne di manzo: _____
2. il tonno e i gamberetti: _____
3. il prosciutto: _____
4. il pane e i biscotti: _____
5. la frutta fresca: _____
6. il riso e la pasta: _____

3 **I menu** Based on their preferences below, list four things you would serve to Fiorella and Barbara.

Fiorella: Sono vegetariana e non mi piacciono i dolci (*sweets*).
Barbara: Amo la carne e la pasta, ma non mangio frutta e verdura.

Fiorella	Barbara
1. _____	5. _____
2. _____	6. _____
3. _____	7. _____
4. _____	8. _____

4 | **La lista della spesa** Add an item that fits in each list of words.

1. vongole, gamberetti, tonno, _____

2. prosciutto, maiale, _____

3. fragole, pesche, _____

4. i fagiolini, le melanzane, la lattuga _____

5. la mela, la pera, _____

6. panetteria, pasticceria, _____

5 | **Che cos'è?** Look at these illustrations and write the name of the food shown. Remember to include the definite article for each item.

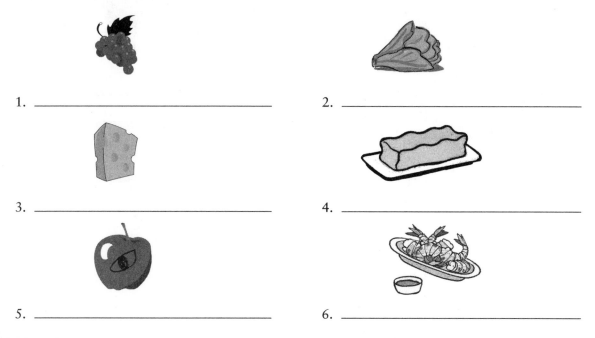

1. _____   2. _____

3. _____   4. _____

5. _____   6. _____

6 | **A te piace?** Write whether or not you like each food item shown. Do you like other similar foods?

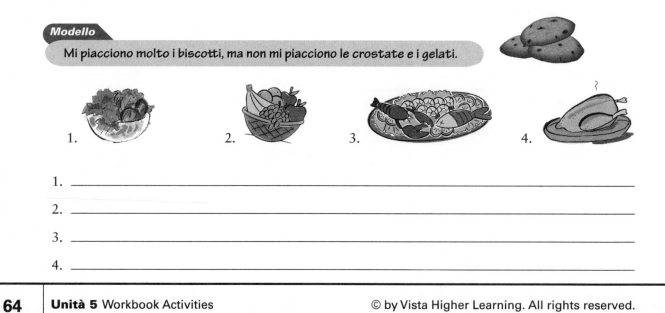

Modello

Mi piacciono molto i biscotti, ma non mi piacciono le crostate e i gelati.

1. 2. 3. 4.

1. _____

2. _____

3. _____

4. _____

STRUTTURE

5A.1 The *passato prossimo* with *essere*

1 **Essere o avere?** Which of the following verbs take **essere** and which take **avere** in the **passato prossimo**?

	Essere	Avere
1. essere	○	○
2. avere	○	○
3. nascere	○	○
4. andare	○	○
5. morire	○	○
6. telefonare	○	○
7. arrivare	○	○
8. mangiare	○	○

2 **Participi irregolari** Complete each sentence with the correct form of the **passato prossimo** of the verb in parentheses. Pay attention to past participle agreement.

1. Riccardo, _____ (essere) a vedere la nuova casa di Giulia?
2. Noi _____ (rimanere) in Sicilia per tre settimane.
3. Mi _____ (piacere) molto le crostate di tua mamma.
4. Io _____ (vivere) a Firenze per 25 anni.
5. Dove (tu) _____ (nascere)?
6. Rossella e Tiziana _____ (venire) a piedi.
7. Suo nonno _____ (morire) cinque anni fa.
8. Voi _____ (scendere) dal treno molto stanchi.

3 **Una cartolina** Complete Ginevra's postcard with the correct forms of the **passato prossimo**.

Cara Ivana,

come stai? La mia vacanza a Siena è fantastica. La settimana scorsa io

(1) _____ (andare) al Palio e anche i miei amici (2) _____

(arrivare) in tempo per la corsa. Iacopo, che (3) _____ (nascere) a Siena,

e Serena (4) _____ (essere) molto gentili e ci hanno mostrato la città.

Dopo cena, noi (5) _____ (rimanere) in centro: bellissimo! Tu e la

tua famiglia (6) _____ (venire) a Siena una volta, giusto? Ricordo

che tu (7) _____ (restare) per circa una settimana e la città ti

(8) _____ (piacere) molto.

Spero di vederti presto!

A presto,

Ginevra

4 **Cosa hanno fatto?** Write a complete sentence about each illustration using the cues below. Add as much detail as possible.

andare da McDonald's   diventare famosa
costare due euro   entrare in pasticceria

1. noi

2. io

3. tu

4. il caffè

1. _____
2. _____
3. _____
4. _____

5 **Riscrivere** Rewrite each sentence in the **passato prossimo**.

1. Tu e i professori arrivate in classe alle 8.00.

_____

2. Le piacciono le zucchine ma non i pomodori.

_____

3. Io cado dalla bicicletta.

_____

4. Milano diventa una grande città industriale.

_____

5. Tu sei in Europa questo mese.

_____

6. Noi partiamo per le vacanze a maggio.

_____

6 **L'anno scorso** Write four sentences describing something you did last year. Each sentence should include one verb that takes **essere** and one that takes **avere**.

1. _____
2. _____
3. _____
4. _____

5A.2 Direct object pronouns

1 **Indicare** Indicate which pronoun would replace the underlined portion of each sentence. Then rewrite the sentence using the direct object pronoun.

> **Modello**
>
> Compro <u>la casa nuova</u>. la: La _compro._

1. Leggo <u>le storie</u>. _____

2. Invito <u>l'amica</u>. _____

3. Chiamo <u>voi</u>. _____

4. Accendo <u>il computer</u>. _____

5. Amo <u>te</u>. _____

6. Non trovi <u>gli occhiali</u>. _____

2 **Completare** Complete each sentence with the correct direct object pronoun.

1. Mi piace preparare la cena e _____ preparo sempre io.

2. Oggi Anna stampa i documenti a casa e _____ porta in ufficio.

3. Compro molto olio e _____ uso spesso.

4. Chiara chiama spesso noi e _____ invita a casa sua.

5. Queste scarpe sono fantastiche, _____ adoro!

6. Non trovo il dizionario. Dove _____ metti di solito?

7. Amo quel ragazzo, ma lui non _____ vede neanche (_even_)!

8. Non mi piacciono le uova, ma _____ mangio comunque (_anyway_).

3 **Gli enigmi** Replace each direct object pronoun with a noun that it could refer to. Be creative!

> **Modello**
>
> Sebastiano, la guardi troppo! <u>la televisione</u>

1. Federico le dà a Paola per il suo compleanno. _____

2. Lo preparate tutti i giorni? _____

3. Davvero li comprate oggi? _____

4. No, non la indosso mai con quelle scarpe! _____

5. Lo vedi stasera? _____

6. La pulisco il sabato. _____

Workbook

4 **Scegliere** Circle the correct response to each question.

1. Hai comprato la carne?
   a. Sì, l'ho comprato.   b. Sì, le ho comprate.   c. Sì, l'ho comprata.

2. Hai fatto la macedonia (*fruit salad*)?
   a. Sì, li ho fatti.   b. Sì, l'ho fatta.   c. Sì, l'ho fatto.

3. Hai dimenticato le zucchine!
   a. No, non le ho dimenticate.   b. No, non li ho dimenticati.   c. No, non ti ho dimenticato.

4. Hai trovato il prosciutto?
   a. Sì, l'ho trovata.   b. Sì, l'ho trovato.   c. Sì, li ho trovati.

5. Hai cucinato i biscotti?
   a. No, non li ho cucinati.   b. No, non le ho cucinate.   c. No, non l'ho cucinato.

5 **Cosa mangiamo?** Complete the following dialogue with the correct form of the past participle of the verb in parentheses.

ROBERTA Prepariamo una pasta stasera?

FRANCESCA Va bene. L'hai (1) _____ (comprare)?

ROBERTA No. Facciamo i gamberetti! Li hai (2) _____ (trovare)?

FRANCESCA No... Vuoi mangiare le uova? Oh, no, le ho (3) _____ (buttare) via ieri sera.

ROBERTA E se prepariamo i funghi? Li ho (4) _____ (pulire) stamattina.

FRANCESCA Non mi piacciono i funghi. La lattuga? No, aspetta. L'ho (5) _____ (mangiare) ieri a pranzo...

ROBERTA Senti, andiamo a mangiare una bella pizza, va bene?

FRANCESCA Perfetto, è un'ottima idea!

6 **Rispondere** Answer each question using the **passato prossimo**. Use a direct object pronoun in each response.

1. Hai visitato l'Italia l'anno scorso?

   _____

2. Hai usato l'autobus questa settimana?

   _____

3. Hai ascoltato questo CD ieri?

   _____

4. Hai bevuto il caffè stamattina?

   _____

5. Hai comprato le camicie recentemente?

   _____

6. Hai visto i tuoi amici il fine settimana scorso?

   _____

5A.3 Partitives and expressions of quantity

1 **Trasformare** You want to try the items below, but you only want some of each. Write the appropriate **articolo partitivo** for each item.

> **Modello**
>
> il caffè → *del caffè*

1. l'uva → _____
2. i funghi → _____
3. lo yogurt → _____
4. la marmellata → _____
5. l'olio → _____
6. la crostata → _____

2 **E per Lei?** Use the verb **bere** and the partitive to complete the following sentences you overhear in a cafè.

> **Modello**
>
> lei / bere / caffè
> *Lei beve del caffè.*

1. tu / bere / tè

   _____

2. voi / non bere / vino

   _____

3. loro / bere / acqua frizzante

   _____

4. lui / bere / succo di frutta

   _____

5. io / non bere / Coca-Cola

   _____

6. noi / bere / caffè e latte

   _____

3 **Completare** Complete each sentence with the correct form of **qualche**, **alcuno**, or **un po' di**.

1. Al mercato hai comprato _____ peperone rosso.
2. Ho bevuto _____ acqua e limone.
3. Usa _____ cipolla per la minestra.
4. Mettiamo anche _____ pesche nella macedonia?
5. Ho mangiato _____ pomodori per pranzo.
6. Preferisco usare solo _____ olio.

4 **La lista della spesa** Look at Donatella's grocery list, then use the words indicated to summarize what she bought. Remember to make the agreement when necessary.

1. melanzane	6. acqua naturale
2. carne di manzo	7. vongole
3. peperoni	8. succo di mela
4. carote	9. pasta
5. patate	10. vino bianco

Donatella compra...

1. di: _delle melanzane_
2. di: _____
3. alcuno: _____
4. qualche: _____
5. di: _____
6. un po' di: _____
7. alcuno: _____
8. un po' di: _____
9. di: _____
10. di: _____

5 **Le vostre preferenze** The family that you will be staying with during your exchange program in Italy has written you a letter about their eating habits. Reply to the letter describing your own preferences.

Ecco cosa mangiamo da noi. A colazione mangiamo del pane con burro e marmellata. Beviamo del caffellatte o del tè. Il fine settimana facciamo dei biscotti e li mangiamo con della cioccolata. A pranzo, di solito mangiamo dei panini e delle patatine fritte (french fries). Ci piacciono i panini con il prosciutto e il formaggio. Non ci piacciono alcune verdure, ma mangiamo spesso dei pomodori. Non beviamo della Coca-Cola o della Sprite, solo dell'acqua naturale. La sera, prendiamo spesso della pasta. E tu, cosa preferisci mangiare?

Cara famiglia,

_____
_____
_____
_____
_____
_____
_____
_____
_____

Unità 5   # Lezione 5B

CONTESTI

1 **Mettere etichette** Label the six items indicated in this illustration.

1. _____   4. _____

2. _____   5. _____

3. _____   6. _____

2 **A che ora?** For each time listed, say what meal you usually eat and list two foods you like to eat for each meal.

1. 8.00 _____

2. 10.30 _____

3. 13.00 _____

4. 17.00 _____

5. 20.00 _____

3 **Trova l'intruso** Circle the word that does not belong in each group.

1. salato, tovagliolo, piccante, saporito

2. cucchiaio, forchetta, coltello, piatto

3. acqua, birra, succo, tè

4. conto, primo piatto, contorno, dolce

5. cuoco, menu, cameriere, cliente

6. caraffa, antipasto, bicchiere, acqua naturale

7. sale, pepe, olio, tovaglia

8. scodella, servizio, piatto, tazza

4 **Ordinare** Put these sentences in order to create a dialogue between a waiter and a customer.

_____ a. Signora, ecco il caffè.

_____ b. Buongiorno. Vorrei un caffè, per favore.

_____ c. Ecco un nuovo cucchiaino. Serve altro?

_____ d. Mi dispiace, signora! Torno subito!

_____ e. Buongiorno! Cosa prende?

_____ f. No, grazie, solo il conto.

_____ g. Mi scusi, il cucchiaino è sporco.

_____ h. Benissimo. Ecco il conto.

5 **Completare** Complete each sentence with a word from the list. Be sure to include an article if necessary. Not all the words will be used.

a dieta	conto	frutta	tovaglia
antipasto	contorno	mancia	tovagliolo
bibite	cucchiaio	ordinare	quanto costa

1. Dopo il pranzo al ristorante, il cameriere porta _____.

2. Per proteggere il tavolo devi usare _____.

3. Per pulire la bocca (*mouth*), usi _____.

4. Il pranzo inizia con _____.

5. Per mangiare la zuppa, hai bisogno di _____.

6. Le pesche, le mele, i lamponi e le pere sono _____.

7. L'acqua, il vino e il succo sono _____.

8. Domani al ristorante voglio _____ la pasta.

9. Mi piace molto mangiare, per fortuna non sono _____.

10. _____ una bottiglia di vino rosso?

STRUTTURE

5B.1 Indirect object pronouns

1 **Indovinelli** Solve these riddles (**indovinelli**) to determine whom each sentence refers to. Answers can be used more than once.

_____ 1. Scrivo loro delle e-mail.
_____ 2. Gli facciamo domande.
_____ 3. Ti fa regali per il compleanno
_____ 4. Domandate loro di portarvi il conto.
_____ 5. C'è solo una di loro!
_____ 6. Vi dà i compiti.
_____ 7. Escono con voi il fine settimana.
_____ 8. Chiedete loro il menu.

a. gli amici
b. i camerieri
c. la tua mamma
d. il professore d'italiano

2 **Riscrivere** Rewrite each sentence by substituting an indirect object pronoun for the underlined phrase.

1. Quando mangio qui, chiedo sempre <u>al cameriere</u> la zuppa del giorno.

_____

2. Ordino le verdure <u>per voi</u>.

_____

3. Cucino molti biscotti <u>per i miei amici</u>.

_____

4. <u>A Giacinta</u> piacciono molto le crostate fatte in casa.

_____

5. Sono veramente piccanti i piatti che hai preparato <u>per me</u>.

_____

6. Telefono <u>a te</u> per uscire questo venerdì sera.

_____

3 **Piccoli dialoghi** Complete each mini-dialogue with the appropriate indirect object pronoun.

IL PADRE Queste patate sono terribili!
TOBIA (1) _____ ho detto di non prenderle!

VIRGINIA No, oggi non ti presto soldi per il pranzo.
ROBERTO Perché no? Perché (2) _____ hai prestato soldi ieri?

LA MAMMA Hai chiesto alla cameriera di portare il sale?
MELISSA Sì, (3) _____ ho chiesto il sale e il pepe.

IL CUOCO Hai portato l'insalata ai signori del tavolo 9?
IL CAMERIERE No, (4) _____ ho portato le bibite; ora porto l'insalata.

I BAMBINI Mamma, papà, possiamo prendere un dolce?
I GENITORI No, (5) _____ abbiamo comprato un gelato per merenda!

IL CAMERIERE Desiderate altro?
I SIGNORI ROSSI No, per favore (6) _____ può portare il conto?

4 **Cosa fanno?** Write two complete sentences about each illustration: one with a disjunctive pronoun and one with an indirect object pronoun. Use a different indirect object pronoun for each illustration.

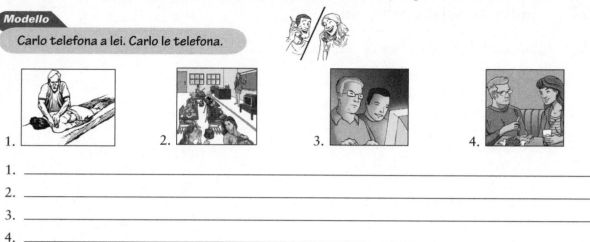

Modello

Carlo telefona a lei. Carlo le telefona.

1. 2. 3. 4.

1. _____
2. _____
3. _____
4. _____

5 **Frasi mescolate** Create complete sentences based on the cues provided, replacing the indirect objects with indirect object pronouns.

1. a Olga e Tina / non piacere / la zuppa

_____

2. a te / non bastare / le zucchine / per la pasta

_____

3. a voi / Maria / sembrare triste / quando ascolta quella musica

_____

4. a noi / restare / solo tre problemi di logica

_____

5. a Rodrigo / non dispiacere / prestare dei soldi

_____

6. a me / tu / non mancare / quando ti vedo spesso

_____

6 **Domande** Answer the questions using verbs like **piacere** and indirect object pronouns.

1. Che cosa ti manca di più (*mostly*) quando sei in vacanza?

_____

2. Quante settimane vi restano per finire il semestre?

_____

3. Dispiace ai tuoi amici non studiare italiano?

_____

4. Che cosa non ti piace fare in generale?

_____

5. Questa classe ti sembra difficile?

_____

Workbook

5B.2 Adverbs

1 **Trasformare** Provide the corresponding adverb for each adjective.

1. perfetto _____

2. difficile _____

3. intenso _____

4. felice _____

5. grande _____

6. facile _____

7. cattivo _____

8. buono _____

2 **Gli opposti** Write the opposite of each adverb.

1. allegramente _____

2. velocemente _____

3. frequentemente _____

4. sempre _____

5. tardi _____

6. pesantemente _____

3 **Scegliere** Complete the sentences with the adverbs from the list.

adesso	poi	qualche volta
di solito	presto	subito
dopo	prima	tardi

1. _____ finisci le verdure, _____ puoi mangiare il gelato.

2. _____ vado al ristorante tutti i venerdì sera.

3. Alle otto? Perché arrivi cosí _____?

4. Clarissa, vieni _____ qui!

5. Sì, gioco a tennis, ma non spesso, solo _____.

6. È mezzogiorno. _____ mangio.

7. È l'una. _____, alle due, telefono alla mia amica.

8. Ho un appuntamento alle tre. Sono le undici, è ancora _____.

4 **Aggettivo o avverbio?** Determine whether each sentence requires an adjective or an adverb. Then, write the correct form of the word in parentheses in the space provided.

1. Di solito, non lavoro _____ (molto) durante il fine settimana.

2. A pranzo mangio _____ (poco) carne con insalata.

3. Mi servono _____ (tanto) ingredienti per questo dolce.

4. Ho bevuto _____ (troppo) caffè, e ora non posso dormire.

5. Lina, non mi lasciare, ti amo _____ (tanto)!

6. Questa zuppa ha _____ (molto) sapori (*flavors*) interessanti.

7. Secondo me, guidi _____ (troppo) velocemente.

8. Dobbiamo andare al mercato, abbiamo _____ (poco) uova.

5 **Rispondere** Answer these questions using the **passato prossimo** and the adverbs **ancora, già, mai, più,** and **sempre.**

1. Sei stato in Italia?

_____

2. Hai fatto merenda?

_____

3. Studi in biblioteca o in camera (*room*) tua?

_____

4. Vai a lezione con lo scuolabus (*school bus*)?

_____

5. Hai studiato gli avverbi in italiano?

_____

6. Sei arrivato in classe in tempo?

_____

6 **Il mio ristorante preferito** Complete this description of Angelina's favorite restaurant using the adverbs below.

dopo	fortunatamente	raramente	troppo
facilmente	presto	recentemente	velocemente

Il mio ristorante preferito si chiama «Teresa» e (1) _____ è aperto tutti i giorni.

Trovo un tavolo (2) _____ perché sono un cliente regolare. I camerieri portano il cibo

(3) _____ e (4) _____ fanno errori. (5) _____ è stato il mio

compleanno e mi hanno offerto una crostata fantastica. Anche il conto non è mai (6) _____

alto e (7) _____ il caffè ti chiedono sempre se il pasto ti è piaciuto o se ci sono critiche.

Adoro «Teresa» e voglio tornare lì molto (8) _____.

Unità 5   Avanti

PANORAMA

---

1   **Emilia-Romagna o Toscana?** Determine whether each statement refers to **Emilia-Romagna** or **Toscana**.

	Emilia-Romagna	Toscana
1. Ha una superficie di circa 23.000 kmq.	○	○
2. Ci sono Firenze, Prato, Livorno, Arezzo e Pisa.	○	○
3. È famosa per il parmigiano-reggiano.	○	○
4. Le industrie principali includono turismo, agricoltura e petrolchimici.	○	○
5. Ha più di quattro milioni di abitanti.	○	○
6. È famosa per l'automobilismo.	○	○

---

2   **A Bologna** Complete each sentence using the information in **Incredibile ma vero!**

1. Bologna ha dei _____ famosi in tutto il mondo.

2. Il portico di San Luca è il portico più lungo _____.

3. Il portico di San Luca è lungo _____.

4. Il portico di San Luca è stato iniziato nel _____.

5. Il portico di San Luca è stato finito nel _____.

6. Il portico di San Luca ha 666 _____.

---

3   **Personaggi celebri** Decide which famous person from **Emilia-Romagna** or **Toscana** might have made each statement.

1. Amo cantare, preferisco l'opera e ho lavorato con i tenori Domingo e Carreras. Mi chiamo _____.

2. Sono nato a Pisa nel 1170. Adoro la matematica e la geometria. Mi chiamo _____.

3. Sono un attore, un comico, un regista e uno sceneggiatore. Ho vinto un Oscar per *La vita è bella* nel 1997. Mi chiamo _____.

4. Ho studiato violoncello e composizione al conservatorio di Parma. Ho diretto opere come *La bohème*, la *Turandot* e *Madame Butterfly*. Mi chiamo _____.

5. Sono stata una delle atlete italiane più famose. Nel 1936, a Berlino, sono stata la prima donna italiana a vincere le Olimpiadi. Mi chiamo _____.

6. Ho recitato (*acted*) in moltissimi film per il cinema e per la televisione e nel 2005 ho vinto un premio alla carriera. Mi chiamo _____.

7. Con 23 album di musica pop rock sono tra le artiste italiane più amate. Mio fratello, Alessandro, è un ex pilota di Formula 1. Mi chiamo _____.

8. Ho insegnato economia e politica industriale a Bologna e nel 2007 sono stato il presidente del Comitato nazionale per il Partito Democratico. Mi chiamo _____.

     Unità 5 Workbook Activities   **77**

4 **Vero o falso?** Indicate whether each statement is **vero** or **falso**.

	Vero	Falso
1. La torre pendente di Pisa è in Emilia-Romagna.	○	○
2. I portici di Bologna aiutano il traffico della città.	○	○
3. Il parmigiano-reggiano è un famoso formaggio toscano.	○	○
4. Le tradizioni dell'aceto balsamico di Modena sono antiche e specifiche.	○	○
5. La Maserati ha sede a Bologna.	○	○
6. La Toscana è famosa per le automobili e le motociclette.	○	○
7. La Scuola del Cuoio è a Firenze.	○	○
8. Il Palio di Siena è una corsa di cavalli.	○	○

5 **Cercare** First, complete the sentences below about **Emilia-Romagna** and **Toscana**, then find each word in the puzzle.

1. L'_____ tradizionale è tipico della gastronomia emiliana.

2. Ferrari e _____ hanno sede a Modena.

3. Affittare una Ferrari può costare fino a (*up to*) _____ euro al giorno.

4. La Toscana è famosa per borse, cinture e giacche in _____.

5. Il premio del Palio è un _____ dipinto a mano.

6. L'industria più famosa dell'Emilia-Romagna è quella delle automobili e delle _____.

7. L'aceto balsamico tradizionale non è cotto (*cooked*); è spesso usato a _____.

8. Solo dieci _____ partecipano al Palio ogni anno.

```
M O T O C I C L E T T E L V M
R T U I D D G H L D A Q E R I
C E O A F U I O R S G D L V L
R T U I L D G A L S A Q E R L
D N O A F U P O G S L D L V E
R T U I C P G H L S A Q E R S
A C E T O B A L S A M I C O E
R T U D N D G H L S B Q E R T
D E U A T U I O G S O D L V T
R R U I R D G H L S R Q E R E
C E O A A U I O G S G D L V C
R U U I D D G H L S H Q E R E
D E O A E U I O G S I D L V N
R O U I D D G V L S N Q E R T
U T U I O D S H L S I Q E R O
```

Unità 6

Lezione 6A

CONTESTI

1 **Le foto** Write the actions that these photos represent.

> *Modello*
> Lavarsi la faccia.

1. _____

2. _____

3. _____

4. _____

5. _____

2 **Trova l'intruso** Circle the word in each set that does not belong.

1. le labbra, la schiena, le ciglia
2. il dentifricio, il rasoio, la schiuma da barba
3. le pantofole, l'accappatoio, la spazzola
4. svegliarsi, sbadigliare, i denti
5. la crema, lo shampoo, il ginocchio
6. il sapone, il rossetto, i trucchi
7. lo stomaco, il sangue, la schiena
8. la gola, il petto, la pelle
9. il pettine, il piede, la spazzola
10. i denti, il dentifricio, la spalla

3 **Scegliere** Circle the noun that best completes each sentence.

1. Per dormire indosso _____.
   a. il pigiama b. l'accappatoio c. le pantofole

2. Per lavare le mani uso _____.
   a. il dentifricio b. la schiuma da barba c. il sapone

3. Sulle labbra metto _____.
   a. lo shampoo b. il sangue c. il rossetto

4. Per i capelli uso _____.
   a. il cuore b. l'asciugamano c. la sveglia

4 **Associare** Match each noun on the left with a related noun on the right.

_____ 1. il pettine   a. i denti

_____ 2. le pantofole   b. la barba

_____ 3. il rasoio   c. il corpo

_____ 4. il sapone   d. i piedi

_____ 5. lo spazzolino   e. la spazzola

_____ 6. il trucco   f. il rossetto

5 **La parti del corpo** Label each body part indicated in the illustration.

1. _____   8. _____

2. _____   9. _____

3. _____   10. _____

4. _____   11. _____

5. _____   12. _____

6. _____   13. _____

7. _____   14. _____

6 **Gli fa male...** Read what Matteo did yesterday and write where he hurts (**gli fa male**) today.

1. Ieri Matteo ha corso per due ore. Oggi gli fanno male le _____.

2. Ieri Matteo ha scritto sette articoli. Oggi gli fa male la _____.

3. Ieri Matteo ha parlato per due ore. Oggi gli fa male la _____.

4. Ieri Matteo è andato in palestra. Oggi gli fanno male le _____.

5. Ieri Matteo ha suonato tanto la chitarra. Oggi gli fanno male le _____.

6. Ieri Matteo ha letto due libri interi. Oggi gli fanno male gli _____.

7. Ieri Matteo ha ascoltato un concerto di musica rock. Oggi gli fanno male le _____.

8. Ieri Matteo ha dato un esame molto difficile. Oggi gli fa male la _____.

STRUTTURE

6A.1 Reflexive verbs

1   **I disegni** Based on the illustrations, complete each sentence with a reflexive verb in the present tense.

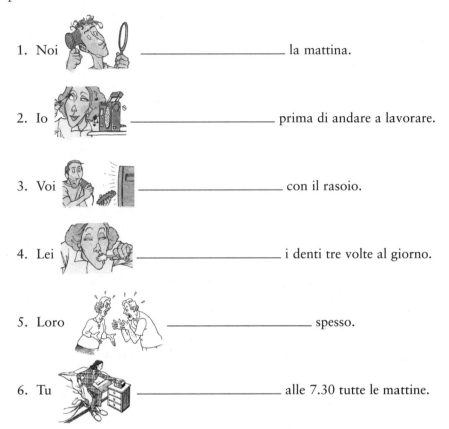

1. Noi _____ la mattina.

2. Io _____ prima di andare a lavorare.

3. Voi _____ con il rasoio.

4. Lei _____ i denti tre volte al giorno.

5. Loro _____ spesso.

6. Tu _____ alle 7.30 tutte le mattine.

2   **Completare** Complete each sentence with a reflexive verb from the list. Remember that both the verb and the reflexive pronoun must agree with the subject. Not all the verbs in the list will be used.

addormentarsi	farsi male	preoccuparsi	sentirsi
annoiarsi	lamentarsi	sedersi	sposarsi

1. Giorgia _____ sempre su quella sedia.

2. Tu _____ quando vai in bicicletta.

3. Io e Donatella non _____ mai in classe.

4. La sera io _____ circa le 10.00.

5. Voi _____ per l'esame.

6. Susanna e Laura non _____ molto bene oggi.

Workbook

3 **Completare** Complete each sentence logically with a reflexive verb.

> **Modello**
>
> Luciano ha la barba lunga. Lui non <u>si rade</u> mai la mattina.

1. Ad Antonietta non piace la fisica. Lei _____ in classe.

2. Questi sono i miei fratelli. Loro _____ Antonio e Gerardo.

3. Io sono sfortunata (*unlucky*) in amore. _____ sempre della persona sbagliata!

4. Noi abbiamo finito le lezioni e _____ a maggio!

5. Non capisco perché voi non _____ mai i guanti in inverno.

6. Quando andiamo al cinema tu _____ sempre vicino (*close*) allo schermo.

7. Io sono molto bravo in italiano e non _____ quando abbiamo un esame!

8. Vanna e Alfonso si amano molto e probabilmente _____ l'anno prossimo.

9. Adoro ballare e _____ molto quando vado in discoteca con gli amici.

10. Piera non è mai contenta e _____ sempre di tutto!

4 **Le mie abitudini** Write a paragraph about your daily routine using as many verbs as possible from the list below.

addormentarsi	farsi la doccia	pettinarsi	truccarsi/radersi
alzarsi	lavarsi i denti	svegliarsi	vestirsi

_____

_____

_____

_____

_____

_____

_____

_____

_____

_____

_____

_____

_____

_____

6A.2 Reciprocal reflexives and reflexives in the *passato prossimo*

1 **Riflessivo o reciproco?** Read the sentences and indicate whether each underlined verb is **riflessivo** or **reciproco**.

	Riflessivo	Reciproco
1. Taddeo e Loretta si conoscono da cinque anni.	○	○
2. Tu e Andrea vi scrivete molte e-mail.	○	○
3. Io mi sveglio alle sette.	○	○
4. Noi non ci parliamo più.	○	○
5. Massimiliano si fa la barba tutti i giorni.	○	○
6. Tu ti vesti molto velocemente.	○	○
7. I ragazzi si chiamano spesso.	○	○
8. I ragazzi si chiamano Gianluca e Roberto.	○	○
9. Noi ci incontriamo alle sette e mezzo per andare al cinema.	○	○
10. Quando vi sposate?	○	○
11. Barbara ha i capelli molto corti e non si pettina mai.	○	○
12. Se i gemelli hanno problemi, si aiutano sempre.	○	○

2 **Completare** Complete each sentence with a reciprocal verb from the list. Sometimes more than one solution is possible.

aiutarsi	incontrarsi	scriversi
baciarsi	lasciarsi	telefonarsi
conoscersi	parlarsi	vedersi

1. I miei migliori (*best*) amici _____ molto bene.

2. Noi _____ tutti i giorni al telefono.

3. Voi _____ due lettere ogni settimana.

4. In generale, Nicoletta e Manuela _____ in biblioteca il lunedì e il giovedì.

5. Dove _____ stasera, noi due?

6. Loro _____ solo una volta l'anno (*once a year*) per dirsi «buon compleanno».

7. Gli italiani _____ quando si incontrano.

8. Tu e tua sorella _____ a fare i compiti.

3 **Scegliere** Choose the verb form that most logically completes each sentence.

1. Antonella non (si è fatta la barba / si è truccata) stamattina.

2. Amanda e Gennaro (si addormentano / si conoscono) da molto tempo.

3. Perché Francesca e Tiziano (si sono lasciati / si sono abbracciate)?

4. Tu e il professore non (vi parlate / vi date) del tu.

5. Io vivo a Roma e tu vivi a New York. L'anno scorso noi non (ci siamo visti / ci siamo guardati) spesso.

6. Dopo l'anno scorso loro non (si sono scritti / si sono telefonati) più e-mail.

4 **Riscrivere** Rewrite each sentence in the **passato prossimo**.

1. Quando io e Carlo ci vediamo, ci diamo la mano.

   _____

2. Camilla e Guglielmo si innamorano a prima vista.

   _____

3. Mia cugina si veste in jeans per andare in classe.

   _____

4. Tu e Fabiola vi lasciate dopo tre anni.

   _____

5. Loro si sposano a luglio.

   _____

6. Rachele e Tommaso si amano molto.

   _____

5 **Verbi reciproci** Create a sentence in the **passato prossimo** based on each illustration. Use reciprocal verbs and use the subjects **noi**, **voi**, and **loro** twice each.

 1.
 2.
 3.

 4.
 5.
 6.

1. _____
2. _____
3. _____
4. _____
5. _____
6. _____

Workbook

6A.3 *Ci* and *ne*

1 **Abbinare** Match each photo to a caption below.

a.   b.   c.

d.   e.   f.

_____ 1. Ne hai mangiati cinque?!
_____ 2. Gerardo ne mette un po' nel suo
           panino (*sandwich*).
_____ 3. Ne abbiamo comprate tre per
           la scuola.

_____ 4. Ci sono andata l'anno scorso
           in vacanza.
_____ 5. Ci andiamo la domenica mattina.
_____ 6. Lorenzo ci va tutti i giorni?

2 **Le domande** Use your imagination to create a question that could have prompted each response below.

1. Ne abbiamo preparate due per il compleanno di Fabiola.

_____

2. Ci vado dal lunedì al venerdì.

_____

3. Sì, ci parlo spesso.

_____

4. Di solito, Franco ne beve due e io ne bevo uno.

_____

5. Sì, ci penso tutti i giorni.

_____

3 **Piccoli dialoghi** Complete each dialogue with a verb and either **ci** or **ne**.

MAMMA Vai in camera tua?
DAVIDE Sì, (1) _____ dopo pranzo.

ELSA Matteo, vuoi mangiare i biscotti?
MATTEO Sì, grazie, (2) _____ uno.

SIGNORA PONTI Va in Italia quest'estate?
SIGNOR SABATINI Sì, (3) _____ a settembre.

CAROLINA Compriamo una macchina nuova oggi?
PADRE No, non oggi. (4) _____ una domani.

MARGHERITA Hai un appuntamento con il dottore questa settimana?
BENEDETTO Sì, (5) _____ uno mercoledì alle dieci.

Workbook

4 **Rispondere** Answer each question in a complete sentence using either **ci** or **ne**.

1. Hai provato a prendere una pillola per il mal di testa?

   Sì, _____ .

2. Sei andato all'ospedale?

   No, _____ .

3. Quante aspirine hai preso?

   Due, _____ .

4. Hai voglia di una zuppa calda?

   Sì, grazie, _____ .

5. Quanti specialisti hai chiamato?

   Tre, _____ .

6. Hai preso dei film da guardare?

   No, _____ , li prendo domani.

7. Vai a dormire presto stasera?

   Sì, _____ .

8. Devi andare a lavorare domani?

   No, _____ .

5 **Frasi mescolate** Unscramble the cues provided to create logical sentences.

1. ho / tre / solo / parti / ne / una / usata / delle

   _____

2. ne / non / ha / molto / ieri / parlato

   _____

3. ci / ci / non / ho provato / riesco / ma

   _____

4. io / ci / andare / anche / devo / ?

   _____

5. due / parlato / ore / ne / hanno / per

   _____

6. credere! / ci / posso / non

   _____

7. miracolo / adesso / un / ho / credo / ci / visto / e

   _____

8. vista / mai / ho / una / ne / non

   _____

Unità 6

Lezione 6B

CONTESTI

1 **Informazioni** Indicate whether each person **sta bene** or **sta male**.

	Sta bene	Sta male
1. La settimana scorsa si è rotto un braccio.	○	○
2. Loretta, come sei bella!	○	○
3. Ieri Isabella ha avuto un brutto mal di pancia.	○	○
4. Che dolore! Mi sono fatta male al piede!	○	○
5. Sonia è a dieta e ha perso già cinque chili.	○	○
6. Ettore ha lasciato l'ufficio perché ha un terribile mal di testa.	○	○
7. In vacanza, il signor Pesaretti ha avuto la febbre.	○	○
8. Dopo l'influenza, Graziella è guarita.	○	○
9. Mio figlio non ha mai avuto carie.	○	○
10. Ho mangiato delle patate vecchie e ora ho mal di stomaco.	○	○

2 **Malattie** Write what each patient might say to his or her doctor based on the illustrations. Be as detailed as possible.

Modello

Dottore, starnutisco continuamente. Sono allergico a qualcosa o ho un raffreddore?

1. _____

2. _____

3. _____

4. _____

5. _____

6. _____

3 **Associare** Match each phrase on the left with the most logically associated phrase on the right.

_____ 1. controllare la linea   a. la puntura
_____ 2. la febbre   b. piangere
_____ 3. il dottore   c. il pronto soccorso
_____ 4. l'influenza   d. essere a dieta
_____ 5. la ricetta   e. la medicina
_____ 6. farsi male   f. il termometro

4 **Dal dottore** You are a doctor and your patients all need advice. Respond logically to each complaint.

Modello

Dottore, vorrei evitare l'influenza.
Va bene. Gli devo fare una puntura.

1. Dottore, mi fanno male i denti!

_____

2. Dottore, vorrei perdere peso (*weight*).

_____

3. Dottore, mi sono rotto il dito del piede.

_____

4. Dottore, ho il naso intasato.

_____

5. Dottore, adoro la cioccolata, ma ho le carie.

_____

6. Dottore, sono depresso quando non c'è il sole!

_____

5 **È grave, dottore?** Write a conversation between a doctor and a patient who has many complaints. Be creative and resolve each of the patient's problems.

_____

_____

_____

_____

_____

_____

_____

_____

STRUTTURE

6B.1 The *imperfetto*

1 **Verbi nascosti** Conjugate each verb in the **imperfetto** using the subject indicated. Then look for each conjugated verb form in the puzzle.

1. andare / noi _____

2. bere / loro _____

3. dire / io _____

4. essere / lei _____

5. fare / voi _____

6. lavare / tu _____

7. potere / noi _____

8. raccontare / io _____

9. volere / lui _____

```
L R T O A S P E R F V Z N M G
R F S D A C V B O U A I A Q D
A I R E D G L C B M V U N L P
C R T O I S P E R F E Z D M G
C F S D C C V B O U L I A Q D
O I R E E L C B M O U V L P
N R T O V S P E R F V Z A M G
T F S A O I V B O U R I M Q D
A I N E V G L C B M D U O L P
V O T A A S F A C E V A T E G
O F V D A C V B O U R I A Q D
L A R E F P O T E V A M O S L
L R T O A S P E R F V Z N M G
T F S D A C V B O U R I A Q D
L I R E F G L C B M D U E R A
```

2 **In vacanza** Use verbs from the list to complete each sentence about what you and your friends used to do on vacation. Not all the verbs will be used.

andare	fare	piovere
annoiarsi	giocare	restare
bere	guardare	sciare
dormire	lavorare	vestirsi

1. Mio cugino e io _____ una passeggiata in montagna tutti i giorni.

2. Io _____ fino a mezzogiorno.

3. Giada _____ come volontaria da un dottore.

4. In inverno, i miei fratelli _____.

5. Marco _____ a pescare, perché lui adora il pesce fresco.

6. In estate, noi tutti _____ tanta acqua!

7. Se non c'era niente da fare e io _____, _____ la televisione.

8. Se _____, noi _____ in casa a giocare a carte.

Unità 6 Workbook Activities   **89**

3   **Da piccolo** Complete the paragraph with verbs in the **imperfetto** based on the illustrations.

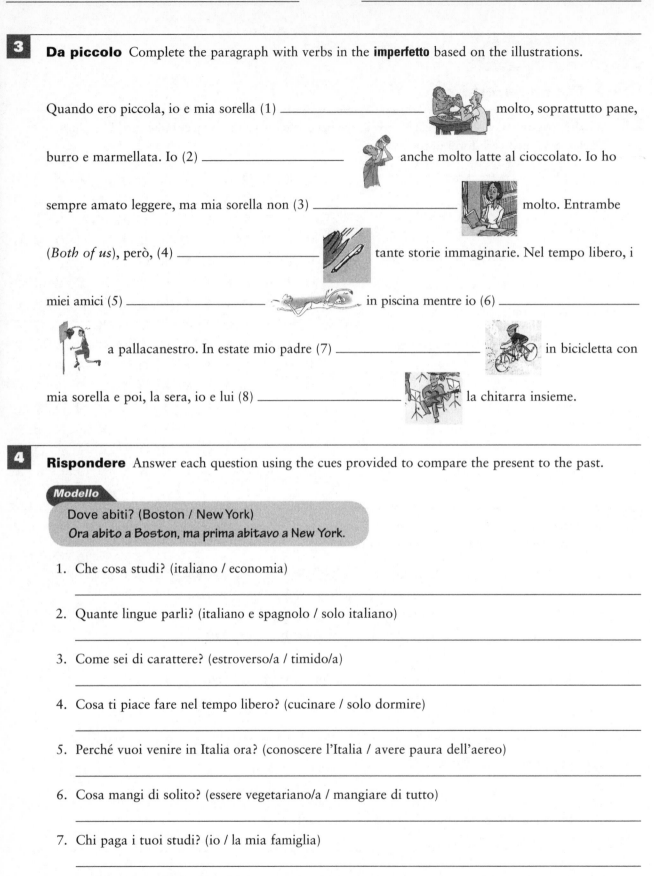

Quando ero piccola, io e mia sorella (1) _____ molto, soprattutto pane,

burro e marmellata. Io (2) _____ anche molto latte al cioccolato. Io ho

sempre amato leggere, ma mia sorella non (3) _____ molto. Entrambe

(*Both of us*), però, (4) _____ tante storie immaginarie. Nel tempo libero, i

miei amici (5) _____ in piscina mentre io (6) _____

_____ a pallacanestro. In estate mio padre (7) _____ in bicicletta con

mia sorella e poi, la sera, io e lui (8) _____ la chitarra insieme.

4   **Rispondere** Answer each question using the cues provided to compare the present to the past.

Modello

> Dove abiti? (Boston / New York)
> *Ora abito a Boston, ma prima abitavo a New York.*

1. Che cosa studi? (italiano / economia)

   _____

2. Quante lingue parli? (italiano e spagnolo / solo italiano)

   _____

3. Come sei di carattere? (estroverso/a / timido/a)

   _____

4. Cosa ti piace fare nel tempo libero? (cucinare / solo dormire)

   _____

5. Perché vuoi venire in Italia ora? (conoscere l'Italia / avere paura dell'aereo)

   _____

6. Cosa mangi di solito? (essere vegetariano/a / mangiare di tutto)

   _____

7. Chi paga i tuoi studi? (io / la mia famiglia)

   _____

8. Quando vuoi venire in Italia? (a maggio / a giugno)

   _____

6B.2 *Imperfetto* vs. *passato prossimo*

1 **Scegliere** Choose the appropriate form of each verb to complete the paragraph.

Ogni sera i signori Bianchi (1) (facevano / hanno fatto) una passeggiata. Durante la passeggiata

(2) (guardavano / hanno guardato) la gente e le loro attività. Una sera i signori Bianchi

(3) (vedevano / hanno visto) una scena divertente. Una bambina (4) (beveva / ha bevuto) un frullato

(*milk shake*) quando all'improvviso il bicchiere è caduto. Un cane che (5) (era / è stato) lì vicino

(6) (iniziava / ha iniziato) a mangiarlo. La bambina (7) (si sentiva / si è sentita) triste ed il signor

Bianchi (8) (voleva / ha voluto) comprare un altro frullato per lei. Quando (9) (arrivava / è arrivato)

un altro cane, però, il signor Bianchi (10) (cambiava / ha cambiato) idea!

2 **Scrivere** Write one sentence based on each photo. Use your imagination, and be sure to use both the **passato prossimo** and the **imperfetto** in each answer.

Modello

Luigi faceva il letto quando è arrivato il suo amico Filippo.

1. noi

2. voi

3. io

4. il bambino

5. tu

6. la cuoca

1. _____

2. _____

3. _____

4. _____

5. _____

6. _____

3 **Coniugare** Decide whether each situation requires the **passato prossimo** or the **imperfetto**. Then, write the correct form of each verb in parentheses.

1. Ieri _____ (fare) brutto tempo, _____ (piovere) e _____ (fare) freddo.

2. Lunedì scorso io e i miei amici _____ (andare) a un ristorante italiano: che buono!

3. Letizia _____ (avere) tre anni quando _____ (viaggiare) in aereo per la prima volta.

4. I bambini _____ (dormire) bene, ma improvvisamente _____ (svegliarsi) piangendo (*crying*).

5. Io _____ (dovere) studiare in biblioteca, ma invece _____ (andare) da Gianni.

6. Che cosa (tu) _____ (comprare) al mercato?

7. Mercoledì scorso, Maria _____ (farsi male) e _____ (dovere) andare al pronto soccorso.

8. Quando (noi) _____ (essere) piccoli, _____ (amare) andare in piscina tutti giorni.

9. Voi non _____ (vedere) Luca per tre mesi.

10. Che cosa (voi) _____ (fare) quando io vi _____ (telefonare)?

4 **Foto di famiglia** Write a paragraph describing four people in the family portrait below. Use both the **passato prossimo** and the **imperfetto**.

> **Modello**
>
> Nonna Franca da piccola non amava essere nelle fotografie. Ieri ha chiesto di fare una foto di famiglia.

_____

_____

_____

_____

_____

6B.3 The *trapassato prossimo*

1 **Completare** Complete each sentence in the **trapassato prossimo** using the cues provided.

1. Anna, _____ (comprare già) questo tipo di biscotti?

2. Noi non _____ (finire ancora) il libro quando abbiamo visto il film.

3. Io _____ (essere) malato solo una volta.

4. Tu e Tania _____ (andare) dal dottore il giorno prima (*before*).

5. Davvero loro non _____ (usare mai) un computer?

6. Chi non _____ (nuotare mai) prima di oggi?

7. Ho saputo che tu _____ (vedere già) la macchina di Antonio.

8. Quando ho chiamato, voi _____ (tornare appena) a casa.

2 **Creare** Create complete sentences using the **trapassato prossimo** based on the cues provided.

1. io / avere / brutto raffreddore

   _____

2. noi / giocare / calcio / per due ore

   _____

3. Rossella / cantare / con il coro della chiesa

   _____

4. quegli attori / non recitare mai / tutti insieme

   _____

5. quel computer / rompersi già / due volte

   _____

6. tu / non conoscere ancora / dottor Gambi

   _____

3 **Risposte** Write negative or affirmative sentences with the **trapassato prossimo** using the cues provided.

> **Modello**
>
> io / andare in Italia (no) _No, non ero mai andata in Italia._
> noi / andare in Italia (sì) _Sì, eravamo già andati in Italia._

1. voi / mangiare il gelato italiano (no) _____

2. tu / studiare una lingua straniera (sì) _____

3. io / conoscere Giovanni (sì) _____

4. loro / scrivere un libro (no) _____

5. noi / pattinare sul ghiaccio (*go ice skating*) (no) _____

6. lei / offrirsi come volontaria (sì) _____

Unità 6 Workbook Activities   **93**

Workbook

4 **L'agenda** Look at Sara's schedule for yesterday and write what she had already done before noon and what she hadn't done by noon.

mattina	nuotare	andare in classe	incontrarsi con gli amici	finire i compiti
pomeriggio	dormire	fare merenda	scrivere e-mail	farsi la doccia

1. _____
2. _____
3. _____
4. _____
5. _____
6. _____
7. _____
8. _____

5 **Domande** Answer each question in a complete sentence. Use the **trapassato prossimo** and expressions like **già**, **mai**, **appena**, and **ancora**.

1. Stamattina alle sette ti eri già svegliato/a?

   _____

2. Prima di andare in classe, avevi già fatto colazione?

   _____

3. Ieri sera alle otto tu e i tuoi amici avevate già mangiato?

   _____

4. Il 31 agosto gli studenti avevano già iniziato il semestre?

   _____

5. Quando avevi cinque anni, avevi già letto dei libri?

   _____

6. A luglio tu e la tua famiglia eravate già stati in vacanza?

   _____

6 **Una persona famosa** Choose a famous person. Fill in the table with four things that he or she had done before becoming famous and four things that he or she had not done. Then, use your table to write six complete sentences in the **trapassato prossimo**.

già fatto	non ancora fatto

_____

_____

_____

_____

_____

_____

Unità 6   **Avanti**

PANORAMA

---

1 **Vero o falso?** Determine whether each statement is **vero** or **falso**.

	Vero	Falso
1. Il Triveneto include il Trentino-Alto Adige, il Veneto e il Friuli-Venezia Giulia.	O	O
2. La popolazione totale del Triveneto è di circa sette milioni.	O	O
3. Il Triveneto è nel sud Italia.	O	O
4. Pordenone è nel Veneto.	O	O
5. A Venezia ci sono molti canali.	O	O
6. Marco Polo è nato nel Friuli-Venezia Giulia.	O	O
7. Giuliana Benetton è una famosa regista italiana.	O	O
8. Pasolini era uno scrittore del 1800.	O	O
9. Fortunato Depero era un politico molto importante.	O	O
10. Lidia Bastianich è una cuoca famosa.	O	O

---

2 **Scegliere** Choose the option that best completes each sentence.

1. Le industrie principali del Veneto sono _____.
   a. il turismo e l'energia idroelettrica
   b. il turismo e il commercio
   c. l'agricoltura e la cantieristica

2. Ötzi è stato scoperto in _____.
   a. Trentino-Alto Adige
   b. Veneto
   c. Friuli-Venezia Giulia

3. Ötzi ha _____ anni.
   a. 800
   b. 3.500
   c. più di 5.000

4. Le città principali del Friuli-Venezia Giulia sono _____.
   a. Trento, Bolzano e Merano
   b. Venezia, Verona e Padova
   c. Trieste, Udine e Pordenone

5. Il Museo Archeologico dell'Alto Adige è a _____.
   a. Bolzano
   b. Merano
   c. Trento

6. La regione più piccola del Triveneto è il _____.
   a. Veneto
   b. Friuli-Venezia Giulia
   c. Trentino-Alto Adige

Workbook

3 **Completare** Complete each sentence with a word or expression from the list.

austriache	città dell'amore	ottobre	venticinquemila
cinque isole	isola del vetro	Slovenia	Verona

1. Trieste è al confine con la _____.

2. Il dialetto triestino include influenze _____.

3. Murano è chiamata l'_____.

4. Murano è formata da _____.

5. La Barcolana si svolge la seconda domenica di _____.

6. Circa _____ persone formano gli equipaggi della Barcolana.

7. Verona è chiamata la _____.

8. Alcune opere di Shakespeare si svolgono a _____.

4 **Trova l'intruso** Circle the word from each group that doesn't belong. Then write a sentence to explain your choice.

1. Trieste, Udine, Padova: _____

2. Depero, De Gasperi, Svevo: _____

3. dialetto triestino, italiano standard, influenze austriache: _____

4. incendi, vetro, specchi: _____

5. guerre, amore, peste: _____

6. *Romeo e Giulietta, I due gentiluomini di Verona*, «Italia irredenta»: _____

_____

5 **Qualcosa di interessante** Write about four facts from this **Panorama** that you found interesting. Write in complete sentences and use your own words.

_____

_____

_____

_____

_____

_____

_____

_____

_____

_____

Unità 7   Lezione 7A

CONTESTI

1 **La casa** Label the rooms and items indicated.

1. _____   6. _____
2. _____   7. _____
3. _____   8. _____
4. _____   9. _____
5. _____

2 **In quale stanza?** Match each item with the room where it belongs.

la cassettiera	il divano	la poltrona
il comodino	il gabinetto	la scrivania
la credenza	il piano cottura	la vasca da bagno

1. il soggiorno   2. lo studio

_____   _____

_____   _____

3. il bagno   4. la cucina

_____   _____

_____   _____

5. la camera da letto

_____

_____

3 **Dove sono?** Write the part of the house most logically associated with each of the statements below.

1. Preparo la colazione per me e mio fratello. _____

2. È tardi e vado a dormire. _____

3. Leggo un libro o guardo la televisione. _____

4. Ho appena parcheggiato la mia macchina. _____

5. Mi faccio la doccia. _____

6. Mio padre lavora in questa stanza. _____

4 **Dove abiti?** Write the type of dwelling that matches each description.

Modello

È una stanza con due letti. *la camera doppia*

1. È una casa grande fuori città. _____

2. È un piccolo appartamento con solo una stanza principale. _____

3. È un'abitazione composta da una o più camere da letto, cucina, bagno e soggiorno.

_____

4. In questo edificio (*building*) ci sono 24 appartamenti. _____

5. È un appartamento con due stanze. _____

5 **La mia casa** Complete each sentence using the cue provided.

1. La cucina è _____ (*to the right*) del bagno.

2. Il soggiorno è _____ (*next to*) alla cucina.

3. Ovviamente, il garage è _____ (*outside*).

4. I miei calzini sono _____ (*inside*) la cassettiera.

5. Ho due poster _____ (*behind*) la porta della mia camera.

6. La seconda camera da letto è _____ (*in front of*) alla cucina.

7. Il bagno è _____ (*to the left*) del soggiorno.

8. Il balcone è _____ (*above*) il garage.

STRUTTURE

7A.1 The *futuro semplice*

1   **Tra dieci anni** You are discussing with a group of friends what each of you plans to be doing ten years from now. Conjugate each verb in the future tense to find out everyone's plans.

1. Io _____ (viaggiare) in tutto il mondo per ragioni di (*because of*) lavoro.

2. Noi _____ (visitare) le piramidi d'Egitto.

3. Gennaro _____ (sposarsi) con Elena.

4. Voi _____ (giocare) a calcio nella squadra nazionale italiana.

5. Martina _____ (scrivere) libri per bambini.

6. Loro _____ (comprare) un'isola nei Caraibi.

7. Noi _____ (aprire) un ristorante italiano.

8. Tu _____ (diventare) il presidente degli Stati Uniti.

2   **Cose da fare** Look at these photos and write complete sentences in the **futuro semplice** using the cues provided.

1. lunedì / io / comprare i francobolli (*stamps*)

_____

_____

2. martedì / loro / fare spese

_____

_____

3. mercoledì / noi / visitare la città

_____

_____

4. giovedì / voi / passeggiare con gli amici

_____

_____

5. venerdì / tu / pagare il conto

_____

_____

6. sabato / lui / spedire le lettere

_____

_____

Workbook

3 **Quest'estate** Choose the best verb to complete each sentence and fill in the blank using the correct form of the **futuro semplice**.

andare	dovere	incontrare	rimanere	vivere
avere	essere	potere	sapere	volere

1. Lucilla e Paolo _____ lavorare tutta l'estate.

2. Tu _____ a casa.

3. Io _____ i cugini che non vedo da due anni.

4. Tu e Lucia non _____ viaggiare perché non avete soldi.

5. Loro _____ nell'appartamento di Gioia per tre mesi.

6. Giampiero _____ 16 anni.

7. Tu cosa _____ fare quest'estate?

8. Noi _____ felici perché non c'è scuola.

9. Io _____ se ho passato gli esami.

10. La mia famiglia _____ in vacanza in Europa.

4 **Il vostro futuro** You and your friends go to see a fortune-teller. Use the **futuro semplice** to create sentences with the elements provided and find out her predictions.

1. voi / dovere / partire / per un paese lontano

_____

2. uno di voi / ricevere / buone notizie

_____

3. le ragazze / fare / qualcosa di straordinario (*extraordinary*)

_____

4. noi tutti / avere / molta fortuna / la settimana prossima

_____

5. sfortunatamente / lui / non / volere / fare attenzione / a venerdì 17

_____

6. tu / essere / molto vulnerabile / dopo il 21 di questo mese

_____

7. loro / sapere / risolvere tutti i problemi

_____

8. io / partire / per una vacanza fantastica!

_____

7A.2 Usage of the *futuro semplice*

1 **Futuro o futuro di probabilità?** Read each question and determine whether the answer should be in the **futuro** or **futuro di probabilità**.

	Futuro	Futuro di probabilità
1. Cosa farà l'insegnante di italiano tra cinque anni?	○	○
2. Quali corsi avrai domani?	○	○
3. Quando sarà la prossima luna piena (*full moon*)?	○	○
4. Chi sarà il prossimo presidente italiano?	○	○
5. Che voto prenderai nel prossimo esame?	○	○
6. Vedrai i tuoi amici stasera?	○	○
7. Leggerai l'oroscopo oggi?	○	○
8. Quanti studenti nuovi verranno alla tua scuola l'anno prossimo?	○	○

2 **Domande** Answer these questions using the cues provided. Use the **futuro** in your answers.

1. Che ore sono? (17.30) _____
2. Cosa c'è alla TV stasera? (un documentario) _____
3. Cosa fa Maria domani? (andare in discoteca) _____
4. Chi può venire con noi? (quattro persone) _____
5. Cosa beve il tuo fratellino? (latte al cioccolato) _____
6. Chi è Sabina? (sua cugina) _____

3 **Espressioni di tempo** Read this paragraph and fill in the missing words using expressions of time from the list.

domani	fra una settimana	in futuro	questo weekend
dopodomani	fra quattro giorni	la settimana prossima	tra poco

Questa settimana farò molte cose. Oggi pomeriggio, lunedì, andrò in classe. (1) _____, martedì, non avrò lezione e dormirò. (2) _____, mercoledì, passerò la giornata con gli amici. (3) _____, sabato e domenica, andrò a visitare i miei zii.

(4) _____, quando avrò una macchina, potrò visitarli più spesso.

(5) _____, venerdì, vedrò la mia migliore amica. Lunedì prossimo, cioè

(6) _____, il semestre finirà. (7) _____, subito dopo la fine del semestre, cercherò un lavoro per l'estate. Ma guarda! Sono già le 11.30 e

(8) _____ incontrerò i miei amici per andare a pranzo. Che bello!

Workbook

4   **Una lettera** Your friend has written to you in the present tense, telling you her plans for this summer. Read through her letter and write the future-tense form of each verb in the space provided.

Quest'estate (1) <u>vado</u> in vacanza in Europa per un mese con Giuliana e Carolina. Noi (2) <u>visitiamo</u> le città più famose e tutti i principali monumenti. Io (3) <u>provo</u> anche a mangiare cose che non ho mai mangiato prima. Giuliana e Carolina (4) <u>fanno</u> moltissime fotografie e noi tutte, a turno, (5) <u>usiamo</u> la nostra nuova videocamera. Quando noi (6) <u>torniamo</u>, io (7) <u>vengo</u> a casa tua e tu (8) <u>puoi</u> vederle. Sono sicura che noi (9) <u>ci divertiamo</u> molto. Io ti (10) <u>porto</u> un regalo, ma non ti (11) <u>dico</u> cos'è, (12) <u>è</u> una sorpresa!

A presto,

Beatrice

1. _____   5. _____   9. _____

2. _____   6. _____   10. _____

3. _____   7. _____   11. _____

4. _____   8. _____   12. _____

5   **Cosa farai questo fine settimana?** Complete the table by writing a few things you, your friends, and your family will do this weekend. Then, write a short paragraph about your plans using the **futuro semplice**.

	io	i miei amici	la mia famiglia
venerdì			
sabato			
domenica			

_____

_____

_____

_____

_____

_____

_____

_____

_____

_____

_____

_____

_____

_____

_____

7A.3 Double object pronouns

1   **Al ristorante** You overheard the following statements at a restaurant. Match the underlined pronouns with the nouns they refer to.

_____ 1. <u>Ve la</u> raccomando sicuramente.

_____ 2. <u>Me lo</u> porta, per favore?

_____ 3. <u>Glielo</u> mostro subito.

_____ 4. <u>Ce le</u> ordina Roberto.

_____ 5. Il cameriere <u>glielo</u> cambia.

_____ 6. <u>Lo</u> porto <u>loro</u> fra due minuti.

a. a Giacomo; il menu

b. a te e a Cristina; la zuppa

c. a Vittoria e a Leonardo; il caffè

d. la signora Caldetti; il tovagliolo

e. a te e a me; le bibite

f. a me; il sale

2   **Trasformazione** Read these sentences, then rewrite them replacing the direct and indirect objects with double pronouns.

1. La mamma compra un poster ai bambini. _____

2. Mia cugina presta la lampada a me. _____

3. I miei amici portano una poltrona a noi. _____

4. Noi puliamo il garage per voi. _____

5. Io lavo le tende per mia nonna. _____

6. I tuoi genitori comprano un monolocale a te. _____

7. Noi puliamo gli scaffali per loro. _____

8. Voi regalate degli asciugamani a me. _____

3   **La nostra routine** Read these sentences about your friend's daily routine. Complete the sentences, conjugating the verb and using double pronouns.

> **Modello**
>
> Voi _ve li provate_ davanti allo specchio. (provarsi i pantaloni)

1. Io _____ (farsi la doccia) tutte le mattine alle 8.00.

2. Tu _____ (lavarsi i capelli) tutti i giorni?

3. Mia sorella _____ (pettinarsi i capelli) dieci volte al giorno.

4. I miei fratelli sono piccoli e non _____ (radersi la barba) ancora.

5. Io e mia mamma _____ (mettersi il rossetto).

6. Mio padre lavora in giardino e _____ (pulirsi le mani) spesso.

4 **Domande e risposte** Read these questions and answer them using double object pronouns.

1. Quando hai portato il regalo alla tua famiglia?
   _____

2. Quanti studenti ci sono nella tua classe d'italiano?
   _____

3. Quanto spesso ti lavi i capelli?
   _____

4. C'è un televisore nella tua classe d'italiano?
   _____

5. Hai mai prestato il tuo cellulare ai tuoi amici?
   _____

6. Puoi portare un caffè a me?
   _____

7. A che ora ti fai la doccia?
   _____

8. Quanti esercizi hai dovuto fare per l'insegnante d'italiano?
   _____

5 **Oggetti** Look at the illustrations. Write one complete sentence in the **passato prossimo** for each of them. Include a direct object and an indirect object. Then replace them with double object pronouns. Use a different verb in each sentence and pay attention to the agreement of the past participle.

> **Modello**
> Io ho comprato un regalo per Mario. Io gliel'ho comprato.

1.   2.   3.

4.   5.   6.

1. _____
2. _____
3. _____
4. _____
5. _____
6. _____

Unità 7 Lezione 7B

CONTESTI

1 **Trova l'intruso** Indicate the item that does not belong in each group.

1. spazzare, passare l'aspirapolvere, usare la scopa, fare il bucato

2. sparecchiare la tavola, la spazzatura, lavare i piatti, pulire i fornelli

3. spolverare, sporcare, mettere in ordine, fare le faccende

4. il lavello, il lenzuolo, il cuscino, la coperta

5. il congelatore, la scopa, il frigorifero, il microonde

6. la caffettiera, il tostapane, il frigorifero, il bucato

7. il lenzuolo, fare il letto, spazzare, stirare

8. l'asse da stiro, il bucato, il forno, il ferro

2 **Cosa fanno?** Write a sentence describing each of these household chores.

1. _____

2. _____

3. _____

4. _____

3 **Che cosa usi?** Read the list of household chores and match each of them with one of the items or appliances listed.

_____ 1. apparecchiare
_____ 2. fare il caffè
_____ 3. lavare i vestiti
_____ 4. cucinare
_____ 5. fare i popcorn
_____ 6. lavare i piatti
_____ 7. stirare
_____ 8. pulire i pavimenti

a. la lavatrice
b. i fornelli
c. la lavastoviglie
d. il ferro
e. il microonde
f. la tavola
g. l'aspirapolvere
h. la caffettiera

4 **L'appartamento** Read the dialogue and complete it with the words provided, using each word only once. Make any necessary changes to the words and expressions to fit the context.

apparecchiare	il bucato	essere un porcile	lavare i piatti	la spazzatura
l'asse da stiro	il cortile	i fornelli	passare	
i balconi	i cuscini	impeccabile	schifoso	

PATRIZIA Guarda quest'appartamento, (1) _____!

FEDERICA Sì, è davvero (2) _____. Dobbiamo pulirlo!

PATRIZIA Allora, io vado in cucina e (3) _____.

FEDERICA Quando la lavatrice è finita, io prendo (4) _____ e stiro. Sai dov'è (5) _____?

PATRIZIA È in soggiorno. Dopo i piatti, io posso fare il letto. Dove sono (6) _____?

FEDERICA Sono sotto il lenzuolo. Dopo il letto, puoi finire di fare le faccende in cucina?

PATRIZIA Certo! Pulisco (7) _____ e poi (8) _____ la tavola per stasera.

FEDERICA Ed io (9) _____ l'aspirapolvere e porto fuori (10) _____.

PATRIZIA Perfetto! Quando finiremo, quest'appartamento sarà (11) _____!

FEDERICA E domani possiamo lavorare fuori e pulire (12) _____ e (13) _____!

5 **Divisione delle faccende** You are getting a new roommate. Write him/her a letter explaining how you are going to divide up the housework. Explain who should do each chore and how frequently.

_____

_____

_____

_____

_____

_____

_____

_____

_____

_____

_____

_____

_____

_____

STRUTTURE

7B.1 The informal imperative

1 **Suggerimenti** Complete these exchanges by providing the appropriate command forms of the verbs in the list. Pay attention to the subject (**tu, voi, noi**) for each verb.

avere	dire
camminare	fare
comprare	indossare

ANTONIO Mamma, esco con i miei amici!

LA MAMMA Antonio, fa freddo, (1) _____ i guanti e il cappello!

IDA E PAOLO Cosa possiamo regalare a Matteo?

PADRE (2) _____ quella penna, è molto elegante.

MARIANNA Rossella, è tardi?

ROSSELLA Sì, siamo in ritardo, (3) _____ più velocemente!

SOFIA Andrea, mi presti la tua macchina?

ANDREA Certo, ma (4) _____ attenzione, è una macchina vecchia.

GIOVANNI Alessandro, io e Lello ti aspettiamo da un'ora!

ALESSANDRO (5) _____ pazienza, sono quasi pronto!

LETIZIA Papà, posso andare in piscina?

IL PADRE Sì, ma (6) _____ anche alla mamma dove vai.

2 **Consigli** Give a piece of advice using a command form of the verb given for each illustration.

> *Modello*
> noi / andare <u>Andiamo in palestra!</u>

  1. tu / dire a me

_____

_____

 2. tu / non / mangiare

_____

_____

  3. tu / andare

_____

_____

 4. noi / non / bere

_____

_____

 5. voi / non / arrivare

_____

_____

 6. voi / chiedere

_____

_____

3 **Un viaggio** Orietta is about to go on a trip. Rewrite each piece of advice, replacing the direct or indirect object noun with a direct or indirect object pronoun.

1. Fai le valigie due giorni prima di partire.

   _____

2. Non parlare a persone strane.

   _____

3. Non dimenticarti i biglietti.

   _____

4. Telefona a noi quando arrivi.

   _____

5. Prendi la borsa quando esci dall'albergo.

   _____

6. Dì al fattorino (*bellboy*) dell'albergo che hai bisogno di aiuto con le valigie.

   _____

7. Ricordati il passaporto!

   _____

8. Offri una buona mancia quando lasci l'albergo.

   _____

4 **Quale verbo?** Give the correct imperative form of each verb, then find it in the puzzle.

1. tu / avere
2. voi / essere
3. noi / spazzare
4. tu / fare
5. voi / sparecchiare
6. tu / mettere
7. noi / stirare
8. tu / stare
9. voi / spolverare
10. tu / finire

```
L E T A I H C C E R A P S M G
R F S D A C V B O U A I A Q D
A I R E D G L C B M V U O L P
B R T O S T A I R F E M D M G
B F S D C C V B O U A I A Q F
I I R M E E L C B I O U V I P
N R T O E S P E Z F V Z N M G
T F S S O R V Z O U R I M Q D
A I N T S I A T E M S U O L P
V O T I A P F T C C V A T E G
O F V R S C V B I U M M A Q D
N R T I V S P E R F V E A M G
T F S A O I V B O U R I T Q F
L R T M O A S P E R F V Z T A
R S P O L V E R A T E I A Q I
```

7B.2 The formal imperative

1 **Signore e signori** Complete these sentences with the correct forms of the **imperativo**.

1. Signora Citti, non _____ (lavare) i piatti, li faccio io.

2. Professori, _____ (mettere) in ordine i Loro uffici.

3. Signor Gelitti, _____ (portare) fuori la spazzatura.

4. Dottori, _____ (scrivere) le ricette per i pazienti.

5. Per favore, signor Bianchi, mi _____ (aprire) la porta.

6. Colleghi, _____ (firmare) i documenti.

7. Signora Stefanello, _____ (essere) pronta alle 8.00.

8. Signor Gabrielli, _____ (avere) i documenti pronti quando viene in ufficio.

2 **Cosa devono fare?** Look at the illustrations and write a sentence using each of the verbs provided. Use the formal imperative.

1. mettersi a dieta

_____

2. stare attenta

_____

3. dare cibo al bambino

_____

4. prendere un caffè

_____

5. non mangiare tanto

_____

6. chiudere la porta

_____

Workbook

3 **Espressioni** Complete each sentence with an expression from the list.

si accomodi	mi passi
aspetti	prenda
mi dia	non si preoccupi
mi dica	senta

1. L'agente immobiliare sarà qui alle 2.00. _____ nel Suo ufficio.

2. Signora, _____, ha dimenticato la giacca!

3. _____, Eleonora, quali esperienze ha in questo tipo di lavoro?

4. Signore, _____. L'aiuto io.

5. Scusi, _____ il sale, per favore.

6. _____ questa canzone e mi dica la Sua opinione.

7. Lei è malato, _____ un'aspirina.

8. _____ le chiavi e io parcheggio la macchina per Lei.

4 **Frasi incomplete** Write complete sentences using the cues below and the formal imperative.

1. mi / scrivere / indicazioni / per arrivare / casa Sua

_____

2. portare / nuovo divano / lunedì pomeriggio

_____

3. signori, / parlare / più forte; / non / sentiamo

_____

4. telefonare / subito / polizia

_____

5. essere / gentile, / mi / lasciare / entrare

_____

6. professori, / sapere / che / studenti / essere / molto preparati

_____

7. non / preoccuparsi, / avvocato, / io / essere / sempre / puntuale

_____

8. signor Gentili / stare / a casa, / fare / molto freddo / fuori

_____

7B.3 Time expressions

1 **Da, durare o durante?** Read each sentence and choose the appropriate time expression.

1. Ha mangiato cioccolatini _____ tutto il film.
   a. da   b. dura   c. durante

2. Puliamo il garage _____ due ore.
   a. da   b. dura   c. durante

3. Parliamo solo italiano _____ la lezione.
   a. da   b. dura   c. durante

4. Il programma _____ un'ora.
   a. da   b. dura   c. durante

5. Aspettiamo il treno _____ quaranta minuti.
   a. da   b. dura   c. durante

6. Quanto _____ la presentazione?
   a. da   b. dura   c. durante

2 **Volerci o metterci?** Complete these dialogues with the correct forms of **volerci** or **metterci** in the present tense.

1. —Quante persone _____ per portare la scrivania al secondo piano?

   —_____ solo una persona, è leggera.

2. —È vero che _____ meno di un'ora a fare questo dolce?

   —Sì, _____ quarantacinque minuti.

3. —Io non _____ molto tempo a fare questo esercizio.

   —Tu sei bravo! Io e Barbara _____ più di trenta minuti.

4. —_____ molto coraggio a cantare in pubblico!

   —Sì, _____ coraggio ed energia!

5. —Loro _____ un giorno intero a venire qui in macchina.

   —Tu, invece, _____ quattro ore in treno.

6. —Quanto tempo (voi) _____ a finire un libro?

   —(Noi) _____ due giorni.

7. —_____ tanto tempo a lavare i piatti!

   —E _____ ore per pulire tutto l'appartamento con la scopa!

8. —La lavatrice _____ trentacinque minuti a finire il ciclo.

   —Ma poi io _____ più di trentacinque minuti a stirare i vestiti!

3 **Nel passato** Now, complete the same sentences, using the correct forms of **volerci** or **metterci** in the passato prossimo.

1. —Quante persone _____ per portare la scrivania al secondo piano?

   —_____ solo una persona, è leggera.

2. —È vero che _____ meno di un'ora a fare questo dolce?

   —Sì, _____ quarantacinque minuti.

3. —Io non _____ molto tempo a fare questo esercizio.

   —Tu sei bravo! Io e Barbara _____ più di trenta minuti.

4. —_____ molto coraggio a cantare in pubblico!

   —Sì, _____ coraggio ed energia!

5. —Loro _____ un giorno intero a venire qui in macchina.

   —Tu, invece, _____ quattro ore in treno.

6. —Quanto tempo (voi) _____ a finire un libro?

   —(Noi) _____ due giorni.

7. —_____ tanto tempo a lavare i piatti!

   —E _____ ore per pulire tutto l'appartamento con la scopa!

8. —La lavatrice _____ trentacinque minuti a finire il ciclo.

   —Ma poi io _____ più di trentacinque minuti a stirare i vestiti!

4 **Prima e dopo** Write complete sentences using the cues. Use **prima di** and **dopo** twice each in your responses.

> **Modello**
>
> giocare con i videogiochi / studiare
> *Prima di giocare con i videogiochi, studio./Dopo aver giocato con i videogiochi, studio.*

1. lavorare molto / affittare un appartamento

   _____

2. attaccare il poster / mangiare una pizza

   _____

3. fare il letto / guardare la televisione

   _____

4. portare fuori la spazzatura / leggere

   _____

5 **Il tempo** Choose the correct verb to complete each sentence.

1. Come (passi / perdi) il tuo tempo di solito?

2. Io (risparmio / passo) tempo quando vado al supermercato la sera.

3. Io non (risparmio / perdo) tempo a guardare programmi poco interessanti alla TV.

4. Loro (passano / risparmiano) molto tempo a parlarsi al telefono.

5. Tu sei sempre molto organizzata e non ti piace (passare / perdere) tempo.

6. Quando c'è molto traffico, (passate / risparmiate) tempo se andate a piedi.

Unità 7   Avanti

PANORAMA

1 **Sicilia o Sardegna?** Determine whether the items listed belong to **Sicilia** or **Sardegna**.

	Sicilia	Sardegna
1. Cagliari	○	○
2. monte Etna	○	○
3. Archimede di Siracusa	○	○
4. Catania	○	○
5. Grazia Deledda	○	○
6. il Duomo di Palermo	○	○
7. popolazione di circa 1,5 milioni	○	○
8. industrie tessili	○	○
9. Luigi Pirandello	○	○
10. Natalia Ginzburg	○	○

2 **Diapositive** Write a one-sentence caption in Italian to accompany each of these slides (**diapositive**) of Sicilia and Sardegna.

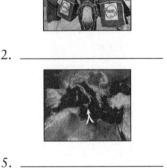

1. _____   2. _____   3. _____

4. _____   5. _____   6. _____

3 **Personaggi celebri** Match each description to the name of the person it best describes.

_____ 1. È stato matematico e inventore.

_____ 2. È una scrittrice sarda del XX secolo.

_____ 3. È stata la regina di Sardegna.

_____ 4. Ha fondato la società di telecomunicazioni Tiscali.

_____ 5. È un'attrice siciliana molto famosa in Italia e in America.

_____ 6. Politico italiano, è stato uno dei fondatori del Partito Comunista Italiano nel 1921.

a. Grazia Deledda

b. Maria Grazia Cucinotta

c. Archimede

d. Antonio Gramsci

e. Eleonora d'Arborea

f. Renato Soru

4   **Vero o falso?** Read these sentences and indicate whether each statement is **vero** or **falso**.

	Vero	Falso
1. I nuraghi sono costruzioni tipiche sarde.	○	○
2. Durante il carnevale di Mamoiada, gli Issohadores indossano una maschera nera.	○	○
3. Lo scirocco viene dal Nord Italia.	○	○
4. I cannoli sono nati in Sardegna.	○	○
5. I nuraghi erano costruzioni militari o religiose.	○	○
6. Il carnevale di Mamoiada è uguale al carnevale di Venezia.	○	○
7. I cannoli sono ripieni di ricotta e frutta candita.	○	○
8. Lo scirocco può creare problemi di salute.	○	○

5   **Un premio speciale** Your name was drawn in a lottery and you get to choose one of the following prizes. Decide which option you would choose and explain your choice. Describe what you would expect to do and see on your trip.

1. una settimana in un nuraghe (puoi portare un'altra persona con te)

2. partecipazione al carnevale di Mamoiada come Mamuthone o come Issohadore

3. due settimane in Sicilia per frequentare un corso di gastronomia

4. un fine settimana a Castelbuono per imparare tutto sugli asini che raccolgono i rifiuti

_____

_____

_____

_____

_____

_____

_____

_____

_____

_____

_____

Unità 8

Lezione 8A

CONTESTI

1 **Quale altra parola?** Choose the lesson vocabulary word or expression that best completes each list. Don't forget to include the appropriate definite article.

biglietto	stazione
cofano	traghetto
meccanico	vetro
motorino	vigile urbana

1. la stazione di servizio, fare benzina, _____

2. la portiera, la gomma, _____

3. la barca, la nave, _____

4. il controllore, convalidare, _____

5. il binario, il treno, _____

6. la multa, il limite di velocità, _____

7. i fari, i tergicristalli, _____

8. il taxi, il camion, _____

2 **Parole mescolate** Unscramble the letters to find the word needed to complete each sentence.

Modello

Mi piace molto RIAGIVEGA. *viaggiare*

1. Prima di salire in metropolitana, devi VADINLCEORA il biglietto. _____

2. Per guidare di notte, devi usare i RAFI. _____

3. Se non vuoi usare la tua macchina, puoi LERENOGIGA un'altra macchina. _____

4. Mi piace questo ITASUTA perché guida molto bene. _____

5. Il meccanico deve IRAPRAER questa macchina. _____

6. Il LIGEIV BUNARO controlla il traffico. _____

7. Quando piove devi usare i GRESTLIRALICIT. _____

8. Non guido bene se il REVOT è sporco. _____

9. Il FARFICOT in città è terribile la mattina. _____

10. Il limite di velocità in SDOTARUAAT è 130 km/h. _____

11. I MACONI lenti bloccano il traffico. _____

12. Secondo me, il problema è la IFIRONZE. _____

13. Andavo toppo veloce e il vigile mi ha fatto la TALMU. _____

14. Un italiano prende la TENEPTA a 18 anni. _____

15. Di solito in treno viaggio in CADENSO classe. _____

16. Se hai bisogno di un biglietto, puoi comprarlo in IEGITITBRELA. _____

Unità 8 Workbook Activities **115**

3 **Mettere etichette** Label each of the means of transportation depicted below.

1. 　　2. 　　3. 　　4.

1. _____
2. _____
3. _____
4. _____

4 **Una cartolina** Complete Nicoletta's postcard with the appropriate expressions in parentheses.

Ciao Lucio!

Sono in vacanza con Piero e ci stiamo divertendo molto. Il viaggio è stato molto avventuroso. Prima abbiamo deciso di (1) (noleggiare / comprare) una macchina per una settimana. Dopo solo un'ora abbiamo (2) (fatto / bucato) una gomma. Finalmente siamo ripartiti, ma un vigile urbano ci ha fatto (3) (la multa / benzina) perché andavamo troppo velocemente. A quel punto, abbiamo deciso di lasciare la macchina e siamo andati alla stazione a prendere (4) (un treno / una bicicletta). Nella confusione generale, ci siamo dimenticati di (5) (colpire / convalidare) il biglietto e anche il (6) (meccanico / controllore) ci ha fatto una multa! Infine, ci siamo addormentati tutti e due e non abbiamo visto la nostra (7) (stazione / autostrada). Che disastro! Per fortuna, il resto della vacanza è fantastico. La mia parte preferita sono le gite in (8) (taxi / barca) sul lago. L'anno prossimo devi venire con noi!

Saluti e a presto,

Nicoletta

5 **A te** Complete each sentence with your own preferences according to the cues provided.

1. Un giorno voglio visitare _____.
   due paesi all'estero

2. Quando sono in vacanza, mi piace _____.
   tre attività

3. Per viaggiare, preferisco _____.
   tre mezzi di trasporto

4. Non mi piace viaggiare in _____.
   tre mezzi di trasporto

5. Quest'anno andrò in vacanza dal _____ al _____.
   data   data

6. Questa settimana mi piacerebbe _____.
   un'attività

STRUTTURE

8A.1 Comparatives of equality

1 **Scegliere** Decide whether each sentence can take **così... come** or **tanto... quanto** or can only take **tanto... quanto**. Then complete each sentence with an appropriate expression.

	Così... come	Tanto... quanto
1. Gerardo è _____ timido _____ Ramona.	○	○
2. Luca mangia _____ mele _____ pesche.	○	○
3. Giuditta cammina _____ velocemente _____ Nina.	○	○
4. Monica ama leggere _____ _____ Pietro.	○	○
5. Fabiola viaggia _____ spesso _____ me.	○	○
6. Oggi ci sono _____ macchine _____ pullman.	○	○
7. Io ho vissuto in _____ appartamenti _____ monolocali.	○	○
8. Voi parlate italiano _____ correttamente _____ loro.	○	○
9. In classe abbiamo _____ studenti _____ studentesse.	○	○
10. Mia cugina vuole _____ pasta _____ pomodori.	○	○

2 **Mezzi di trasporto** Use comparatives of equality with the cues provided to write complete sentences about different means of transportation.

1. treno / essere / in ritardo / pullman

   _____

2. barca / essere / divertente / bicicletta

   _____

3. treno / trasportare / persone / metropolitana

   _____

4. il traffico a luglio / essere / incredibile / il traffico ad agosto

   _____

5. la città / avere / taxi / biciclette

   _____

6. esserci / vigili / motorini

   _____

7. tu / guidare / bene / prudentemente

   _____

8. la scuola / noleggiare / macchine / pullman

   _____

Unità 8 Workbook Activities

Workbook

3   **Due persone** Mario and Matteo are good friends who have a lot in common. Use your imagination and comparatives of equality to describe six similarities between them.

> **Modello**
>
> Mario ha tanti corsi quanti Matteo.

Mario

Matteo

1. _____
2. _____
3. _____
4. _____
5. _____
6. _____

4   **Domande** Answer each question using a comparative of equality.

> **Modello**
>
> Quanti libri ha Daniele?
> Daniele <u>ha tanti libri quanti</u> Benedetto.

1. Quante amiche ha Paola?
   Paola _____ Martina.

2. Giovanni ha più (*more*) motorini o biciclette?
   Giovanni _____.

3. Maria ha più scarpe di Elena?
   Maria _____ Elena.

4. Laura canta bene?
   Laura _____ Antonio.

5. Giulia ha dormito tanto ieri?
   Giulia _____ Alessandro.

6. Sai scrivere velocemente al computer?
   Io _____ te.

7. Quanti gelati hai comprato?
   Io _____ Michela.

8. Di solito, bevete acqua o succo di frutta?
   Noi _____.

5   **Paragonare** Write four sentences, two affirmative and two negative, comparing yourself to your best friend.

> **Modello**
>
> Io (non) sono tanto creativa quanto Lorenza.

1. _____
2. _____
3. _____
4. _____

8A.2 Comparatives of inequality

1 **Completare** Complete each sentence with either **di** or **che**. Remember to use an article or prepositional contraction when necessary.

1. Il pullman è più lento _____ treno.

2. L'aereo è più veloce _____ comodo.

3. Io preferisco guidare _____ aspettare la metropolitana.

4. Preferisco riparare la mia bicicletta _____ noleggiare un motorino.

5. Il traghetto può trasportare più persone _____ barca.

6. È più comodo viaggiare in prima classe _____ in seconda classe.

2 **La mia famiglia** Compare your family to Tommaso's family using comparatives of inequality.

1. Tommaso ha un fratello. Io ho due fratelli.

   _____

2. La nonna di Tommaso ha ottant'anni. Mia nonna ha ottantasei anni.

   _____

3. Tommaso è alto 1,69 m. Io sono alto 1,75 m. (*1,69 m = 1 metro e 69 centimetri*)

   _____

4. Tommaso ha i capelli lunghi. Io ho i capelli molto corti.

   _____

5. La casa di Tommaso ha sei stanze. La mia casa ha otto stanze.

   _____

6. I genitori di Tommaso bevono caffè una volta al giorno. I miei genitori bevono caffè tre volte al giorno.

   _____

3 **Paragonare** Write two sentences comparing the people in each photo using the cues provided.

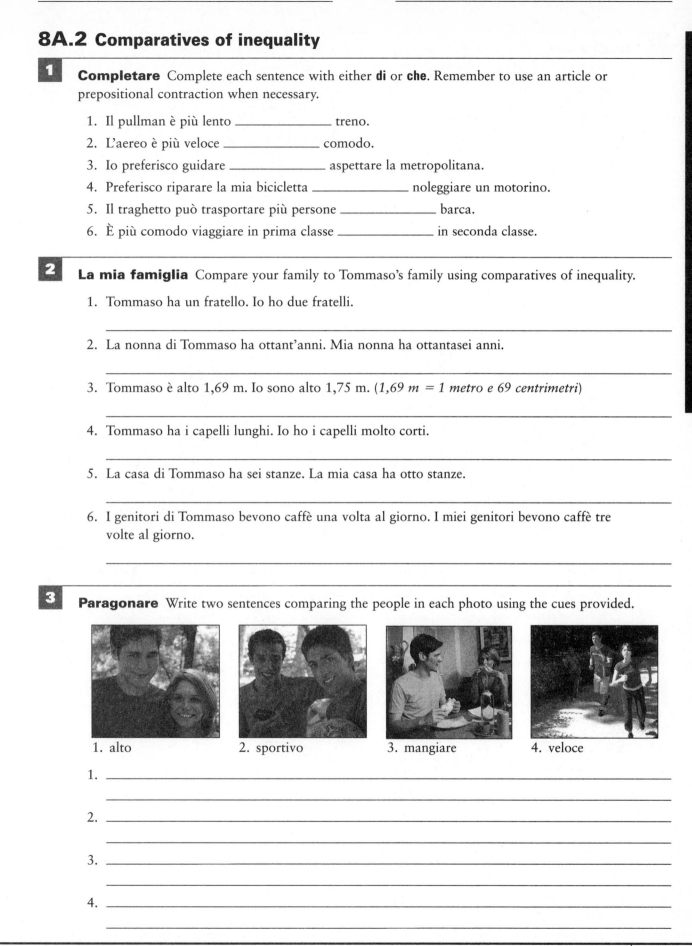

1. alto   2. sportivo   3. mangiare   4. veloce

1. _____
   _____

2. _____
   _____

3. _____
   _____

4. _____
   _____

4 **Completare** Complete each sentence with the correct irregular comparative.

1. Tra i miei fratelli, solo Silvio è _____ (più grande) di me.

2. Non è vero, lei non gioca _____ (più bene) di te!

3. Questa vacanza è davvero _____ (più buona) di quella dell'anno scorso.

4. Hai sorelle _____ (più piccolo)?

5. I bambini di Patrizia sono _____ (più cattivi) dei tuoi bambini.

6. Voi guidate male, ma loro guidano _____ (più male) di voi.

5 **Treno o aereo?** List some advantages (**vantaggi**) and disadvantages (**svantaggi**) of each of the means of transportation depicted. Then, write six complete sentences comparing the two.

Vantaggi	Svantaggi	Vantaggi	Svantaggi
_____	_____	_____	_____
_____	_____	_____	_____
_____	_____	_____	_____
_____	_____	_____	_____

1. _____

2. _____

3. _____

4. _____

5. _____

6. _____

8A.3 Superlatives

1 **Riscrivere** Rewrite each sentence using a relative superlative.

1. Maria è simpatica.

_____

2. Questo film non è interessante.

_____

3. Il tuo computer è veloce.

_____

4. L'insegnante di scienze politiche è simpatico.

_____

5. Il tuo motorino è bello.

_____

6. La nave è un mezzo di trasporto noioso.

_____

7. Natalia è una studentessa seria.

_____

8. Quel camion è grande.

_____

2 **Frasi a pezzi** Write complete sentences using the cues provided and relative superlatives.

> **Modello**
>
> Ferrari / macchina / bella   _La Ferrari è la più bella macchina._

1. autostrada / via / veloce / per arrivare da te

_____

2. traffico / situazione / irritante

_____

3. autista / persona / paziente

_____

4. prima classe / modo / costoso / per viaggiare

_____

5. il limite di velocità / qui / basso / del paese

_____

6. meccanico / persona / utile / alla stazione di servizio

_____

3 **Completare** Complete each sentence with the correct irregular relative superlative. Pay attention to agreement.

1. Questa pasta è molto buona; è _____.

2. Io ho otto anni. Giulio ha dieci anni. Lui è _____.

3. Giovanna parla italiano bene. Lei parla _____.

4. Io sono la sorella maggiore. Caterina, invece, è _____.

5. Questo vino è veramente cattivo; è _____.

6. Noi guidiamo bene, ma Graziano guida male. Lui guida _____.

4 **Piccoli dialoghi** Complete each mini dialogue with the correct absolute superlative.

ANNA Sabina, congratulazioni! Sei felice?
SABINA Sì, sono (1) _____!

ANDREA Non voglio più parlare con Silvano, è veramente antipatico!
FLAVIA Sono d'accordo; è (2) _____!

LUCILLA Mamma, questa borsa è nuova?
MAMMA Sì, è (3) _____!

MARTINA Guarda che bel cielo azzurro.
OTTAVIA È (4) _____; è davvero bello.

ISABELLA Queste gite sono faticose (*tiring*).
BARBARA Faticose? Sono (5) _____!

VALENTINA Non ti preoccupare, papà, lo zaino non è pesante.
PAPÀ Secondo me è (6) _____!

5 **Lamenti** Carla is not happy today. Complete each of her complaints with the correct form of one of the superlatives provided.

benissimo	massimo
minimo	ottimo
malissimo	pessimo

1. No, non mi piacciono le barche! Noleggiarne una è una _____ idea.
2. Non mi piace il caldo e oggi fa molto caldo! La temperatura _____
   è 40 gradi e la temperatura _____ è 30 gradi.
3. Non mi piace aspettare l'autobus! Sono stanca e ho il raffreddore, oggi sto
   _____.
4. Sono più felice e ottimista oggi. Sto _____!

6 **A te** Write a sentence about a person or thing that you associate with each adjective. Use absolute superlatives and add as much detail as possible.

Modello
curioso: Mia mamma è una persona curiosissima e
fa sempre molte domande quando viaggiamo.

1. bianco: _____

2. difficile: _____

3. esagerato: _____

4. interessante: _____

5. pericoloso: _____

6. schifoso: _____

7. veloce: _____

Unità 8   Lezione 8B

CONTESTI

---

1 **Logico o illogico?** Indicate whether each sentence is **logico** or **illogico**.

	Logico	Illogico
1. La nonna arriva alle sette. Ci incontriamo alle partenze alle 6.45?	○	○
2. Non hanno stanze in albergo, sono al completo.	○	○
3. L'aereo parte alle 18.15. Per favore, non essere puntuale!	○	○
4. Non vengo in crociera perché non mi piacciono i treni.	○	○
5. C'è un problema con l'aereo e il volo è in ritardo.	○	○
6. Ho molto da lavorare, quindi (*therefore*) faccio il ponte.	○	○
7. Ho pochi soldi, quindi dormirò in un ostello della gioventù.	○	○
8. Non avevo voglia di andare al ristorante e ho ordinato il servizio in camera.	○	○

---

2 **All'aeroporto** Complete the dialogue using words from the list. Not all the words will be used.

agente di viaggio	crociera	puntuale
albergo	fila	valigie
bagaglio a mano	pensione	villaggio turistico
controllo passaporti	in prima classe	volo

ELEONORA Ciao, Pamela!

PAMELA Ciao, Eleonora. Cosa fai qui? Vai in vacanza?

ELEONORA Sì! Aspetto il mio (1) _____ per Malta. E tu, dove vai?

PAMELA Io vado negli Stati Uniti. Il mio ufficio mi ha prenotato un viaggio
(2) _____!

ELEONORA Che fortuna! Dove sono le tue (3) _____?

PAMELA Ho solo un (4) _____ perché sto solo quattro giorni. Tu starai
in albergo o da amici?

ELEONORA Io vado una settimana in un (5) _____, sarà divertente!

PAMELA Mi ha fatto piacere vederti. Il mio aereo è (6) _____, quindi
devo andare. Spesso la (7) _____ per il
(8) _____ è molto lunga.

ELEONORA Bene. Buon viaggio!

PAMELA Grazie, anche a te!

---

3 **Abbinare** Match each term on the left with its opposite on the right.

_____ 1. gli arrivi   a. al completo
_____ 2. posti disponibili   b. la crociera
_____ 3. la settimana bianca   c. decollare
_____ 4. l'andata   d. estero
_____ 5. la classe economica   e. le partenze
_____ 6. atterrare   f. la prima classe
_____ 7. puntuale   g. in ritardo
_____ 8. nazionale   h. il ritorno

Workbook

4   **Definizioni**   Write the term that each definition refers to.

1. È una persona che viaggia sull'aereo. _____

2. È un'autorizzazione che devi avere per abitare all'estero. _____

3. È l'ufficio che controlla le valigie dei passeggeri che arrivano in un paese. _____

4. È un giorno in cui (*in which*) non lavori. _____

5. È l'azione di cancellare una prenotazione. _____

6. La usi per aprire la porta della camera d'albergo. _____

5   **Dove si trova?**   Indicate whether each noun refers to something you could find in an airport or not.

	All'aeroporto	Non all'aeroporto
1. i passeggeri	○	○
2. i bagagli a mano	○	○
3. il servizio in camera	○	○
4. la settimana bianca	○	○
5. la carta d'imbarco	○	○
6. gli aerei	○	○
7. la spiaggia	○	○
8. le partenze	○	○

6   **Esperienze personali**   For each term below, write a sentence describing a related experience or opinion of yours.

> **Modello**
>
> il villaggio turistico: <u>Non sono mai stata in un villaggio turistico./</u>
> <u>Sono stata in un villaggio turistico due anni fa.</u>

1. la settimana bianca: _____

_____

2. il controllo passaporti: _____

_____

3. l'agente di viaggio: _____

_____

4. il posto disponibile: _____

_____

5. l'ascensore: _____

_____

6. abbronzarsi: _____

_____

STRUTTURE

8B.1 The present conditional

1 **Completare** Complete each sentence with the correct form of the conditional of the verb in parentheses.

1. Io non _____ (fare) mai la fila all'aeroporto.

2. Loro non _____ (dormire) mai in una pensione.

3. Tu non _____ (chiedere) mai il servizio in camera.

4. Letizia non _____ (viaggiare) mai in classe economica.

5. Voi non _____ (tornare) mai dal viaggio in Europa.

6. Noi non _____ (essere) mai in ritardo.

7. Io non _____ (avere) mai un bagaglio a mano.

8. Tu non _____ (usare) mai l'ascensore in albergo.

2 **Verbi nascosti** Write the correct conditional form of each verb according the subject indicated. Then find each word in the puzzle below.

1. io / pagare _____

2. noi / giocare _____

3. voi / volere _____

4. tu / scrivere _____

5. noi / mangiare _____

6. tu / bere _____

7. loro / viaggiare _____

8. io / sapere _____

9. voi / prenotare _____

10. loro / andare _____

```
P  R  T  O  B  E  R  R  E  S  T  I  N  M  G
P  R  S  D  A  C  V  B  O  U  A  I  A  Q  D
A  R  E  E  D  G  L  C  B  M  V  N  N  O  P
G  R  E  N  I  S  P  E  R  F  G  Z  M  M  G
H  F  S  M  O  C  V  B  O  E  L  M  A  Q  D
E  I  R  E  O  T  V  O  R  R  E  S  T  E  O
R  R  T  O  V  F  E  E  R  R  V  Z  A  M  R
E  F  S  A  O  I  M  R  E  U  R  I  S  Q  E
I  I  N  E  V  M  L  H  E  M  D  U  A  L  B
V  O  T  A  O  S  C  A  C  S  V  A  P  E  B
O  F  V  D  A  O  V  B  O  U  T  I  R  Q  E
L  A  R  E  I  P  O  T  E  V  A  E  E  S  R
L  R  T  G  A  S  P  E  R  F  V  Z  I  M  D
T  F  S  I  T  S  E  R  E  V  I  R  C  S  N
V  I  A  G  G  E  R  E  B  B  E  R  O  R  A
```

3 **Voglio, ma non posso** Write complete sentences using the cues provided. Conjugate the first verb in the conditional and the second in the present indicative.

> **Modello**
>
> (io) / leggere / dovere fare la spesa
> **Leggerei, ma _devo_ fare la spesa.**

1. (loro) / avere voglia di venire / non potere

_____

2. (tu) / dovere studiare / andare al cinema

_____

3. (io) / rimanere con te / dovere andare via

_____

4. Paolo / stare fino alle cinque / essere stanco

_____

5. (voi) / comprare il gatto / essere allergico

_____

6. (loro) / vivere insieme / i genitori / non volere

_____

4 **Cosa farebbero?** Write a complete sentence describing what each person would do if he/she had more time, based on the illustrations.

> **Modello**
>
> **Tu puliresti la tua camera.**

1.

2.

3.

4.

5.

1. loro: _____ .

2. noi: _____ .

3. Alessandro: _____ .

4. voi: _____ .

5. io: _____ .

8B.2 The past conditional

1 **Riscrivere** Rewrite each sentence using the past conditional.

1. Il tassista farebbe benzina.

   _____

2. Queste macchine avrebbero bisogno di un meccanico.

   _____

3. Noi arriveremmo in orario.

   _____

4. La frizione si romperebbe.

   _____

5. Tu presenteresti i documenti.

   _____

6. Voi viaggereste in prima classe.

   _____

2 **Cosa avrebbero fatto?** Write complete sentences describing what each person would have done yesterday if he/she had had more time.

1. tu e Gioia / giocare a tennis: _____

2. io / andare a piedi: _____

3. io e i miei fratelli / scrivere un cartolina: _____

4. la direttrice dell'ufficio / indossare scarpe comode: _____

5. Carlo / andare al supermercato: _____

6. il cameriere / pulire tutti i cucchiai: _____

7. i miei amici / stare a guardare la partita: _____

8. tu / leggere libri di psicologia: _____

3 **Con più tempo** Now write four sentences describing what you would have done yesterday if you had had more time.

1. _____

2. _____

3. _____

4. _____

4 **Coniugare** Complete each sentence with the appropriate past conditional form of the verb in parentheses.

1. Io _____ (partire) ieri, ma hanno cancellato il volo.

2. Il mio amico _____ (prenotare) la pensione Lilla, ma era al completo.

3. Tu _____ (portare) il passaporto, ma non lo trovavi.

4. Il taxi ci _____ (lasciare) alle partenze, ma la strada era chiusa.

5. Noi _____ (incontrarci) fuori dall'aeroporto, ma la fila alla dogana era lunghissima.

6. Voi _____ (salire) al quinto piano in ascensore, ma l'ascensore non funzionava.

5 **Che cosa ha detto?** Rewrite each sentence using indirect discourse.

1. Bartolomeo ha detto: «Non arriverò prima delle 10.30.»

_____

2. Enea e Fiorella hanno detto: «Prenoteremo qui il prossimo viaggio per Roma.»

_____

3. Tu hai detto: «Mi laureerò a maggio e poi farò una crociera!»

_____

4. Voi mi avete detto: «Ci incontreremo alle partenze mezz'ora prima del volo.»

_____

5. Io ho detto: «Farò le valigie dopo cena.»

_____

6. Noi abbiamo detto: «Ordineremo il servizio in camera tutti i giorni!»

_____

6 **Non ho potuto!** Write complete sentences describing what each person would have done based on the illustrations, and what they did instead. Be creative!

Modello

Sarei andata in palestra, invece sono andata in ufficio.

1.   2.   3.   4.

1. _____

2. _____

3. _____

4. _____

8B.3 *Dovere, potere,* and *volere* in the conditional

1 **Riscrivere** First, match each sentence with the correct illustration. Then, rewrite each sentence in the present conditional. Remember that not all verbs need to be changed.

a.   b.   c.   d.

_____ 1. Vuole essere puntuale, quindi va in ufficio in macchina.

_____

_____ 2. Può camminare, ma deve stare attento a non perdere i libri.

_____

_____ 3. Deve mettersi la giacca perché fa freddo.

_____

_____ 4. Vuole aspettare l'autobus, ma non può aspettarlo per molto tempo.

_____

2 **Dovrei ma non posso** Write complete sentences using the cues provided. Conjugate the first verb in the present conditional, and the second in the present indicative.

> **Modello**
>
> tu / potere / restare / ma / volere / andare via
> **Tu *potresti* restare, ma vuoi andare via.**

1. io / potere / andare in vacanza / ma / dovere / lavorare

_____

2. loro / volere / telefonare / perché / non potere / venire di persona

_____

3. tu / dovere / cancellare il viaggio / ma / volere / aspettare

_____

4. noi / volere / andare in pensione / ma / loro / volere / un ostello della gioventù

_____

5. lui / potere / andare in aereo / ma / volere / andare in treno

_____

6. voi / dovere / telefonare a una stazione di servizio / ma / non potere / usare il cellulare

_____

3 **Completare** Complete each sentence with the correct form of the past conditional.

1. Da piccolo, io _____ (volere) diventare un professore.

2. Voi _____ (dovere) essere puntuali!

3. Tu _____ (potere) dirmi che non venivi.

4. Loro _____ (dovere) essere già arrivati.

5. Noi _____ (volere) avere una macchina nuova.

4 **Combinare** Combine elements from each column to create six complete sentences in the past conditional. Add other words for more detail.

Modello

Io avrei voluto essere sempre puntuale.

A	B	C
io	potere	essere puntuale
tu	volere	decollare
Marcello	dovere	prenotare
io e te		convalidare
tu e Sabrina		ricevere una multa
Silvia e Cristiano		bucare una gomma

1. _____

2. _____

3. _____

4. _____

5. _____

6. _____

5 **Cosa avresti dovuto fare?** Complete each sentence describing what each person should have done. Use the past conditional of **volere, potere,** or **dovere.**

Modello

Per prendere l'autobus delle 7.00, io *avrei dovuto uscire alle 6.45*.

1. Per andare in crociera, i miei amici _____.

2. Per stare in un albergo a cinque stelle, la mia famiglia _____.

3. Per non perdere l'aereo, io _____.

4. Per non essere bloccato nel traffico, il mio migliore amico _____.

5. Per non perdere la metropolitana, gli studenti _____.

6. Per essere puntuali, tu e io _____.

Unità 8 Avanti

PANORAMA

1 **A Venezia** Use what you learned in **Panorama** to complete these sentences. Use your answers to solve the code and answer the final question.

A	B	C	D	E	F	G	H	I	L	M	N	O	P	Q	R	S	T	U	V	Z
					16	20		6							10				11	26

1. Ci sono circa 40.000 _____ a Venezia.

$\dfrac{\text{I}}{1}\ \dfrac{}{6}\ \dfrac{}{2}\ \dfrac{\text{I}}{2}\ \dfrac{}{6}\ \dfrac{\text{I}}{19}\ \dfrac{}{13}\ \dfrac{}{6}$

2. Il ponte di _____ attraversa il Canal Grande.

$\dfrac{\text{I}}{18}\ \dfrac{}{6}\ \dfrac{}{17}\ \dfrac{}{4}\ \dfrac{}{15}\ \dfrac{}{19}$

3. L'alta marea può _____ Venezia.

$\dfrac{\text{I}}{6}\ \dfrac{}{13}\ \dfrac{}{19}\ \dfrac{}{13}\ \dfrac{}{9}\ \dfrac{}{17}\ \dfrac{}{18}\ \dfrac{}{3}$

4. Il punto di _____ è conosciuto in tutta Europa.

$\dfrac{}{12}\ \dfrac{}{7}\ \dfrac{}{18}\ \dfrac{}{17}\ \dfrac{}{13}\ \dfrac{}{19}$

5. Il mago Silvan è un _____.

$\dfrac{\text{I}}{6}\ \dfrac{}{4}\ \dfrac{}{4}\ \dfrac{}{7}\ \dfrac{}{5}\ \dfrac{}{6}\ \dfrac{\text{I}}{19}\ \dfrac{}{13}\ \dfrac{}{6}\ \dfrac{\text{I}}{5}\ \dfrac{}{15}\ \dfrac{}{17}$

6. A Carnevale si portano delle _____ bellissime.

$\dfrac{}{14}\ \dfrac{}{17}\ \dfrac{}{5}\ \dfrac{}{2}\ \dfrac{}{8}\ \dfrac{}{3}\ \dfrac{}{18}\ \dfrac{}{3}$

Chi è il santo patrono di Venezia?

$\dfrac{}{5}\ \dfrac{}{17}\ \dfrac{}{13}\qquad \dfrac{}{14}\ \dfrac{}{17}\ \dfrac{}{18}\ \dfrac{}{2}\ \dfrac{}{19}$

2 **Parole crociate** Complete each clue, then fill in the crossword puzzle.

Orizzontali

4. Un drammaturgo vissuto nel 1700
5. Piazza San _____
7. La _____ Repubblica di Venezia

Verticali

1. Un fenomeno climatico in autunno o inverno
2. Il ponte dei _____
3. Un famoso compositore veneziano
4. La Peggy _____ Collection
6. Un famoso avventuriero veneziano

Workbook

3 **Vero o falso?** Determine whether each statement is **vero** or **falso**. Correct the false statements.

	Vero	Falso
1. La città di Burano è famosa per il vetro.	○	○
2. Il Carnevale si svolge dopo la Quaresima.	○	○
3. I piccioni sono una vera attrazione di Piazza San Marco.	○	○
4. Venezia è stata annessa al Regno d'Italia nel XVII secolo (*century*).	○	○
5. Le maschere del Carnevale erano usate in passato per motivi estetici.	○	○
6. La Serenissima Repubblica di Venezia è finita con Napoleone Bonaparte.	○	○

4 **Associare** Match each term on the left with an associated term on the right.

_____ 1. Repubblica di Venezia   a. passerelle
_____ 2. Piazza San Marco   b. gondole
_____ 3. Burano   c. illusionista
_____ 4. acqua alta   d. Carnevale
_____ 5. cento isole   e. laguna
_____ 6. Silvan   f. Repubblica Marinara
_____ 7. piccioni   g. statue
_____ 8. canali   h. Scuola del Merletto

5 **Una cartolina** Write a postcard to a friend in which you describe your recent trip to Venice. Say what you liked and did not like, and what makes Venice unique.

_____

_____

_____

_____

_____

_____

_____

_____

_____

Unità 9

Lezione 9A

CONTESTI

1 Lettere mescolate Unscramble these six lesson vocabulary words to find out where Tina is going on Friday afternoon.

SIOTAOL [ ][ ][ ][ ][ ][ ][ ][ ]
                  2   6

ECRAPEAMDII [ ][ ][ ][ ][ ][ ][ ][ ][ ][ ]
              9   7   4

TONADRO [ ][ ][ ][ ][ ][ ][ ]
                  5   10

HECSAI [ ][ ][ ][ ][ ][ ]
           3

HOSCOCI [ ][ ][ ][ ][ ][ ][ ]
                        8

CINSIPA [ ][ ][ ][ ][ ][ ][ ]
           1

[ ][ ] [ ][ ][ ][ ][ ][ ] [ ][ ][ ][ ][ ][ ][ ][ ][ ][ ][ ]
 1 2   3 4 5 6 7 8   3 8 9 9 4 7 3 1 10 2 4

2 Completare Choose the word or expression from the list that best completes each sentence.

> cabina telefonica marciapiede
> chiosco pedoni
> fontana ponte

1. Non camminare sulla strada, cammina sul _____.

2. Per attraversare il fiume, usa il _____.

3. Quando guidi, fai attenzione ai _____ che attraversano la strada.

4. Guarda quanti pesci rossi ci sono nella _____!

5. Compro un giornale e una rivista al _____.

6. Devo telefonare a Giacomo. Dove c'è una _____?

3 Gli opposti Match each expression on the left with its opposite on the right.

_____ 1. semaforo verde   a. fermarsi

_____ 2. est   b. orientarsi

_____ 3. perdersi   c. ovest

_____ 4. proseguire   d. scendere

_____ 5. salire   e. semaforo rosso

4 **Associare** Read the clues and decide where you would go to do each activity. Use your answers to complete the crossword puzzle.

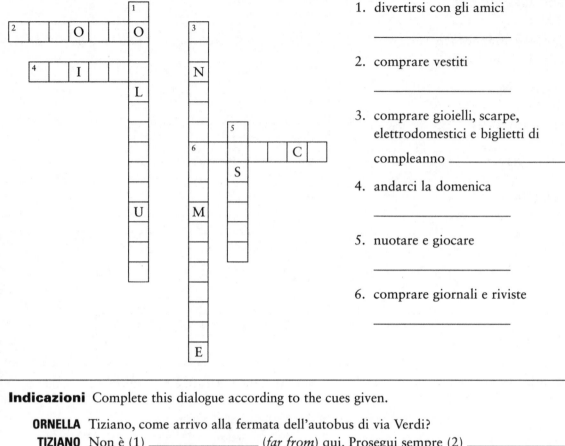

1. divertirsi con gli amici

   _____

2. comprare vestiti

   _____

3. comprare gioielli, scarpe, elettrodomestici e biglietti di compleanno _____

4. andarci la domenica

   _____

5. nuotare e giocare

   _____

6. comprare giornali e riviste

   _____

5 **Indicazioni** Complete this dialogue according to the cues given.

ORNELLA Tiziano, come arrivo alla fermata dell'autobus di via Verdi?

TIZIANO Non è (1) _____ (*far from*) qui. Prosegui sempre (2) _____
(*straight*) su viale dei Mille, (3) _____ (*toward*) Piazza della Costituzione.
Gira a sinistra in via Tintoretto.

ORNELLA Via Tintoretto è (4) _____ (*across from*) alla libreria Giacomini, giusto?

TIZIANO Esatto. Poi cammina (5) _____ (*until*) secondo semaforo e gira di nuovo a sinistra.

ORNELLA Benissimo. E poi?

TIZIANO La fermata dell'autobus è (6) _____ (*close to*) incrocio, a circa 50 metri.

ORNELLA Ottimo! Grazie mille!

TIZIANO Prego, ciao!

6 **Definizioni** Read each statement and write the word or expression that is most closely associated with it. Not all items from the list will be used.

l'angolo	il chiosco delle informazioni	perdersi
il centro commerciale	dare un passaggio	le scale
il chiosco	la panchina	le strisce

1. Come sono stanco! Sediamoci qui un attimo al sole. _____
2. La fermata dell'autobus è laggiù (*down there*). Scendiamo da questa parte. _____
3. È qui che i pedoni possono attraversare la strada. _____
4. Non sai dove siamo e non conosci la strada per arrivare a casa. _____
5. Non so dov'è il Ponte Vecchio; dobbiamo chiedere a qualcuno (*someone*). _____
6. Laura non ha una macchina, ma il suo amico Silvio la porta all'università. _____

STRUTTURE

9A.1 *Si impersonale* and *si passivante*

1 **In città** Write the correct form of the **si impersonale** or the **si passivante** for each verb in parentheses.

1. _____ (andare) al parco e _____ (sedersi) sulla panchina.

2. _____ (arrivare) alla rotonda e _____ (girare) a destra.

3. Quando _____ (vedere) la statua, _____ (orientarsi) meglio.

4. Sul ponte _____ (dovere) guidare più lentamente.

5. In una città che non _____ (conoscere), _____ (perdersi) facilmente.

6. _____ (telefonare) agli amici e _____ (incontrarsi) in centro.

2 **Cosa facciamo?** Choose the verb from the list that best completes each sentence, and fill in the blanks with the correct form of the **si passivante**.

assumere (*to hire*)	costruire	fare
chiamare	dare	salire

1. _____ attenzione all'incrocio.

2. _____ una statua nella piazza principale.

3. _____ i pompieri se c'è un problema.

4. _____ due spazzini per pulire le strade.

5. _____ un passaggio agli amici.

6. _____ le scale per andare al centro commerciale.

3 **Quale dei due?** Determine whether each verb is used in the **si passivante** or the **si impersonale**.

	Si passivante	Si impersonale
1. Non si invitano tante persone alla cena del sindaco.	O	O
2. Si cerca un ristorante italiano in questo quartiere.	O	O
3. Non si dorme molto bene in quell'albergo.	O	O
4. Si prendono i pullman per andare dall'areoporto al centro.	O	O
5. Ci si ricorda di pagare il conto prima di partire.	O	O
6. Si aspetta il semaforo verde per partire.	O	O
7. Ci si incontra alle sei e mezzo.	O	O
8. Si guida lentamente per le strade della città.	O	O
9. Si comprano regali per i compleanni degli amici.	O	O
10. Non si usa il cellulare al cinema.	O	O

4   **Prima e dopo** Look at the illustrations, then complete each sentence logically using the **si impersonale** or the **si passivante**.

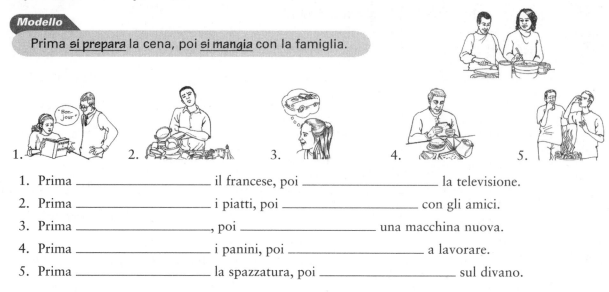

Modello

Prima si prepara la cena, poi si mangia con la famiglia.

1. Prima _____ il francese, poi _____ la televisione.

2. Prima _____ i piatti, poi _____ con gli amici.

3. Prima _____, poi _____ una macchina nuova.

4. Prima _____ i panini, poi _____ a lavorare.

5. Prima _____ la spazzatura, poi _____ sul divano.

5   **Cosa si fa?** Look at the illustrations. Then write a complete sentence for each of them using either the **si impersonale** or the **si passivante**.

Maria

1. _____
   _____

Roberto e Stefania

2. _____
   _____

Gabriella e Lola

3. _____
   _____

Andrea e Martina

4. _____
   _____

la famiglia Rossi

5. _____
   _____

9A.2 Relative pronouns

1 **Che e chi** Choose **che** or **chi** to complete each sentence correctly.

1. Quel ponte è il ponte _____ hanno costruito due anni fa.

2. Il film _____ ho visto ieri è fatto molto bene.

3. Non so con _____ andiamo in montagna quest'anno.

4. È pericoloso attraversare un incrocio _____ non ha semafori.

5. _____ ha scritto sulla statua?

6. Dimmi _____ ha chiamato il poliziotto.

2 **Una questione di preposizioni** Complete each sentence with **cui** and the correct preposition. Choose from the expressions in the list. One will be used twice.

a cui	con cui	da cui	in cui	per cui

1. Maria, _____ abbiamo telefonato ieri, non può venire.

2. Gli studenti _____ ho studiato in biblioteca sono tutti molto simpatici.

3. Otello, _____ ho dato un biglietto (*card*) di San Valentino, mi piace molto.

4. Tu sei la ragione _____ sono venuto a vivere qui.

5. Il paese _____ ti ho scritto una cartolina è l'Italia.

6. Il ristorante _____ lavoro è molto elegante.

3 **Tre opzioni** Choose the relative pronoun that best completes each sentence.

1. Hai portato la macchina dal meccanico _____ ti ho raccomandato?
   a. che   b. cui   c. chi

2. _____ è assente (*absent*) oggi?
   a. Che   b. Cui   c. Chi

3. Ti piace la bicicletta _____ ti ho regalato per il tuo compleanno?
   a. che   b. cui   c. chi

4. Queste sono le opzioni tra _____ puoi scegliere.
   a. che   b. cui   c. chi

5. Con _____ esci stasera?
   a. che   b. cui   c. chi

6. È una persona di _____ ti puoi fidare.
   a. che   b. cui   c. chi

4 **Uno su quattro** Choose the relative pronoun that correctly completes each sentence.

1. Perché non mi racconti (che / chi / cui / quello che) hai sentito?

2. A (che / chi / cui / quello che) possiamo chiedere informazioni?

3. Il chiosco a (che / chi / cui / quello che) di solito compriamo i giornali oggi è chiuso.

4. Non dare un passaggio a persone (che / chi / cui / quello che) non conosci!

5. Io mi perdo sempre e ho bisogno di uscire con persone (che / chi / cui / quello che) si orientano bene.

6. (Che / Chi / Cui / Quello che) ti ha detto di proseguire aveva torto.

7. Non posso credere a (che / chi / cui / quello che) mi ha detto il pompiere.

8. Quella è la statua di (che / chi / cui / quello che) abbiamo letto nella guida turistica.

9. Dov'è il nuovo negozio (che / chi / cui / quello che) hanno aperto nel centro commerciale?

10. (Che / Chi / Cui / Quello che) ha detto che il ponte è chiuso?

5 **Domande** Answer each question with a complete sentence. Use relative pronouns in each response.

Modello

A quale parco sei andato stamattina?
Sono andato al parco di cui ti ho parlato ieri.

1. Quale macchina hai deciso di comprare?

_____

2. Quale tipo di macchina non ti piace?

_____

3. Dove hai parcheggiato la macchina?

_____

4. Chi guida la tua macchina oggi?

_____

5. Dove sei andato ieri pomeriggio?

_____

6. Con chi vai in vacanza di solito?

_____

Unità 9   Lezione 9B

CONTESTI

1   **Associare** Match each word on the left with a related concept on the right. Then find the words from the second column in the puzzle. Not all words will be used.

_____ 1. busta
_____ 2. monete
_____ 3. ritirare
_____ 4. computer
_____ 5. edicola
_____ 6. orologi

a. assegno
b. banconote
c. comune
d. depositare
e. francobollo
f. fiorista
g. Internet café
h. riviste
i. gioielleria

```
A F N G N X H O R E J I
E I J J I I A F T N N E
V M R H G E F O Y T X R
H P W E F O N N E F E A
G E E O L O G R D Y S T
S S I O C L N O M J N I
N E S N H E E Z T K I S
V Q A V T Y N I K D I O
P B P C P G G S O L O P
E P A W F V C H M I S E
T F R I V I S T E W G D
E O L L O B O C N A R F
```

2   **Dove vai?** Read each of the things that Tamara and her friends need to do. Then write a sentence telling them the name of the store or place where they should go.

1. Io voglio comprare dei fiori. _____

2. Mi serve una copia del mio certificato di nascita (*birth certificate*). _____

3. Dobbiamo comprare un rossetto. _____

4. La mamma vuole una fotografia di famiglia. _____

5. Devo lavare dei vestiti. _____

6. Vogliamo affittare un film da guardare stasera. _____

3   **Cosa faccio?** Matteo has to run an errand this afternoon. Unscramble the tiles and put them in the correct order to reveal what it is. Clue: there are nine words in the puzzle.

BAN	TO	C	ALLA	ER	A	PRIR	DEVO
CON	NTE	.	E	UN	CA	P	AND	ORRE
ARE							

4 **Logico o illogico?** Read these statements and indicate whether each one is **logico** or **illogico**.

	Logico	Illogico
1. Ieri ho imbucato una lettera all'edicola.	○	○
2. Vado all'Internet café a comprare un computer.	○	○
3. Vado in gioielleria e pago con carta di credito.	○	○
4. Compro delle riviste al salone di bellezza.	○	○
5. Prendo soldi alla cassa automatica.	○	○
6. Compro carta da lettere alla banca.	○	○
7. Vado in cartoleria a comprare delle penne.	○	○
8. Mi servono dei francobolli per le cartoline.	○	○

5 **Dove lavoro?** Write the name of the place where these people work.

1. Sono un gioielliere. Lavoro in _____.
2. Sono un giornalaio. Lavoro in _____.
3. Sono un parrucchiere. Lavoro in un _____.
4. Sono un postino. Lavoro all' _____.
5. Sono un cartolaio. Lavoro in _____.
6. Sono una poliziotta. Lavoro in _____.

6 **Cose da fare e cose fatte** What are these people doing today? What did they do yesterday? Look at the illustrations and write a complete sentence about each image using the lesson vocabulary.

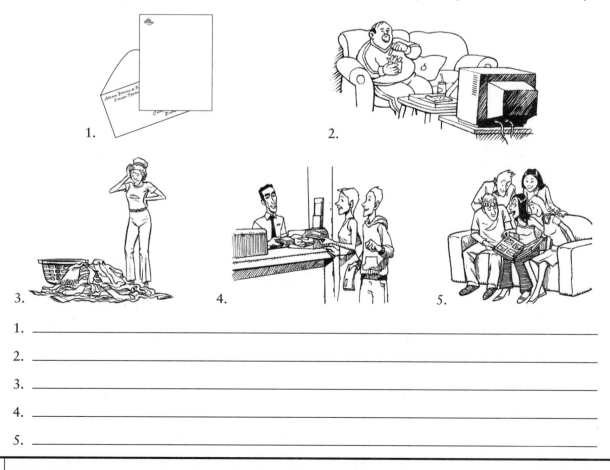

1. _____

2. _____

3. _____

4. _____

5. _____

STRUTTURE

9B.1 Indefinite words

1 Quale aggettivo? Choose the correct adjective to complete each sentence. Then write the word in the space provided, making any necessary changes.

1. _____ (quanto / tutto) lettere hai scritto oggi?

2. _____ (ogni / qualche) studente deve fare un esame finale.

3. Ho comprato _____ (quanto / alcuni) riviste in edicola stamattina.

4. _____ (troppo / tutto) i miei amici vanno in vacanza a luglio, ma io devo lavorare.

5. Mi puoi prestare _____ (qualche / quanto) francobollo?

6. C'è _____ (troppo / altro) gente all'ufficio postale il lunedì mattina.

7. Ci sono _____ (quanto / poco) negozi in questo centro commerciale.

8. Ci sono _____ (altro / qualche) saloni di bellezza in questo quartiere?

2 Cosa fanno? Look at the illustrations, then use the cues to write complete sentences about them.

molto pane

1. _____

pochi studenti

2. _____

troppi biscotti

3. _____

alcune volte

4. _____

3 Frasi incomplete Complete each sentence with the correct indefinite pronoun.

1. _____ (*Everyone*) ha portato il suo pranzo.

2. _____ (*Few*) si sono presentati per il colloquio di lavoro.

3. _____ (*Someone*) ha visto il mio cellulare?

4. _____ (*Everyone*) hanno risposto alla mia e-mail.

5. Avete finito il caffè. Volete _____ (*anything else*)?

6. C'è _____ (*something*) che non mi piace in Stefano.

4 **Frasi a pezzi** Use the cues provided to write complete sentences. Pay attention to agreement.

1. tu / comprare / troppo / caramelle (*sweets*)

   _____

2. ogni / persona / avere / un conto corrente

   _____

3. noi / ricevere / troppo / posta

   _____

4. io / ritirare / qualche / banconota / alla cassa automatica

   _____

5. per il suo compleanno / Geltrude / ricevere / tanto / contanti

   _____

6. loro / dovere / scrivere / altro / quattro / cartoline

   _____

5 **Chi fa che cosa?** Look at the illustrations and write one sentence about each image, using at least one indefinite word. Use a different indefinite word in each sentence.

1. 2. 3.

4. 5. 6.

1. _____

2. _____

3. _____

4. _____

5. _____

6. _____

9B.2 Negative expressions

1 **Opposti** Write the negative word or expression that corresponds to each item.

1. sempre _____
2. ancora _____
3. qualcuno _____

4. qualcosa _____
5. anche _____
6. tutto _____

2 **Alla posta** You are waiting in line at the post office, but the clerk is in a bad mood today and keeps answering everyone in the negative. Read his answers and write an appropriate question for each one. Use indefinite expressions whenever possible.

1. _____

No, non c'è nessuna cassa automatica che funzioni oggi.

2. _____

No, non ho nessun altro francobollo di questo tipo.

3. _____

No, questo pacco non arriverà mai in due giorni.

4. _____

No, non accettiamo più banconote da 50 euro.

5. _____

No, non vendiamo nessuna busta qui.

6. _____

No, non ho nient'altro da fare questo pomeriggio.

3 **Un lavoro difficile** Your friend is telling you about her new job. Complete each sentence with the most appropriate negative word or expression from the list.

affatto	neanche
ancora	nessuno
mai	niente
né... né	più

1. Non mi piacciono _____ l'ufficio _____ il salario.

2. I colleghi sono antipatici, non mi piace _____.

3. Pensa che non ho _____ un'ora per pranzare.

4. Non ho _____ la possibilità di prendere l'iniziativa e fare quello che voglio.

5. Non ho _____ una stampante tutta mia.

6. Ho parlato con il mio capo una settimana fa, ma lui non mi ha _____ detto se avrò una promozione.

7. La mattina è piena di cose da fare, ma il pomeriggio non ho _____ da fare.

8. Questo lavoro non è _____ divertente!

Workbook

4 **Positivo e negativo** You and your little brother are talking about errands the two of you ran this morning, but you don't seem to agree about what happened. Make each of your brother's sentences negative to give your opinion.

1. Abbiamo trovato tutti i regali che cercavamo.

   _____

2. Ci restano molti soldi dopo aver fatto spese.

   _____

3. Abbiamo parlato a tutti i nostri amici.

   _____

4. C'era tanta gente nei negozi.

   _____

5. Andremo ancora alla pizzeria in centro.

   _____

5 **Un colloquio di lavoro** An upscale spa is looking for a business manager, but is having trouble finding a qualified candidate. Use negative words and expressions to write out the unqualified candidate's answers to the interview questions.

1. Hai un diploma in economia?

   _____

2. Hai già lavorato in un salone di bellezza?

   _____

3. Hai mai fatto del volontariato?

   _____

4. Sei disponibile a lavorare il fine settimana?

   _____

5. Lavori ancora all'estero?

   _____

6. Conosci qualcuno che lavora con noi?

   _____

7. Hai imparato a usare il computer?

   _____

8. C'è altro che vuoi dirmi di te?

   _____

Workbook

Unità 9   Avanti

PANORAMA

1 **Associare** Match each clue with one of the numbers listed.

13	1900	9.694
1181	1974	5.561.017

_____ 1. Le grotte di Frasassi sono state aperte al pubblico in quest'anno.

_____ 2. È la lunghezza in chilometri delle grotte di Frasassi.

_____ 3. L'attrice Anna Magnani è vissuta in questo secolo.

_____ 4. È la popolazione del Lazio.

_____ 5. È la superficie delle Marche in chilometri quadrati.

_____ 6. È l'anno di nascita di San Francesco d'Assisi.

2 **Vero o falso?** Indicate whether each statement is **vero** or **falso**. Correct the false statements.

	Vero	Falso
1. Raffaello Sanzio era un filosofo della non violenza. _____	○	○
2. La basilica di San Francesco è a Perugia. _____	○	○
3. Le grotte di Frasassi sono nel Lazio. _____	○	○
4. Vittorio De Sica era attore e regista. _____	○	○
5. Perugia, Terni e Foligno sono città delle Marche. _____	○	○
6. Maria Montessori era attrice e modella. _____	○	○
7. Nelle grotte di Frasassi ci sono stalagmiti alte e pozzi profondi. _____	○	○
8. La capitale d'Italia è nel Lazio. _____	○	○

3 **Completare** Complete these sentences using the information you learned in **Panorama**.

1. Nelle grotte di Frasassi, la _____ è così grande che può contenere il Duomo di Milano.

2. Ci sono bagni termali nella città di _____.

3. Oltre a (*Besides*) Roma, altre grandi città del Lazio sono _____.

4. _____ è un motociclista marchigiano.

5. «Obelisco» è il nome di una _____.

6. In termini di superficie, la regione più piccola dell'Italia centrale è _____.

4 **Tre opzioni** Circle the option most closely related to each statement.

1. Si svolge a Perugia a ottobre.
   a. spettacoli di tauromachia   b. l'Euro Chocolate Festival   c. produzione di ceramiche

2. Ne sono ricche le città di Tarquinia e Cerveteri.
   a. chiese   b. templi   c. necropoli

3. È il dolce di Perugia per eccellenza.
   a. i Biscotti Perugini   b. il Bacio Perugina   c. la Crostata Perugina

4. Deruta è famosa per questo.
   a. la produzione di ceramiche   b. la produzione di cioccolata   c. la produzione di
                                                                       spettacoli teatrali

5. È un'arena dedicata alla danza e alla musica.
   a. la necropoli etrusca   b. la basilica di San Francesco c. lo Sferisterio di Macerata
                                      d'Assisi

6. Ci hanno partecipato gli artisti più grandi nel campo della danza e della musica.
   a. Musicultura Festival   b. produzione di maioliche   c. gioco del pallone col bracciale

5 **Definizioni** Read these definitions and use the cues provided to complete the hidden words.

1. È un prodotto tipico in ceramica.
   P __ A __ __ O
2. È un famoso soprano spagnolo.
   __ A __ A __ L __
3. Sono le tombe di un popolo molto antico.
   __ E __ R __ P __ __ I
4. Gli ingredienti principali del Bacio Perugina sono cioccolato e…
   __ O __ __ I __ L E
5. È un colore tipico della ceramica di Deruta.
   __ A __ G __ __ E __ E
6. Lo Sferisterio è stato costruito in questo secolo.
   __ __ __ __ C __ N T __

6 **Domande** Answer these questions in complete sentences using the information you learned in **Panorama**.

1. Quando sono vissuti gli Etruschi?

_____

2. Che cosa risale (*dates back to*) agli Etruschi, oltre alle necropoli?

_____

3. Quanto dura l'Euro Chocolate Festival?

_____

4. Quando è diventato un teatro di opera lirica lo Sferisterio di Macerata?

_____

5. Dove sono vissuti principalmente gli Etruschi?

_____

Unità 10   Lezione 10A

CONTESTI

1   **Trova l'intruso** Circle the expression that doesn't belong in each group.

1. suonare la batteria, suonare la chitarra, fare musica, interpretare una parte
2. un biglietto, un posto, la fine, uno spettacolo
3. una commedia, un concerto, un pianista, un'orchestra
4. una rappresentazione dal vivo, una ballerina, una tragedia, il debutto
5. un personaggio, una poltrona, un violinista, un drammaturgo
6. una canzone, un coro, un cantante, un regista
7. un flauto, una tragedia, una commedia, un balletto
8. un drammaturgo, uno spettatore, un regista, una proiezione

2   **Mettere etichette** Label each illustration with an appropriate lesson vocabulary word.

1. _____

2. _____

3. _____

4. _____

3   **Definizioni** Write the word that matches each definition in the space provided.

1. È una pausa durante una rappresentazione o un concerto. _____
2. È la persona che scrive un'opera teatrale. _____
3. È un gruppo di persone che canta. _____
4. È dove ci si siede in un teatro. _____
5. È un tipo di spettacolo drammatico. _____
6. È una persona che assiste (*attends*) a un balletto o a una commedia. _____
7. È quello che si fa alla fine di un concerto. _____
8. È il personaggio più importante di una rappresentazione. _____

     Unità 10 Workbook Activities   **147**

4 **Nomi nascosti** Find the twelve words listed below in the word search. Words can appear backwards or forwards, vertically, horizontally, or diagonally.

applauso	clarinetto	orchestra	spettatore
cantante	coro	poltrona	tragedia
cinema	intervallo	proiezione	violinista

```
E W A D A U S O O C P A C O R
S N B M A M E D L Y T O A E S
T T O Y A Q E A P S Q F N H Q
W Y H I J P R N I W P K T J V
T L R X Z I P N I O T X A D E
C P N H N E I L L C G S N T R
A U U E H L I T A A E T T K O
B J T Q O S R O S U X O E Y T
H T J I V O M W R L S R J V A
O J V U N H Q P J P Y O W L T
O L L A V R E T N I G C J N T
X W S F V I V M N H F X U T E
A I D E G A R T A Z I K R O P
B X I H Z U U T G G T B I M S
A O R C H E S T R A R O A H O
```

5 **Un'e-mail** Complete this e-mail from your Italian pen-pal by filling in each blank with an appropriate vocabulary word.

Ieri sono andato con la mia ragazza a (1) _____ a vedere una commedia. Il regista ha messo (2) _____ uno spettacolo ottimo. Sfortunatamente, le (3) _____ su cui ci siamo seduti non erano molto comode! La commedia era divisa in due parti. Il primo (4) _____ è durato un'ora e mezzo e il secondo un'ora. Durante (5) _____ siamo andati a bere un caffè. Tutti gli attori erano molto bravi. Il (6) _____ era interpretato da un attore molto famoso che recitava il (7) _____ di un (8) _____ rock. Con il suo gruppo era (9) _____ in Europa dove ha avuto molte avventure comiche. Alla fine della rappresentazione, (10) _____ ha applaudito per quasi cinque minuti. Ci siamo divertiti molto e ti consiglio di andare a teatro quando questo spettacolo sarà in tour negli Stati Uniti.

STRUTTURE

10A.1 Infinitive constructions

1 **Completare** Decide whether each verb used should be followed by **a**, **di**, or no preposition before an infinitive. If a preposition is required, write it in the space provided.

1. Amo _____ sciare in inverno.

2. Vuoi _____ andare al mare o in montagna?

3. Non sapevo _____ dover venire da te stasera.

4. Comincia _____ far freddo la sera!

5. Ci siamo divertiti molto _____ giocare con loro.

6. Hai deciso _____ invitare i tuoi cugini di Chicago al nostro matrimonio?

7. Ti consiglio _____ andare a teatro a vedere quella commedia.

8. Ho imparato _____ suonare la chitarra quando ero all'università.

9. Cerca _____ rilassarti!

10. Mi hanno invitato _____ suonare un assolo nel concerto di fine anno della scuola.

2 **Creare** Write complete sentences using the cues provided and the verbs **fare** and **lasciare**. Use each verb three times.

> **Modello**
>
> mio fratello / suonare la sua chitarra / a me
> **Mio fratello mi lascia suonare/fa suonare la sua chitarra.**

1. i miei genitori / iscrivere alla facoltà di medicina / a me

   _____

2. Giuseppe / portare i tuoi amici al concerto / a te

   _____

3. la sua mamma / cucinare piatti vegetariani / a lei

   _____

4. perché tu non / preparare questo dolce? / a me

   _____

5. suo padre / usare il suo computer / a lui

   _____

6. i professori non / usare i cellulari in classe / a noi

   _____

Unità 10 Workbook Activities **149**

3 **Cosa fanno?** Use verbs from the word bank in two-verb constructions to say what each person or group is doing or thinking.

Paola e Giorgio _cominciano a preparare la cena per gli amici._

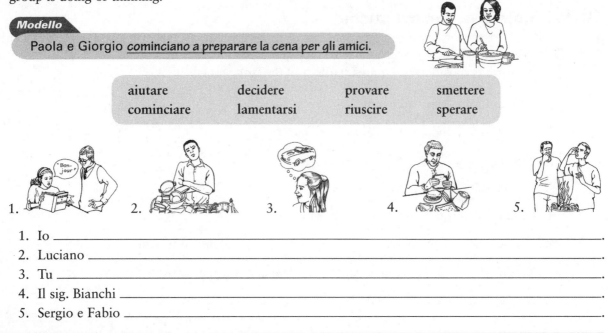

| aiutare | decidere | provare | smettere |
| cominciare | lamentarsi | riuscire | sperare |

1. Io _____.
2. Luciano _____.
3. Tu _____.
4. Il sig. Bianchi _____.
5. Sergio e Fabio _____.

4 **Creare la domanda** Provide an appropriate question for each answer. Be creative and use verbs followed by an infinitive or a preposition and an infinitive.

Mi insegni a suonare la chitarra? Sì, quando ho tempo.

1. _____
   No, preferisco la batteria.
2. _____
   Sì, mi diverto molto.
3. _____
   Comincio lunedì prossimo.
4. _____
   No, non voglio.
5. _____
   Sì, ho già provato.
6. _____
   No, me ne sono dimenticata!

5 **A te** Use verbs from the list to write five sentences about yourself.

| non andare | imparare | piacere | non sapere |
| dimenticarsi | permettersi | prepararsi | sognare |

1. _____
2. _____
3. _____
4. _____
5. _____

10A.2 Non-standard noun forms

1 **Singolare o plurale?** Indicate whether each noun is **singolare** or **plurale**.

	Singolare	Plurale
1. problemi	○	○
2. ginocchia	○	○
3. paio	○	○
4. regista	○	○
5. drammi	○	○
6. musiciste	○	○
7. aroma	○	○
8. lenzuola	○	○
9. mura	○	○
10. chitarristi	○	○

2 **Parole crociate** Give the plural form of each noun, then place the plural nouns in the crossword puzzle.

a. labbro _____

b. poema _____

c. schema _____

d. muro _____

e. sopracciglio _____

f. trauma _____

g. lenzuolo _____

h. clima _____

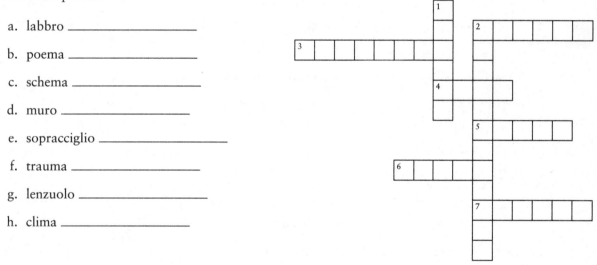

3 **Abbinare** Match each noun on the left with a logically related adjective on the right. Some words may have more than one possible match.

_____ 1. braccia	a. antiche
_____ 2. ciglia	b. bravi
_____ 3. lenzuola	c. famosi
_____ 4. mura	d. forti
_____ 5. musicisti	e. saporite
_____ 6. registi	f. lunghe
_____ 7. uova	g. pulite

4 Parti del corpo Complete each sentence with a word from the lesson.

1. Le _____ della mia mano sono lunghe.

2. Ieri ho corso molto e oggi mi fa male il _____.

3. Mi metto il rossetto sulle _____.

4. Stamattina ho nuotato per due ore e ora mi fanno male le _____.

5. Ho un _____ nell'occhio!

6. La musica era molto alta e adesso ho problemi alle _____!

5 Trasformare Rewrite each sentence, making the underlined words plural. Remember to make any additional changes that are necessary for agreement.

1. C'è il solito problema di connessione Internet.

   _____

2. Abbiamo visitato l'Italia e abbiamo visto il bellissimo panorama di cui ci hai parlato.

   _____

3. Quel regista ha fatto il film sul periodo del fascismo che abbiamo visto a lezione.

   _____

4. Il tema dato all'esame era sulla poesia del Novecento.

   _____

5. La violinista di quell'orchestra ha un problema con il direttore.

   _____

6. L'orecchio del musicista è molto fine.

   _____

7. Dopo aver mangiato l'uovo, ho la mano sporca.

   _____

8. Cambio il lenzuolo una volta alla settimana.

   _____

9. Conosci quelle persone? Lui è regista e lei è dentista.

   _____

10. L'aroma di questo piatto è molto forte.

   _____

Unità 10

Lezione 10B

CONTESTI

1 Associare Match each noun on the left with the logically associated word or expression on the right.

_____ 1. editoria	a. mostra
_____ 2. scultore	b. film
_____ 3. galleria d'arte	c. opera d'arte
_____ 4. quadro	d. paesaggio
_____ 5. radio	e. racconto
_____ 6. ritratto	f. scultura
_____ 7. romanzo	g. stampa
_____ 8. trama	h. televisione

2 Che cos'è? Circle the term that each definition refers to.

1. È quello che succede in un film.
   a. trama   b. stampa   c. collezione
2. È il posto in cui le persone vanno a vedere un film.
   a. paesaggio   b. mostra   c. cinema
3. Si raccontano ai bambini per farli addormentare.
   a. favole   b. quadri   c. televisione
4. È una persona che scrive poesie.
   a. scultore   b. poeta   c. pittore
5. È il luogo in cui si possono ammirare tanti quadri.
   a. galleria d'arte   b. cinema   c. documentario
6. È un quadro in cui il pittore ha dipinto una persona.
   a. poesia   b. scultura   c. ritratto

3 Piccoli dialoghi Complete each mini dialogue with an appropriate word from the lesson vocabulary.

GINA Vuoi andare a vedere un (1) _____?

PIERO No, quel tipo di film mi fa paura!

ANNA Qual è la tua (2) _____ preferita?

ROSSELLA È *Cenerentola* (Cinderella).

STEFANO Sei andata a vedere le (3) _____ di quell'artista francese?

PAOLA Sì, e mi sono piaciute moltissimo.

TERESA Hai pubblicato il tuo ultimo racconto?

ANDREA No, l' (4) _____ è in crisi e nessuno vuole pubblicare libri nuovi.

LAURA Ieri sono andata al cinema a vedere un (5) _____.

GIULIA Mi piace questo tipo di film perché di solito dura solo 20 minuti circa.

ANTONIO Preferisci dipingere (6) _____ o ritratti?

OTTAVIO Preferisco i (7) _____, mi piace molto osservare la natura.

Workbook

4 **Associazioni di idee** Use the adjectives listed and others of your choice to give your opinion of each of the genres listed.

antico	divertente	interessante
artistico	drammatico	moderno
commovente	innovativo	noioso
contemporaneo	inquietante	pauroso

1. documentari: _____

2. film di fantascienza: _____

3. romanzi: _____

4. sculture: _____

5. ritratti: _____

6. quadri: _____

7. film dell'orrore: _____

8. cortometraggi: _____

9. radio: _____

10. cinema: _____

5 **Il tuo film preferito** Write a short paragraph about what type of movies you prefer. What genres do you like? What's your favorite movie?

_____

_____

_____

_____

_____

_____

_____

_____

_____

_____

_____

_____

_____

_____

STRUTTURE

10B.1 The gerund and progressive tenses

1 **Una chat su Internet** Complete the IM conversation between Gigliola and Carlo with the correct **gerundio** form of each verb in parentheses.

GIGLIOLA Ti stai (1) _____ (collegare) con me?

CARLO Sì, e sto (2) _____ (chiudere) altri programmi.

GIGLIOLA Cosa stavi (3) _____ (fare) prima?

CARLO Stavo (4) _____ (iniziare) una lettera ai miei genitori, e tu?

GIGLIOLA Io stavo (5) _____ (cucinare) una crostata.

CARLO La stavi (6) _____ (preparare) per la cena di stasera?

GIGLIOLA Sì. Perché stavi (7) _____ (scrivere) ai tuoi genitori?

CARLO Perché li sto (8) _____ (aspettare) la prossima settimana e stavo

(9) _____ (dire) loro di venire in aereo.

GIGLIOLA Stavo (10) _____ (pensare) di invitare te e i tuoi genitori a cena da me.

CARLO Benissimo, ci vediamo!

2 **Trasformare** Rewrite each sentence using the present or past progressive, as appropriate.

1. Gloria e Tommaso leggono un libro di storia.

   _____

2. No, non bevo Coca-Cola, bevo succo di mela.

   _____

3. Il regista diceva agli attori cosa fare.

   _____

4. Il poeta recitava la sua poesia.

   _____

5. I ragazzi guardavano i film di fantascienza.

   _____

6. La televisione trasmetteva le ultime notizie.

   _____

3 **Cosa stanno facendo?** Write complete sentences using the cues provided. Use the present progressive for the first two sentences and the past progressive for the last two.

1. noi / osservare / una scultura

   _____

2. tu / ascoltare / la radio

   _____

3. il signor Crevetti / comprare / l'intera collezione

   _____

4. le persone / organizzare / una mostra

   _____

4 **Descrivere** Describe what is happening in each illustration using the present progressive of one of the verbs listed.

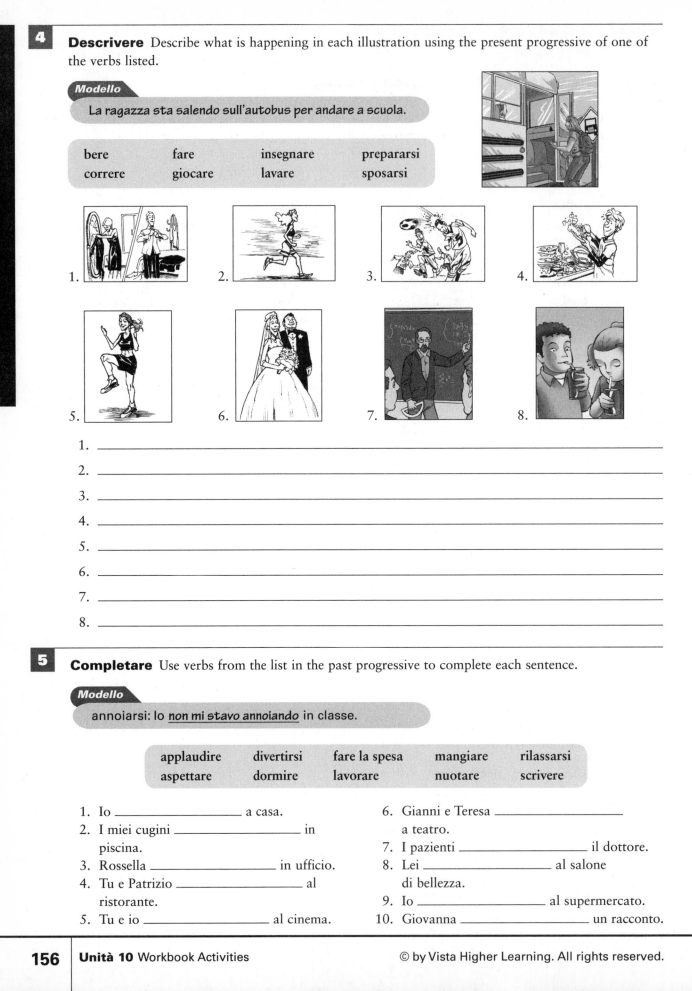

Modello

La ragazza sta salendo sull'autobus per andare a scuola.

bere	fare	insegnare	prepararsi
correre	giocare	lavare	sposarsi

1. _____

2. _____

3. _____

4. _____

5. _____

6. _____

7. _____

8. _____

5 **Completare** Use verbs from the list in the past progressive to complete each sentence.

Modello

annoiarsi: Io *non mi stavo annoiando* in classe.

applaudire	divertirsi	fare la spesa	mangiare	rilassarsi
aspettare	dormire	lavorare	nuotare	scrivere

1. Io _____ a casa.

2. I miei cugini _____ in piscina.

3. Rossella _____ in ufficio.

4. Tu e Patrizio _____ al ristorante.

5. Tu e io _____ al cinema.

6. Gianni e Teresa _____ a teatro.

7. I pazienti _____ il dottore.

8. Lei _____ al salone di bellezza.

9. Io _____ al supermercato.

10. Giovanna _____ un racconto.

10B.2 Ordinal numbers and suffixes

1 **Numeri e parole** Write out the ordinal number used in each sentence.

1. Qual è il 10° libro che hai letto? _____

2. È il tuo 15° gelato questa settimana, ora basta! _____

3. Sei il 17° studente che mi fa questa domanda! _____

4. Luciano è il 42° cliente stamattina. _____

5. Su 300 persone, è arrivata 100ª. _____

6. Questo è il 500° taxi che ho visto a New York! _____

7. *Un'estate a Roma* è il 750° libro pubblicato da loro. _____

8. Il professor Giorgi è il 1000° professore assunto da questa università. _____

2 **Il dormitorio** These ten students live in a ten-story dorm. Read the cues to determine each student's floor, then write out the ordinal number in the space provided.

1. Giovanni abita al 5° piano. _____

2. Andrea abita due piani sotto Giovanni. _____

3. Luisa abita un piano sopra Giovanni. _____

4. Giorgio abita quattro piani sopra Andrea. _____

5. Cristina abita sei piani sotto Giorgio. _____

6. Simone abita un piano sotto Andrea. _____

7. Ilaria abita tre piani sopra Giorgio. _____

8. Tommaso abita due piani sotto Ilaria. _____

9. Giovanna abita sei piani sotto Ilaria. _____

10. Sabina abita tre piani sopra Luisa. _____

3 **Quando sono vissuti?** Spell out the century (**secolo**) in which each of these famous Italians lived.

1. papa Gregorio VII (1020–1085) _____

2. Guido I da Montefeltro (1223–1298) _____

3. Francesco Petrarca (1304–1374) _____

4. Girolamo Savonarola (1452–1498) _____

5. Francesco dal Ponte (1549–1592) _____

6. Evangelista Torricelli (1608–1647) _____

7. Vittorio Emanuele II di Savoia (1820–1878) _____

8. Aldo Moro (1916–1978) _____

Workbook

4 **Anniversari** Which anniversary of the birth of each of these famous Italians will be celebrated in the year 2020? Write the ordinal number in the space provided.

> **Modello**
>
> Raffaello è nato nel 1483. Nel 2020 sarà il suo
> <u>cinquecentotrentasettesimo</u> anniversario.

1. Dante Alighieri è nato nel 1265. Nel 2020 sarà il suo _____ anniversario.

2. Leonardo da Vinci è nato nel 1452. Nel 2020 sarà il suo _____ anniversario.

3. Alessandro Manzoni è nato nel 1785. Nel 2020 sarà il suo _____ anniversario.

4. Domenico Modugno è nato nel 1928. Nel 2020 sarà il suo _____ anniversario.

5. Benito Mussolini è nato nel 1883. Nel 2020 sarà il suo _____ anniversario.

6. Giacomo Leopardi è nato nel 1798. Nel 2020 sarà il suo _____ anniversario.

7. Cosimo de' Medici è nato nel 1389. Nel 2020 sarà il suo _____ anniversario.

8. Giovanni Verga è nato nel 1840. Nel 2020 sarà il suo _____ anniversario.

5 **Abbinare** Match each term on the left with its opposite on the right.

_____ 1. letterona   a. bel tempo

_____ 2. minestrone   b. borsaccia

_____ 3. tempaccio   c. bruttino

_____ 4. giornataccia   d. giornatina

_____ 5. piccolino   e. grandino

_____ 6. bellino   f. letterina

_____ 7. manina   g. manona

_____ 8. borsetta   h. minestrina

6 **Completare** Complete each sentence using a word with a suffix.

1. Eleonora ha un piccolo naso. Eleonora ha un _____.

2. Paolo parla continuamente. Paolo è un _____.

3. Lei ha due mani piccole. Lei ha due _____.

4. Quel bambino ha una bocca carina e piccola. Quel bambino ha una _____.

5. Oggi ha piovuto tutto il giorno. Oggi è stata una _____.

6. La mamma ha fatto una minestra con tante verdure. La mamma ha fatto

   un _____.

7. L'amico di Giorgio è proprio un ragazzo maleducato (*rude*). L'amico di Giorgio è proprio

   un _____.

8. Anna ha scritto una lunga lettera ai suoi genitori. Anna ha scritto una _____.

Unità 10

PANORAMA

1 **Professioni** Indicate each person's profession.

1. Oriana Fallaci era giornalista o cantante? _____

2. Amerigo Vespucci era musicista o navigatore? _____

3. Sandro Botticelli era scultore o pittore? _____

4. Guccio Gucci era stilista o regista? _____

5. Caterina de' Medici era poetessa o regina? _____

6. Eugenia Mantelli era cantante d'opera o violinista? _____

2 **A Firenze** Indicate whether or not each sight can be found in Florence.

	Sì	No
1. Palazzo Vecchio	○	○
2. La basilica di San Pietro	○	○
3. Il Palazzo del Comune	○	○
4. La Galleria degli Uffizi	○	○
5. La Mole Antonelliana	○	○
6. La basilica di Santa Maria Novella	○	○
7. La Galleria dell'Accademia	○	○
8. Palazzo Ducale	○	○

3 **Artisti** Match each artist with his work.

_____ 1. Filippo Brunelleschi	a. Cupola del Duomo
_____ 2. Donatello	b. *David*
_____ 3. Lorenzo Ghiberti	c. *David*
_____ 4. Leonardo da Vinci	d. *Gioconda* (Mona Lisa)
_____ 5. Michelangelo Buonarotti	e. *Porta del Paradiso*

Workbook

4 **Vero o falso?** Indicate whether each statement is **vero** or **falso**. Correct the false statements.

	Vero	Falso
1. Il fiume (*river*) che scorre a Firenze è l'Arno.	○	○
2. La cupola del Duomo di Firenze è un esempio tipico di arte moderna.	○	○
3. Oriana Fallaci è una scrittrice vissuta nel 1800.	○	○
4. Firenze è considerata la culla del Rinascimento.	○	○
5. Sulla *Porta del Paradiso* sono rappresentate scene del Nuovo Testamento.	○	○
6. La carta marmorizzata è tipica dell'artigianato fiorentino.	○	○
7. La famiglia Medici ha governato nel XX secolo.	○	○
8. Molti Medici sono sepolti nel Duomo di Firenze.	○	○
9. L'alluvione del 1333 ha completamente distrutto Ponte Vecchio.	○	○
10. Sul Ponte Vecchio ci sono negozi di vestiti.	○	○

5 **La guida turistica** Provide the question that could have prompted each response from your tour guide.

1. _____

   No, all'inizio le botteghe del Ponte Vecchio erano soprattutto macellerie.

2. _____

   Il Corridoio Vasariano è stato costruito nel 1565.

3. _____

   Sono Michelangelo, Leonardo, Raffaello e Botticelli.

4. _____

   Ci sono dieci scene.

5. _____

   È alta 91 metri.

6. _____

   La famiglia dei Medici.

7. _____

   È il fiume Arno.

8. _____

   È arrivata in Europa nel '500.

Unità 11
Lezione 11A

CONTESTI

1 **Professioni** Identify the profession that each job description refers to.

1. Salva le persone in caso di incidenti e lotta contro il fuoco (*fights fires*). È il/la _____.

2. Trasporta i clienti nel suo taxi. È il/la _____.

3. Cura gli animali malati. È il/la _____.

4. È una persona che lavora in casa. È il/la _____.

5. Fa un lavoro manuale. È l' _____.

6. Lavora nei giardini. È il/la _____.

2 **Mettere etichette** Write a complete sentence to indicate the profession of each person.

Modello

Lei è veterinaria.

1. _____

2. _____

3. _____

4. _____

5. _____

6. _____

3 **Associare** Match each item on the left to the most logically related profession or occupation on the right.

_____ 1. camion   a. banchiere

_____ 2. cane malato   b. bidello

_____ 3. soldi   c. camionista

_____ 4. fabbrica (*factory*)   d. cuoco

_____ 5. fiore   e. giardiniere

_____ 6. ristorante   f. giudice

_____ 7. scuola   g. operaio

_____ 8. taxi   h. tassista

_____ 9. legge (*law*)   i. veterinario

4 **Di chi c'è bisogno?** Write the type of professional who can help with each of these problems.

1. Si è rotta la lavatrice. Abbiamo bisogno di _____.

2. Mio figlio ha la depressione. Ha bisogno di _____.

3. Il nostro giardino non è bello. Abbiamo bisogno di _____.

4. Il suo gatto è malato. Ha bisogno di _____.

5. Devi andare all'aeroporto la mattina presto. Hai bisogno di _____.

6. Gianni non sa cucinare. Ha bisogno di _____.

7. Dobbiamo cercare una casa più grande. Abbiamo bisogno di _____.

8. Deve chiedere dei soldi per una nuova casa. Ha bisogno di _____.

5 **Completa le frasi** Complete each sentence with a word from the list.

a tempo parziale	disoccupato	promozione
cuoco	guadagnare	tassista
direttore	licenziato	veterinaria

1. Antonio ha deciso di cambiare lavoro. Vuole _____ di più.

2. Mio fratello è stato _____: ora è _____ e cerca un nuovo lavoro.

3. Mio padre ama cucinare: è un ottimo _____.

4. Mi piacerebbe fare la _____ perché vorrei aiutare tanti animali.

5. C'è una riunione nell'ufficio del _____: non devi disturbarlo.

6. Mia mamma è agente immobiliare, ma lavora _____ per avere più tempo per la famiglia.

7. Giovanni ha avuto una _____: ora guadagna di più e può comprarsi una macchina nuova.

8. A mio cugino piace molto fare il _____ perché con il suo taxi gira tutta la città e incontra molte persone.

STRUTTURE

11A.1 Impersonal constructions

1 **Completare** Choose the ending that best completes each sentence.

1. Sono già le otto: è ora di _____
2. Bisogna lavorare molto bene per _____
3. Prima di questo viaggio è importante _____
4. Se aspetti un bambino è necessario _____
5. Quando ci sono problemi sul lavoro è giusto _____
6. Abbiamo due biglietti e sarebbe un peccato _____
7. La nostra casa è piccola e non è opportuno _____

a. far controllare la macchina.
b. parlare con il rappresentante del sindacato.
c. avere una promozione.
d. invitare molte persone.
e. non andare a teatro.
f. alzarsi per andare a scuola.
g. prendere un congedo.

2 **Possibilità** Complete each sentence logically with an appropriate expression.

1. Se vuoi andare al cinema è necessario _____.
2. Se non vuoi essere licenziato è importante _____.
3. Se ascolti le lezioni dell'insegnante è difficile _____.
4. Se si è licenziati non è facile _____.
5. Se non si sa guidare bene è impossibile _____.
6. Se piove è meglio non _____.

3 **Non è vero!** Rewrite each sentence changing one piece of information to make the statement true.

1. È giusto lavorare 20 ore al giorno.

   _____

2. Bisogna andare dallo psicologo se non si hanno problemi.

   _____

3. È possibile comprare una casa se abbiamo pochi soldi.

   _____

4. Basta amare gli animali per essere veterinario.

   _____

5. È opportuno andare a fare una passeggiata se piove.

   _____

6. È meglio essere disoccupato che avere un lavoro.

   _____

4   **Riscrivere** Rewrite each sentence using an impersonal expression to express your opinion.

> **Modello**
>
> Devi memorizzare 50 pagine in un'ora.
> È impossibile memorizzare 50 pagine in un'ora!

1. Puoi diventare psicologo senza andare all'università.

   _____

2. Vuoi pagare il giardiniere per il suo lavoro.

   _____

3. Devi organizzare una riunione per discutere i problemi dell'ufficio.

   _____

4. Vuoi guadagnare molti soldi con un lavoro a tempo parziale.

   _____

5. Devi studiare molto per diventare veterinario.

   _____

6. Vuoi fare un'assicurazione sulla vita.

   _____

5   **Cosa devi fare?** Comment on each illustration using an affirmative or negative impersonal expression.

> **Modello**
>
> Non è bene avere tanta confusione in camera!

1. _____

2. _____

3. _____

4. _____

6   **Il tuo futuro** Write a short paragraph about a job you would like to have. Use as many impersonal expressions as possible.

_____

_____

_____

_____

_____

11A.2 The present subjunctive: use with impersonal expressions

1 **Scegliere** Circle the verb form that best completes each sentence.

1. È importante che il veterinario (curi / curare) bene il mio cane.

2. È necessario (compri / comprare) le piante perché viene il giardiniere.

3. È impossibile (viaggiamo / viaggiare) in treno senza biglietto.

4. Non è giusto che io (passi / passare) le vacanze a lavorare.

5. È un peccato che loro non (guidino / guidare) la macchina e (prendano / prendere) sempre il taxi.

6. È giusto che tu (chiami / chiamare) l'elettricista quando il telefono non funziona.

7. Non basta (abbiamo / avere) un lavoro a tempo pieno per guadagnare tanti soldi.

8. È ora che voi (finiate / finire) gli studi e (troviate / trovare) un lavoro.

2 **La festa di Patrizia** Your friend Patrizia is throwing a party. Complete each sentence with the correct subjunctive form of the verb in parentheses.

1. Giovanna non può venire perché è indispensabile che lei _____ (finire) i suoi compiti di italiano.

2. Bisogna che Michele mi _____ (comunicare) a che ora può venire.

3. È importante che noi _____ (parlare) con Antonio per avere la risposta.

4. È possibile che io _____ (ricevere) gli invitati in giardino.

5. È un peccato che voi non _____ (prendere) il treno per venire.

6. È necessario che tu _____ (comprare) delle bibite.

7. Sembra che Marco e Cristina non _____ (partecipare) perché sono malati.

3 **Completare** Complete each sentence with a verb from the list.

arrivare	frequentare	leggere	studiare
finire	invitare	parlare	viaggiare

1. È necessario che gli studenti _____ puntuali a scuola.

2. È opportuno che io _____ per passare l'esame.

3. È importante che i miei genitori _____ la mia lettera.

4. È giusto che tu _____ spesso con i tuoi genitori.

5. È probabile che io e Beatrice _____ il nostro lavoro prima di loro.

6. È incredibile che suo figlio _____ tutte le sere la discoteca.

7. È bello che tu e Gloria _____ il vostro amico italiano per il vostro compleanno.

8. Peccato che io non _____ spesso in Europa come te.

Unità 11 Workbook Activities **165**

4 **Prima delle vacanze** You and your housemates are about to go on vacation, but there are still things left to do. Write complete sentences using the cues provided.

1. essere / importante / Fabio / parlare / al professore d'italiano

_____

2. essere / necessario / Paola e il suo ragazzo / comprare / i biglietti aerei

_____

3. essere / opportuno / io / partire / mercoledì mattina al più tardi

_____

4. essere / meglio / tu / vendere / la tua vecchia auto

_____

5. bisognare / noi / pulire / la casa / prima di uscire

_____

6. essere / giusto / voi / telefonare / proprietario

_____

7. essere / bene / Sergio / spostare (*to move*) / la sua bicicletta dal garage

_____

8. essere / necessario / io / chiedere / un visto per l'Italia

_____

5 **Il lavoro di Sabrina** Read the paragraph about Sabrina, then write eight sentences using impersonal expressions to comment on her life.

Modello

È un peccato che Sabrina lavori il fine settimana.

Sabrina lavora come tassista. Guida otto ore al giorno dal lunedì al giovedì e il fine settimana lavora quattro ore di notte. I suoi clienti, in generale, si comportano gentilmente, ma qualche volta sono esigenti e antipatici. Adora il suo lavoro, anche se il traffico della città è faticoso (*tiring*). Sabrina vive con il suo cane, Bobbi. Bobbi è vecchio e Sabrina lo porta spesso dal veterinario. Nel suo tempo libero, Sabrina va al parco a correre e a far camminare Bobbi. La sera incontra i suoi amici e mangiano al loro ristorante preferito. A volte, guardano un film al cinema. Il venerdì, il suo giorno libero, Sabrina dorme e si rilassa.

1. _____
2. _____
3. _____
4. _____
5. _____
6. _____
7. _____
8. _____

Unità 11

CONTESTI

Lezione 11B

1 **Parole mescolate** Unscramble each work-related term and write the correct word in the space provided.

1. SONLICGOI _____
2. SEZNPIOIO _____
3. NCIROTIOI _____
4. REESETIM _____
5. TMEPUANAPONT _____

6. TEGAS _____
7. SIPIATCLESA _____
8. CAAEBHC _____
9. TADDONICA _____
10. TARTLEE _____

2 **Scegliere** Choose the word or expression that best completes each sentence.

1. Tommaso guadagna un salario (alto / modesto). È un importante uomo d'affari.

2. Patrizia ha ottenuto un (lavoro / mestiere) di commessa ai grandi magazzini.

3. Volete assumerlo? Ma non ha (referenze / consiglio)!

4. Mario vuol fare uno (stage / settore) nel settore della finanza.

5. Un buon direttore dà dei (consigli / mestieri) ogni tanto ai suoi impiegati.

6. Molte persone (trovano / prendono) lavoro in questo ufficio.

7. Io mi rifiuto di (restare in attesa / fare progetti) più di cinque minuti al telefono.

8. Quante (candidate / capi del personale) ci sono per il posto di segretaria?

3 **Alla ricerca di un lavoro** Use expressions from the lesson vocabulary to write complete sentences describing each illustration.

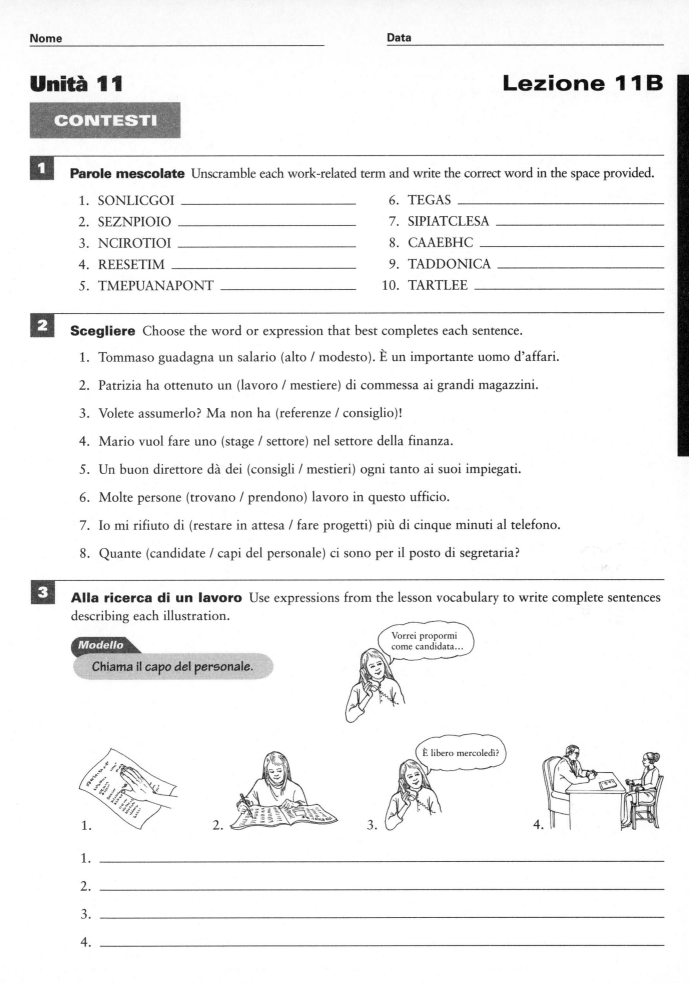

Modello

Chiama il *capo del personale.*

Vorrei propormi come candidata...

È libero mercoledì?

1. 2. 3. 4.

1. _____

2. _____

3. _____

4. _____

4 **Una telefonata** Put this phone conversation in order by numbering the lines.

_____ a. Il signor Rosini non è in ufficio in questo momento, ma posso lasciargli un messaggio. Chi parla?

_____ b. Pronto?

_____ c. Sì, ho bisogno di un appuntamento.

_____ d. ArrivederLa, signorina.

_____ e. Sono Giulia Bianchi.

_____ f. Buongiorno, posso parlare con il signor Rosini, il capo del personale, per favore?

_____ g. È zero, uno, quindici, settantacinque, ventidue.

_____ h. Grazie, arrivederci.

_____ i. Chiama per prendere un appuntamento con lui?

_____ l. La faccio richiamare. Qual è il Suo numero di telefono?

_____ m. Benissimo. Quando il signor Rosini torna, gli do il messaggio.

5 **Il tuo C.V.** You are applying for a job and need to organize your résumé. Write a short résumé for yourself and be sure to answer all of the questions below.

- Hai esperienza professionale? In quale settore?
- Sai usare il computer?
- Perché vuoi lavorare per questo ufficio?
- Quale salario vorresti?
- Quali lingue straniere parli?
- Sei disposto/a a lavorare all'estero?
- Hai delle referenze?

_____

_____

_____

_____

_____

_____

_____

_____

_____

_____

_____

_____

STRUTTURE

11B.1 Irregular present subjunctive

1 **Le faccende** Your parents are going out of town for the day and they've left you a list of chores to do. Rewrite each item on the list using an impersonal expression and the present subjunctive.

> *Modello*
>
> arrivare a scuola puntuale <u>È importante che io arrivi a scuola puntuale.</u>

1. andare a comprare qualcosa da mangiare _____
2. fare uscire il cane _____
3. bere solo acqua _____
4. uscire in tempo da casa per la scuola _____
5. dare l'acqua ai fiori del giardino _____
6. venire a casa subito dopo la scuola _____

2 **Indicativo o congiuntivo?** Determine whether each sentence requires the indicative or the subjunctive. Then write the correct form of the verb in parentheses.

1. È incredibile che tu _____ (uscire) tutte le sere invece di studiare.
2. È chiaro che lui _____ (volere) dare un consiglio sulla scelta dell'università.
3. Può darsi che noi _____ (decidere) di andare in vacanza in Italia.
4. È preferibile che voi _____ (venire) in taxi per arrivare prima.
5. È sicuro che lei _____ (fare) un colloquio di lavoro per quel posto di segretaria.
6. È certo che un buon veterinario _____ (avere) sempre molti clienti.

3 **Fotografie** Write a complete sentence about each illustration using the cues provided.

> *Modello*
>
> peccato: <u>Peccato che le fotografie delle vacanze non siano ancora pronte.</u>

1. è bene   2. è importante   3. è opportuno   4. pare

1. _____
2. _____
3. _____
4. _____

Workbook

4 **Scegliere** Circle the option that best completes each sentence.

1. Bisogna che tu _____ guidare bene prima di comprare un taxi.

   a. sia   b. sappia   c. dorma

2. È necessario che tu _____ bene il tuo lavoro se vuoi avere un aumento di stipendio.

   a. faccia   b. compri   c. dica

3. È possibile che lui _____ a cena stasera dopo il lavoro.

   a. legga   b. venga   c. beva

4. Peccato che loro _____ partire la mattina presto per arrivare in ufficio.

   a. siano   b. possano   c. debbano

5. È giusto che vi _____ scegliere attentamente quale spettacolo andare a vedere.

   a. mangi   b. corra   c. piaccia

6. È incredibile che ci _____ così tanto denaro per prendere una casa in affitto sul lago.

   a. serva   b. abbia   c. faccia

7. Bisogna che i candidati _____ bene a tutte le domande.

   a. dicano   b. parlino   c. rispondano

8. È inopportuno che noi _____ in attesa per così tanto tempo.

   a. restiamo   b. decidiamo   c. otteniamo

5 **Dovere, potere o volere?** Write a logical completion for each sentence using the present subjunctive of **dovere**, **potere**, or **volere**.

1. È importante che tu...

   _____

2. È giusto che lui...

   _____

3. È bene che voi...

   _____

4. Peccato che io non...

   _____

5. È incredibile che noi...

   _____

6. È impossibile che loro non...

   _____

11B.2 Verbs that require the subjunctive

1 **Indicare** Indicate which verbs or expressions require the subjunctive and which do not.

	Sì	No
1. dire	○	○
2. pensare	○	○
3. credere	○	○
4. secondo me	○	○
5. essere sicuro	○	○
6. non essere sicuro	○	○
7. dubitare	○	○
8. avere paura	○	○
9. leggere	○	○
10. dispiacere	○	○

2 **Congiuntivo o indicativo?** Read each list of verbs and circle the form that is conjugated in the subjunctive.

1. preferiscono, preferisca, preferisco, preferisci
2. vengo, venite, venga, vengono
3. chiedi, chiedono, chiedete, chiediamo
4. temano, temono, temete, temi
5. desidero, desidera, desideri, desiderano
6. credi, crede, credo, creda
7. immaginate, immaginiate, immagina, immaginano
8. dubitino, dubita, dubitano, dubito
9. scriva, scrivono, scrive, scrivete
10. mangi, mangio, mangia, mangiano
11. pagano, pagate, paghino, paga
12. mi sveglio, si sveglia, si svegliano, ci svegliamo

3 **La riunione** You are reading the minutes from last week's student outdoor club meeting. Complete each sentence with the subjunctive of the verb in parentheses to find out what students have suggested.

1. Caterina suggerisce che gli studenti _____ (organizzare) più passeggiate in montagna.
2. Fabio desidera che più persone _____ (venire) alle riunioni.
3. Isabella si augura (*wishes*) che le uscite _____ (essere) più frequenti.
4. Vincenzo raccomanda che noi _____ (visitare) le grotte che sono lì vicino.
5. Sofia vuole che l'associazione _____ (fare) più pubblicità.
6. Maurizio propone che tutti _____ (essere) più attivi.
7. Giacomo spera che al direttore _____ (piacere) le nostre idee.
8. Daniela insiste che tutti _____ (arrivare) in orario alle riunioni.

4 **Al film festival** You and your friends are discussing a movie you just watched at a local film festival. Use the cues provided to write complete sentences about the movie.

1. a me / piacere / che il film / finire bene

   _____

2. a voi / dispiacere / che gli attori / non essere più conosciuti

   _____

3. tu / essere contenta / che un film italiano / venire mostrato nella nostra città

   _____

4. a lui / dispiacere / che non esserci sottotitoli in inglese

   _____

5. loro / avere l'impressione / che la gente / non capire tutti i riferimenti culturali

   _____

6. tu / essere contento / che la storia / fare ridere

   _____

5 **Le notizie** Use the cues provided to write complete sentences stating your feelings about the stories in your high-school newsletter.

1. Ettore e Vittoria hanno un bambino piccolo di due mesi. (contento/a)

   _____

2. La signorina Verdi è ancora la prof. di matematica. (piacere)

   _____

3. Antonio fa delle gare (*races*) di sci. (sorpreso/a)

   _____

4. I nostri professori d'italiano non ci sono più. (dispiacere)

   _____

5. La direttrice ora lavora in Inghilterra. (triste)

   _____

6. La squadra di calcio e la squadra di tennis della scuola perdono il campionato. (avere paura)

   _____

6 **Il pessimista** Your friend Marco is worried that a conference he is planning will not go smoothly. Complete each sentence with the correct present subjunctive form of the verb in parentheses.

1. Marco dubita che noi _____ (prepararsi) bene per la conferenza.

2. Lui crede che io non _____ (potere) prenotare l'albergo per tutti.

3. Lui non pensa che loro _____ (volere) partecipare alla discussione finale.

4. È improbabile che il nostro direttore _____ (venire) alla riunione preliminare.

5. È incredibile che agli impiegati non _____ (piacere) quella segretaria.

6. Non è certo che Marco _____ (avere bisogno) di mandare altri inviti.

Unità 11

PANORAMA

1 **Quali città visitiamo?** Match each letter to a number to fill in the names of these Italian cities. Then put each city in the correct region.

A	B	C	D	E	F	G	H	I	L	M	N	O	P	Q	R	S	T	U	V	Z
3																				

___ ___ ___ A ___ ___   ___ ___ ___ ___ A ___   ___ A ___ ___ A   ___ ___ ___ ___ ___
26 20 6 3 19 24   8 24 19 21 3 14   14 3 9 24 19 3   12 24 4 20 19 24

___ ___ ___ ___ ___ A   A ___ ___ ___ A   ___ ___ ___ A A   ___ ___ ___ ___ A
18 25 19 24 9   3   3 24 14 12 3   19 24 9 3 4 3   26 24 19 7   3

Valle d'Aosta	Lombardia	Piemonte	Liguria

2 **Chi sono?** Determine which famous Italian each description refers to.

1. Sono vissuto tra il 1800 e il 1900. Ho disegnato o dipinto circa duemila opere e ho ricevuto alcuni premi per la mia produzione pittorica. _____

2. Sono vissuto nell'Ottocento. Sono stato un personaggio molto importante nella politica italiana e sono considerato uno dei «padri della patria». _____

3. Ho scritto romanzi, poesie e racconti e ho lavorato come traduttore e critico. Nel 1932 ho tradotto *Moby Dick*. _____

4. Sono nata nel 1969. Sono conosciuta nell'ambiente artistico contemporaneo. Lavoro con il corpo umano per creare dei veri e propri «quadri viventi». _____

5. Faccio parte della squadra del Milan e della nazionale italiana con cui ho vinto i Campionati del mondo nel 2006. _____

3 **Vero o falso?** Indicate whether each statement is **vero** or **falso**. Correct the false statements.

	Vero	Falso
1. Amati, Guarnieri e Stradivari sono famosi cantanti d'opera italiani.	○	○
2. Cremona è famosa per la produzione di violini.	○	○
3. I violini Stradivari non sono molto buoni.	○	○
4. Oggi ci sono circa 100 Stradivari al mondo.	○	○
5. I violini Stradivari di solito sono usati da studenti di musica.	○	○
6. Il prezzo più alto pagato per uno Stradivari è 4 milioni di euro.	○	○

4 | **Dove siamo?** Write the name of the Italian city or region associated with each noun listed.

1. Monte Bianco _____

2. pesto _____

3. Einaudi _____

4. Fiat _____

5. Courmayeur _____

6. Umberto Eco _____

7. SUV e furgoni _____

8. scialpinismo _____

5 | **Rispondere** Answer each question using a complete sentence.

1. Quali sono quattro tra le più alte montagne d'Europa?

_____

2. Quali sono gli ingredienti del pesto?

_____

3. Quali sono alcuni dei modelli di macchine Fiat più famosi?

_____

4. Quali sono alcuni importanti scrittori vissuti a Torino?

_____

5. Quali sono alcune delle case editrici che si trovano a Torino?

_____

6. Com'è arrivato il pesto in America?

_____

7. In quale periodo Torino è diventata una città importante?

_____

8. Perché la Fiat 500 ha avuto tanto successo?

_____

Unità 12

Lezione 12A

CONTESTI

1 **Trova l'intruso** Circle the word that does not belong in each group.

1. lo scoiattolo, il coniglio, il sentiero, il serpente
2. il fiume, la pianta, l'erba, il fiore
3. il toro, la pecora, la capra, il gabbiano
4. l'albero, il fiore, l'oceano, l'erba
5. l'alba, il tramonto, il sole, la costa
6. la fattoria, il fieno, il deserto, la mucca
7. il lago, l'isola, la luna, la scogliera

2 **Classificare** Write each word under the category in which it belongs.

	Il cielo	La terra	L'acqua
1. il fiume			
2. l'alba			
3. la costa	_____	_____	_____
4. il lago			
5. il sole	_____	_____	_____
6. il deserto			
7. l'orizzonte	_____	_____	_____
8. la montagna			
9. l'oceano			

3 **Nella natura** A group of friends is vacationing in Valle d'Aosta. Complete the conversation between Gioia and Michela using words from the list.

baita   cascata   foresta   gabbiani   lago   mucche   picnic   pineta

MICHELA Abbiamo fatto una lunga passeggiata in montagna fino alla (1) _____. È piccola, ma molto comoda. E tu e Riccardo?

GIOIA Noi, invece, abbiamo fatto una lunga passeggiata nella (2) _____. Ci sono degli alberi altissimi.

MICHELA Sei andata al fiume? Circa a metà strada, c'è una bellissima (3) _____ dove ieri mi sono fermata a bere l'acqua fresca.

GIOIA No, ci andrò domani. Hai visto Marcello e Giovanna?

MICHELA Sono usciti presto stamattina perché vogliono esplorare la (4) _____ per cercare erbe, piante e scoiattoli.

GIOIA Se stasera non sapete cosa fare, prima che il sole tramonti sul (5) _____ potete remare fino all'isola. È molto bella e romantica!

MICHELA Ottima idea! Peccato solo che non ci siano i (6) _____ che volano come al mare... È una vacanza fantastica, comunque.

GIOIA Sì, anch'io sono davvero contenta di essere venuta qui in vacanza. Hai visto che nel campo vicino alla fattoria dell'agricoltore ci sono molte (7) _____ che mangiano il fieno? Sicuramente non si vedono in città!

MICHELA Hai propio ragione! Senti, siccome oggi è una bella giornata, che ne pensi di fare un (8) _____ in questo bel prato?

GIOIA Sì! Vado subito a chiamare tutti gli altri. A tra poco!

Unità 12 Workbook Activities | **175**

4 **Vero o falso?** Enea asks a lot of questions. Tell him whether each of the things he asks about is true (**Sì, è vero.**) or not (**No, non è vero.**).

> **Modello**
>
> È vero che ci sono molti serpenti in casa? *No, non è vero.*

1. È vero che nel deserto crescono molte piante e fiori?

   _____

2. È vero che il sole tramonta la mattina presto?

   _____

3. È vero che i serpenti vivono nel deserto?

   _____

4. È vero che tra gli animali della fattoria ci sono i gabbiani?

   _____

5. È vero che le api preferiscono volare sopra i fiori?

   _____

6. È vero che in montagna si trovano dei fiumi con piccole cascate?

   _____

7. È vero che gli scoiattoli amano fare il bagno nel lago?

   _____

5 **Quale animale?** Choose the most appropriate answer from each pair of options given.

1. Qual è l'animale più grosso?
   a. la pecora
   b. il toro
2. Qual è l'animale che vola?
   a. l'ape
   b. il coniglio
3. Cosa puoi trovare sugli alberi?
   a. la capra
   b. lo scoiattolo

4. Da quale animale hai il latte?
   a. il serpente
   b. la mucca
5. Sopra l'oceano, che cosa è più probabile vedere?
   a. il gabbiano
   b. la rondine
6. Chi vola più in alto?
   a. l'uccello
   b. l'ape

6 **La scelta** You and your friends are trying to decide where to spend your spring break: in the mountains or in the countryside? Write a short paragraph explaining which you prefer and why. Give as many details as possible.

_____

_____

_____

_____

_____

_____

_____

_____

_____

STRUTTURE

12A.1 The past subjunctive

1 **Ritorno al passato** Rewrite each sentence using the past subjunctive.

1. Peccato che Ilaria non ci scriva dall'Italia.

   _____

2. Credo che Paolo e Sergio organizzino un picnic per domenica prossima in campagna.

   _____

3. È strano che gli impiegati non vengano alla manifestazione del sindacato.

   _____

4. Ci dispiace che la mucca della fattoria stia male.

   _____

5. È possibile che la segretaria riceva un aumento di stipendio.

   _____

6. Non sono sicura che Vittorio e Stefano scalino quella montagna in poco tempo.

   _____
   _____

2 **I nostri amici** Complete the dialogue by filling in the correct form of the past subjunctive of each verb in parentheses.

GIOVANNI	Ciao Giacomo, come stai?
GIACOMO	Bene! E tu? Stai bene? Mi sembra che tu (1) _____ (perdere peso).
GIOVANNI	Un pochino, ma sto bene. Hai notizie di Riccardo?
GIACOMO	Credo che lui (2) _____ (fare) un lungo viaggio in Europa, ma poi si è ammalato.
GIOVANNI	Oh no! È un peccato che lui (3) _____ (dovere) tornare a casa prima del tempo! Ma non voleva andare in Africa?
GIACOMO	Non aveva abbastanza soldi. È triste che lui non (4) _____ (potere) fare quel viaggio nel deserto, lo voleva tanto.
GIOVANNI	Che sfortuna! Non ha anche avuto problemi con la macchina?
GIACOMO	Sì! Lui e Ortensia hanno una macchina vecchia che si è rotta. Penso che loro (5) _____ (cambiare) la macchina prima di partire.
GIOVANNI	Non conosco Ortensia.
GIACOMO	È impossibile che tu non (6) _____ (conoscere) Ortensia!

3 **Trasformare** Write complete sentences in the past subjunctive using the cues provided.

1. è giusto / Luciano / passare / la notte nella baita

   _____

2. credo / noi / remare / tutta la giornata / per arrivare all'isola sul lago

   _____

3. dubito / voi / potere / scalare quella montagna in poche ore

   _____

4. è incredibile / Loretta e Veronica / attraversare la foresta e arrivare fino al fiume

   _____

5. lei dubita / io / vedere / il tramonto dalla scogliera

   _____

Workbook

4 **Vacanze in fattoria** Marcella is writing an e-mail about her visit to Giovanna's farm. Choose the verb from the list that best completes each sentence and write the correct past subjunctive form.

> arrivare   essere   fare   passare   potere   remare

Cara Giovanna,

sono stata molto bene nella tua fattoria. Spero che tu (1) _____ con me delle giornate piacevoli. Non dimentico quanto (2) _____ bello guardare il tramonto dal prato davanti a casa. È incredibile che noi (3) _____ tanto per arrivare all'isola. È strano che i grossi animali come il toro e le mucche non mi (4) _____ paura. Non credo che le rondini (5) _____ prima che io sia andata via. È un peccato che non (io) (6) _____ salutare tua sorella.

Grazie di tutto e a presto,

Marcella

5 **Congiuntivo o infinito?** Use each cue to write out two sentences, one with a single subject and one with a different subject in the subordinate clause. Decide whether each sentence requires the past subjunctive or the past infinitive.

> **Modello**
>
> lei non è sicura / arrivare all'ufficio giusto
> lei: <u>Lei non è sicura di essere arrivata all'ufficio giusto.</u>
> Luigi: <u>Lei non è sicura che Luigi sia arrivato all'ufficio giusto.</u>

1. sei felice / venire a trovarmi
   i miei genitori: _____
   tu: _____

2. dubitiamo / leggere quel libro
   noi: _____
   voi: _____

3. Laura spera / non dimenticare il biglietto
   Laura: _____
   io: _____

4. avete paura / sbagliare strada
   Giovanni: _____
   voi: _____

5. sono contento / portare l'ombrello
   io: _____
   tu e io: _____

6. Gloria e Iacopo credono / prendere le chiavi
   Gloria e Iacopo: _____
   Vittore e Ugo: _____

7. tu pensi / trovare il sentiero
   noi: _____
   tu: _____

8. Mario è felice / scalare la montagna ieri
   Mario: _____
   Silvia: _____

Workbook

12A.2 The subjunctive with conjunctions

1 **Quale verbo?** Circle the verb conjugation that correctly completes each sentence.

1. Ti telefono appena (io) (arrivo / arrivi).
2. Volete fare un picnic, ma (piove / piova).
3. Non hai visto le mucche benché tu (sei / sia) già stato alla fattoria.
4. Mentre (fanno / facciano) una passeggiata nella foresta, incontrano tanti scoiattoli.
5. Per quanto Tommaso (può / possa) remare, non arriverà mai all'isola.
6. Ho portato le pecore al pascolo (*pasture*) affinché (mangiano / mangino) l'erba.
7. Ti porterò alla cascata a patto che tu (hai finito / abbia finito) di fare gli esercizi d'italiano.
8. Puoi invitare i tuoi amici alla fattoria a meno che voi non (preferite / preferiate) andare al lago.

2 **Associare** Choose the most logical completion for each sentence starter.

____ 1. Chiamo il tecnico...

____ 2. Appena sei scesa dall'aereo...

____ 3. Ad agosto andiamo a visitare il deserto del Sahara...

____ 4. Ho deciso di comprare una Ferrari...

____ 5. Mentre tu guardi la televisione...

____ 6. Stasera cucinerò la pasta con i frutti di mare...

____ 7. La segretaria ha preso un appuntamento per il direttore...

____ 8. Ti presto dei soldi...

a. benché non ci piaccia il caldo.

b. sebbene oggi lui non sia in ufficio.

c. a meno che tu non sia allergica al pesce.

d. perché il computer non funziona.

e. per quanto il mio stipendio non sia molto alto.

f. affinché tu possa realizzare il tuo progetto.

g. dimmi se devo venire all'aeroporto.

h. io finisco di pulire la cucina.

3 **Domande e risposte** Answer each question using a conjunction that takes the subjunctive.

> **Modello**
>
> Posso venire con te in vacanza nel deserto?
> *Sì, puoi venire a patto che tu paghi il tuo biglietto aereo.*

1. Le rondini sono già tornate quest'anno?

   _____

2. Vuoi venire con me fino alla scogliera?

   _____

3. Ci sono molti serpenti da queste parti (*around here*)?

   _____

4. Perché avete tante api in questa fattoria?

   _____

5. Stasera volete andare a vedere il tramonto sul lago?

   _____

6. Perché Giacomo vuole arrivare fino alla baita?

   _____

Unità 12 Workbook Activities **179**

4 **Dialoghi** Complete each mini dialogue with an appropriate conjunction from the list.

> a patto che   affinché   in modo che   perché   sebbene   per quanto

SIMONA Ti ho riportato il dizionario (1) _____ tu possa fare la tua traduzione.

ALBA Non importava! Ho usato quello di mio fratello.

CARLA Vuoi venire alla mia festa di compleanno?

MELANIA Mi piacerebbe, (2) _____ non sia sicura se sarò in città.

I BAMBINI Mamma, papà, possiamo invitare i nostri amici oggi pomeriggio?

I GENITORI Sì, (3) _____ dopo rimettiate in ordine la vostra camera.

LA SEGRETARIA Il signor Calcetti vorrebbe prendere un appuntamento con Lei domani pomeriggio.

IL DIRETTORE Va bene, ma scelga l'orario (4) _____ io possa uscire dall'ufficio alle 18.00.

SIGNORA LOTTI Le ho portato il mio cane perché non sta bene.

IL VETERINARIO Le darò questa medicina (5) _____ il Suo cane stia meglio.

TIZIANO Vorrei portarti a cena fuori stasera.

LUCIA Va bene, (6) _____ sia stata a cena fuori quasi tutte le sere questa settimana.

5 **Indicativo, congiuntivo o infinito?** Decide whether each verb should be conjugated in the present indicative or present subjunctive, or left in the infinitive. Use the correct form of the verb to complete each sentence.

1. Non voglio mangiare la torta perché da oggi _____ (mettersi) a dieta.
2. Devo finire tutto questo lavoro prima di _____ (andare) in vacanza.
3. Non è possibile affittare una barca senza _____ (spendere) molti soldi.
4. Ci sono ancora molti scoiattoli sebbene _____ (fare) freddo.
5. Devi andare a scuola perché tu _____ (potere) imparare tante cose.
6. Vengo a casa tua appena (io) _____ (svegliarsi).
7. Attraversiamo il fiume prima che _____ (diventare) troppo alto.
8. Giuliana ha bisogno di dormire molto per _____ (avere) energie il giorno dopo.

6 **Frasi mescolate** Use elements from each column to create logical sentences.

A	B	C
uscite dopo cena	perché	portare tuo fratello
dai il fieno alle mucche	prima che	portiamo anche tuo fratello
non voglio andare a quel museo	senza che	poter ammirare le stelle
uscite dopo cena	per	tu possa ammirare le stelle
dai il fieno alle mucche	prima di	andare in città
non voglio andare a quel museo	senza	andiamo in città

1. _____
2. _____
3. _____
4. _____
5. _____
6. _____

Unità 12   Lezione 12B

CONTESTI

---

1 **Trovare le parole** Find the words hidden vertically, horizontally, and diagonally, backwards and forwards.

| alluvione |
| degrado |
| fabbrica |
| ibrida |
| immondizia |
| nettezza urbana |
| pendolare |
| pericolo |
| preservare |
| scappamento |
| sviluppare |
| vietato |

```
O N S N B P V H M N A I V A P
B A O F X D U N Z W Z D N B R
S C A P P A M E N T O A J S E
P I B E E D N X O E B D V I S
A R M P N U E L I R R I B B E
O B Z M B O O G U G L W I R R
J B R D O C I A R U M I R I V
N A F S I N Z V P A X Y C D A
W F F R F Z D P U Z D K J A R
O M E M E V A I I L Y O Z R E
W P R T G R V S Z E L S U F X
B D T A E D R E A I B A W I C
Q E R A L O D N E P A X A V B
N X P Q G S B V G G G F U Z H
V I E T A T O O O S L O L N V
```

---

2 **Problemi e soluzioni** Match each problem on the left with its solution on the right.

____ 1. lo smog   a. sviluppare energia rinnovabile

____ 2. i rifiuti tossici   b. fare la multa a chi inquina

____ 3. l'energia   c. andare a piedi invece di usare la macchina

____ 4. l'inquinamento   d. riciclare di più

____ 5. il disboscamento   e. preservare le foreste dal fuoco (*fire*)

---

3 **Nel 2050** Complete this paragraph by filling in each space with a word or expression from the list below, making any necessary changes or agreements. Not every word will be used.

ambiente	energie	riscaldamento	sovrappopolazione
catastrofe	governi	salvare	spazio
effetto serra	protezione	soluzione	sprecare

Il (1) _____ della terra può portare a una vera (2) _____ entro il 2050.

Se i (3) _____ non sviluppano una politica di (4) _____ dell'ambiente,

noi non salveremo il pianeta. L' (5) _____ è uno dei principali problemi. Noi

dobbiamo utilizzare più (6) _____ pulite come l'energia solare. Questo problema è

legato (*connected*) alla (7) _____. Infatti la popolazione è quasi raddoppiata (*doubled*)

in 50 anni. Si deve rapidamente pensare a una (8) _____ se vogliamo

(9) _____ il pianeta.

Unità 12 Workbook Activities   **181**

4 **Parole crociate** Fill in the crossword using the word from the lesson vocabulary that best completes each definition.

ORIZZONTALI

1. Un modo di produrre cibi sani è l'agricoltura _____.

4. L'energia derivata dal vento si chiama energia _____.

7. Una macchina che usa benzina ed elettricità è una macchina _____.

8. La persona che va a lavorare ogni giorno fuori città si chiama _____.

VERTICALI

2. È importante fare leggi per la protezione dell'_____.

3. Quando la temperatura della Terra (*Earth*) è troppo alta, c'è il problema dell'effetto _____.

5. Quando piove troppo ci sono rischi di _____.

6. La Fiat è una _____ di automobili.

5 **In famiglia** Using the words below, as well as other words from the lesson vocabulary, write a short paragraph explaining what you and your family do to help combat environmental problems.

avere una coscienza ambientale	installare i pannelli solari
buttare rifiuti	riciclare
comprare alimenti da agricoltura biologica	sprecare acqua

_____

_____

_____

_____

_____

_____

_____

_____

_____

_____

_____

_____

STRUTTURE

12B.1 The imperfect and the past perfect subjunctive

1 **Congiuntivo imperfetto** Complete the table by filling in the missing imperfect subjunctive forms of each of the irregular verbs listed.

	Essere	Dare	Stare	Bere	Dire	Fare
io	fossi					
tu					dicessi	
Lei/lui/lei			stesse			
noi		dessimo				
voi						faceste
loro				bevessero		

2 **Il congiuntivo trapassato** Complete each sentence with the correct past perfect subjunctive form of the verb in parentheses.

1. Sebbene _____ (piovere) tutta la notte, siamo andati a fare un picnic.

2. Non ho pagato l'elettricista perché credevo che l'_____ (fare) tu.

3. Non ho invitato Giovanna alla mia festa perché pensavo che _____ (partire) per l'Italia.

4. In montagna, benché noi _____ (camminare) molto, non ci sentivamo troppo stanchi.

5. Non abbiamo portato altre bottiglie di acqua perché pensavamo che voi _____ (bere) già abbastanza.

6. Sebbene (lei) non _____ (volere) studiare, Giulia aveva trovato un buon lavoro.

7. Il direttore non sapeva che i suoi figli l'_____ (chiamare) in ufficio perché la sua segretaria non gliel'aveva detto.

3 **Associare** Choose the most logical conclusion to each sentence starter.

____ 1. Mi sembrava che a cena voi...

____ 2. Se avessero comprato quella fattoria...

____ 3. Pensavi che il tuo amico...

____ 4. Gli avevamo regalato un bel libro...

____ 5. Credevo che la gita nel deserto...

____ 6. Quando non vi abbiamo visto arrivare, abbiamo pensato...

____ 7. Alla fine abbiamo avuto l'impressione...

a. fosse andato al lago senza di te.

b. che aveste perso l'aereo.

c. fosse pericolosa.

d. che lei non fosse rimasta contenta del colloquio.

e. aveste mangiato troppo.

f. affinché potesse leggere mentre viaggiava.

g. ora potrebbero vivere felici in campagna.

Workbook

4 **Quale verbo?** Circle the verb form that best completes each sentence.

1. È giusto che anche voi _____ una soluzione al problema.
   a. proponessi   b. proponiate   c. propongano

2. Non era possibile che la città _____ solo energia solare entro il 2000.
   a. usi   b. usassi   c. usasse

3. Credevo che la centrale nucleare _____ a causa dell'inquinamento.
   a. chiuda   b. fosse chiusa   c. chiudi

4. Dubitavamo che la legge _____ limitare l'effetto serra.
   a. potesse   b. potessi   c. potessero

5 **Cambiare** Rewrite each sentence, replacing the present indicative with the imperfect indicative and the present subjunctive with the imperfect subjunctive.

1. Aspettiamo che smetta di piovere prima di andare a fare una passeggiata.

   _____

2. Che cosa vuoi che io faccia per te?

   _____

3. Volete che io venga in macchina?

   _____

4. Comunque (*However*) vada il colloquio, Sergio ha un lavoro nell'ufficio del padre.

   _____

5. Non puoi immaginare quanto io sia felice di vederti.

   _____

6. Crediamo che il sole sorga dietro la montagna.

   _____

7. È necessario che tu faccia molti esercizi per imparare bene l'italiano.

   _____

6 **Congiuntivo passato o trapassato?** Create complete sentences with the cues given. Use the tense of the verb in the main clause to determine whether to use the past subjunctive or the past perfect subjunctive in the subordinate clause.

1. lui crede / tu / fare la tua parte per riciclare i rifiuti

   _____

2. era strano / i tuoi amici / non telefonare prima di venire

   _____

3. lui conosce bene l'Italia / sebbene / ci / essere una volta sola

   _____

4. mi sembrava / tu / non seguire le nostre indicazioni per arrivare fino alla baita

   _____

5. lui pensava / noi / non vedere quel film

   _____

6. è un peccato / voi / non arrivare all'appuntamento in orario

   _____

7. è inopportuno / lei / non svegliarsi in tempo per arrivare in ufficio alle 8.00

   _____

12B.2 Tense correlations with the subjunctive

1 **Il fine settimana** Complete this paragraph using the verbs from the list below.

abbia dato	chiedessimo	foste
avremmo potuto uscire	facessimo	foste andati

Se voi (1) _____ interessati, potrei organizzare una bella gita in montagna questo fine settimana. Sarebbe bello che noi (2) _____ una lunga camminata. Se noi (3) _____ alle nostre mamme di preparaci una buona cena, potremmo dormire alla baita. È chiaro che se voi non (4) _____ a letto così tardi ieri sera, (5) _____ presto stamattina. Allora, dov'è Giorgio? Non è ancora arrivato sebbene tu gli (6) _____ tutte le indicazioni necessarie!

2 **Presente o imperfetto?** Decide whether each sentence requires the present or imperfect indicative in the main clause and write the correct form in the space provided.

1. Noi _____ (pensare) che Maria abbia già portato il cane dal veterinario.
2. Noi _____ (pensare) che Maria avesse già portato il cane dal veterinario.
3. Io _____ (credere) che vi abbiano chiamato per quel colloquio.
4. Io _____ (credere) che vi avessero chiamato per quel colloquio.
5. _____ (essere) necessario che il camion della nettezza passasse più volte al giorno.
6. _____ (essere) necessario che il camion della nettezza passi più volte al giorno.
7. Tu _____ (dubitare) che possiamo comprare una macchina nuova prima dell'estate.
8. Tu _____ (dubitare) che potessimo comprare una macchina nuova prima dell'estate.
9. _____ (sembrare) che fosse piovuto la notte prima perché il prato era bagnato.
10. _____ (sembrare) che sia piovuto la notte scorsa perché il prato è tutto bagnato.
11. Lui _____ (sperare) che vi foste divertiti a visitare la fattoria.
12. Lui _____ (sperare) che vi siate divertiti a visitare la fattoria.

3 **Completare** Choose the expression that most logically completes each sentence. Decide which indicative or conditional verb tense is needed, and write the correct form in the space provided.

aumentare lo smog	comprare solo prodotti biologici	fare una passeggiata
avere questi problemi	essere più pulita	perdere tempo

1. Se il camion della nettezza urbana porterà via i rifiuti, la città _____.
2. Se tutti prendessero la macchina, _____.
3. Se ti avesse ascoltato, Alessandra non _____ con quel colloquio.
4. Se avessi saputo che loro venivano a pranzo, io _____.
5. Se il sole non tramonterà troppo presto, noi _____ dopo cena.
6. Se il governo pensasse di più all'inquinamento, i cittadini non _____.

Workbook

4 **Trovate le conclusioni** Read each *if*-clause on the left and choose the independent clause on the right that most logically completes each sentence.

____ 1. Se non fate i vostri compiti,

____ 2. Se andiamo al ristorante stasera,

____ 3. Se compriamo quella fattoria,

____ 4. Se tuo cugino viene ad agosto,

____ 5. Se comprate una macchina ibrida,

____ 6. Se non telefono a mia madre,

a. potremo mangiare i famosi spaghetti di Beppe.

b. aiuterete l'ambiente.

c. lo porteremo in gita al lago.

d. si arrabbierà con me.

e. avrete dei brutti voti.

f. dovremo chiedere soldi alla banca.

5 **Se solo...** Complete the captions for these illustrations with appropriate expressions. Pay attention to the tense correlation!

> **Modello**
>
> Se leggi questo libro per molto tempo, <u>ti faranno male gli occhi</u>.

1.

2.

3.

4.

5.

1. Se fumi (*you smoke*), _____.

2. Se avessi studiato per questo esame, _____.

3. Se non cerchiamo nuove fonti di energia, _____.

4. Se avessimo preso la giacca, _____.

5. Se andrai a letto presto stasera, _____.

Unità 12   Avanti

PANORAMA

1   **Quale regione?** Your friend is planning a visit to one of the six regions of the **Mezzogiorno**. Unscramble the names of the regions listed below and write them in the spaces provided. Then, write the letters corresponding to each number in the grid on the right to find out the name of the region your friend plans to visit.

CABTIASAIL   [ ][ ][ ][ ][ ][ ][ ][ ][ ][ ] (5, 3)

MIELOS   [ ][ ][ ][ ][ ][ ] (7)

PILGAU   [ ][ ][ ][ ][ ][ ] (2)   [ ][ ][ ][ ][ ][ ][ ][ ] (1 2 3 4 5 6 7 8)

BARZUZO   [ ][ ][ ][ ][ ][ ] (4, 6)

CMNAPAAI   [ ][ ][ ][ ][ ][ ][ ][ ] (1, 8)

2   **Un dialogo** Loretta and Vincenzo are in Campania and are deciding which sights to visit today. Use the words listed below to complete their conversation.

> 1944   eruzione   distrutto   Napoli   Pompei, Ercolano e Stabia   Vesuvio   vulcani

VINCENZO Non ho mai visto il (1) _____. Mi piacerebbe fare una gita lassù (*up there*).

LORETTA Ma a me i (2) _____ fanno paura.

VINCENZO No, non ti preoccupare, il Vesuvio non è pericoloso. È in fase dormiente dal (3) _____.

LORETTA Ma so che l' (4) _____ del 79 d.C. è stata terribile e ha (5) _____ città intere.

VINCENZO Sì, è vero, queste città erano (6) _____. Ma ora non ci sono problemi.

LORETTA Va bene, mi hai convinto. Però voglio anche visitare dei monumenti.

VINCENZO E se dopo il Vesuvio andassimo a visitare la città di (7) _____?

LORETTA Ottima idea. Andiamo!

3   **Rodolfo Valentino** What have you learned about Rodolfo Valentino? Test your knowledge by completing this paragraph.

È un (1) _____ molto famoso dell'inizio del Novecento. A quel tempo il cinema era

(2) _____. Rodolfo Valentino è nato in (3) _____ nel 1895.

Giovanissimo, a soli 18 anni, è partito per l'(4) _____. Come attore diventa un

idolo delle donne di tutto il mondo. Nel 1921 ha fatto uno dei suoi film più conosciuti,

(5) _____. È morto molto giovane nel (6) _____.

     Unità 12 Workbook Activities

4 **Un questionario** Answer the following questions using complete sentences.

1. L'Italia è un buon produttore di olio d'oliva?

   _____

2. Quali sono le regioni italiane che producono più olio?

   _____

3. Cosa sono e dove si trovano Metaponto e Polidoro?

   _____

4. Cosa vuol dire DOP?

   _____

5. Qual è l'attrazione maggiore di Metaponto?

   _____

6. Dove si trovano il Santuario di Demetra e il tempio di Dionisio?

   _____

7. A che servono i trabucchi?

   _____

8. Che cosa sono le alici, gli sgombri e le spigole?

   _____

5 **Viaggio nel Sud** You are organizing a trip to the south of Italy. You will be traveling from North to South, and you want to visit all of the cities listed below. Write a logical itinerary, region by region, that includes all of the cities listed. Describe what you expect to see and do in each region, and what means of transportation you intend to use.

Bari	Isernia	Pescara
Campobasso	L'Aquila	Pisticci
Catanzaro	Lamezia Terme	Reggio Calabria
Chieti	Napoli	Salerno
Foggia	Matera	Taranto
Giugliano in Campania	Potenza	Termoli

_____

_____

_____

_____

_____

_____

Unità 1

Lezione 1A

CONTESTI

1 **Categorizzare** You will hear six short exchanges. For each one, decide whether it is a greeting, an introduction, or a leave-taking. Mark the appropriate column with an **X**.

> **Modello**
>
> *You hear:* **ANTONELLA** Buongiorno, Chiara!
> **CHIARA** Ciao, Antonella. Come stai?
> **ANTONELLA** Molto bene, grazie, e tu?
> **CHIARA** Anch'io sto bene.
> *You mark:* an **X** under *Greeting*

	Greeting	Introduction	Leave-taking
Modello	X	_____	_____
1.	_____	_____	_____
2.	_____	_____	_____
3.	_____	_____	_____
4.	_____	_____	_____
5.	_____	_____	_____
6.	_____	_____	_____

2 **Domande** Listen to each question or statement and respond with an answer from the list in your lab manual. Then repeat the correct response after the speaker.

_____ a. Piacere.   _____ c. Mi chiamo Andrea.   _____ e. Così così. E tu?
_____ b. A domani!   _____ d. Prego.   _____ f. Molto bene. E Lei?

3 **Associare** You will hear three conversations. Look at the drawings and write the number of each conversation on the correct line.

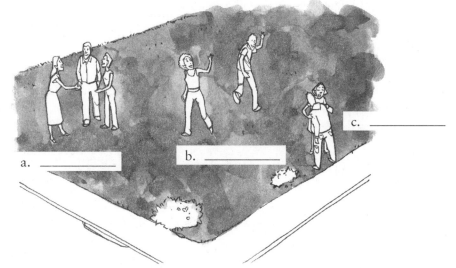

a. _____   b. _____   c. _____

Unità 1 Lab Activities   **1**

Lab Manual

PRONUNCIA E ORTOGRAFIA

The Italian alphabet

lettera	esempio	lettera	esempio	lettera	esempio
a (a)	abilità	h (acca)	hai	q (cu)	quattro
b (bi)	banana	i (i)	idea	r (erre)	radio
c (ci)	città	l (elle)	lungo	s (esse)	speciale
d (di)	delizioso	m (emme)	mamma	t (ti)	terribile
e (e)	elegante	n (enne)	natura	u (u)	università
f (effe)	famoso	o (o)	opera	v (vu)	video
g (gi)	generoso	p (pi)	pizza	z (zeta)	zoo

The Italian alphabet is made up of 21 letters. Although these letters are all found in the English alphabet, some are pronounced differently. The letter **h** is not pronounced in Italian.

jeans	kiwi	weekend	taxi	yogurt

j (**i lunga**), **k** (**cappa**), **w** (**doppia vu**), **x** (**ics**), and **y** (**ipsilon**) are used primarily in foreign terms.

sete	sette	sono	sonno
thirst	*seven*	*I am*	*sleepiness*

A double consonant often distinguishes between two similarly spelled words. The sound of the doubled consonant should be emphasized and held for an extra beat. When spelling double consonants aloud, say **due** (*two*) or **doppia** (*double*).

é = e accento acuto   à = a accento grave

When spelling aloud, indicate accented letters by saying **accento acuto** (´) or **accento grave** (`).

---

1   **L'alfabeto** Practice saying the Italian alphabet and sample words aloud.

---

2   **Come si scrive?** Spell these words aloud in Italian. For uppercase letters, say **maiuscola:**
L = elle maiuscola.

1. Roma	4. Firenze	7. musica	10. karaoke
2. arrivederci	5. ciao	8. Milano	11. numero
3. università	6. yacht	9. esatto	12. città

---

3   **Proverbi** Practice reading these sayings aloud.

1. Errare è umano.
2. Tutto è bene quel che finisce bene!

---

4   **Dettato** You will hear six people introduce themselves. Listen carefully and write the people's names as they spell them.

1. _____
2. _____
3. _____
4. _____
5. _____
6. _____

Lab Manual

2   **Unità 1** Lab Activities

STRUTTURE

1A.1 Nouns and articles

1 **Categorizzare** You will hear a series of words. Decide whether the word is masculine or feminine, then mark the appropriate column with an **X**.

> **Modello**
>
> *You hear:* ragazza
> *You mark:* an X under **Femminile**

	Maschile	**Femminile**
Modello	_____	___X___
1.	_____	_____
2.	_____	_____
3.	_____	_____
4.	_____	_____
5.	_____	_____
6.	_____	_____
7.	_____	_____
8.	_____	_____

2 **Trasformare** Change each article from indefinite to definite. Repeat the correct answer after the speaker. (*6 items*)

> **Modello**
>
> *You hear:* un amico
> *You say:* l'amico

3 **Cambiare** Change each word from the singular to the plural. Repeat the correct answer after the speaker. (*8 items*)

> **Modello**
>
> *You hear:* un libro
> *You say:* due libri

4 **La classe** What does Sofia see in her Italian class? Listen to what she says and write the missing words in your lab manual.

1. _____ studenti
2. le _____
3. _____ professore
4. i _____

5. _____ tavola
6. un _____
7. _____ foto dell'Italia
8. _____ zaino

Lab Manual

1A.2 Numbers 0–100

1 **Tombola** You are going to play two games (**partite**) of bingo (**tombola**). As you hear each number, mark it with an **X** on your bingo card. When you get all four numbers in a column, call out **tombola**!

Partita 1		
2	17	35
26	52	3
15	8	29
7	44	13

Partita 2		
18	12	16
9	34	25
0	56	41
27	31	58

2 **Quanti?** You want to learn everything you can about your friend Marco's new university. Write down his answers to your questions.

> **Modello**
>
> *You see:* Ci sono _____ professori di letteratura.
> *You say:* Ci sono professori di letteratura?
> *You hear:* Sì, ci sono diciotto professori di letteratura.
> *You write:* 18

1. Ci sono _____ studenti americani.
2. Ci sono _____ computer in biblioteca.
3. Ci sono _____ studentesse francesi nella classe d'italiano.
4. Ci sono _____ libri nella classe di letteratura.
5. Ci sono _____ tavoli nella classe di biologia.
6. Ci sono _____ professoresse d'inglese.

3 **Matematica** You will hear a series of math problems. Write the missing numbers and then solve the problems.

> **Modello**
>
> Quanto fa due più tre?
> 2 + 3 = 5

più = *plus* **meno** = *minus* **fa** = *equals (makes)*

1. _____ + _____ = _____
2. _____ – _____ = _____
3. _____ + _____ = _____
4. _____ – _____ = _____
5. _____ – _____ = _____
6. _____ + _____ = _____
7. _____ + _____ = _____
8. _____ – _____ = _____

4 **Domande** You will hear five designations of people or items. As you hear each designation, look at the drawing and say how many of those people or items you see. Repeat the correct response after the speaker. (*5 items*)

Lab Manual

Unità 1   # Lezione 1B

CONTESTI

---

1   **Identificare** Look at the drawing and listen to the statement. Indicate whether each statement is **vero** or **falso**.

	Vero	Falso
1.	○	○
2.	○	○
3.	○	○
4.	○	○
5.	○	○
6.	○	○
7.	○	○
8.	○	○

---

2   **Contrari** You will hear a list of masculine nouns. Write the number of the masculine noun next to its feminine counterpart.

_____ a. un'insegnante

_____ b. un'alunna

_____ c. una compagna di classe

_____ d. la ragazza

_____ e. una studentessa

_____ f. una professoressa

_____ g. l'attrice

_____ h. un'amica

---

3   **Professoressa** This professor needs to order new items at the bookstore. You will hear a series of questions from the bookstore manager. Look at the professor's list and answer each question. Then repeat the correct response after the speaker. (*8 items*)

Lista

- 54 matite   - 59 fogli di carta

- 7 cestini   - 23 quaderni

- 34 penne   - 12 dizionari

- 15 cartine   - 28 libri d'italiano

Lab Manual

PRONUNCIA E ORTOGRAFIA

The letters c and g

| caldo | coppa | curva | chiaro |

c has a hard sound (as in the English word *cat*) when followed by the vowels **a**, **o**, or **u**, or when followed by the letter **h**.

| cena | cento | ciao | cibo |

c has a soft sound (as in the English word *chat*) when followed by the vowels **e** or **i**.

| gatto | gondola | gusto | spaghetti |

Similarly, **g** has a hard sound (as in the English word *gap*) when followed by the vowels **a**, **o**, or **u**, or by the letter **h**.

| gelato | gente | pagina | fagioli |

g has a soft sound (as in the English word *gem*) when followed by the vowels **e** or **i**.

1 **Pronunciare** Practice saying these words aloud.

1. ciao	4. cono	7. parco	10. compiti
2. gala	5. lago	8. liceo	11. felice
3. logico	6. vicino	9. giallo	12. Cina

2 **Articolare** Practice saying these sentences aloud.

1. La bicicletta costa cento dollari.
2. L'università è grande.
3. Oggi fa caldo.
4. L'orologio è bello.
5. Il ragazzo mangia alla mensa.
6. Il principe è coraggioso.

3 **Proverbi** Practice reading these sayings aloud.

1. Ogni volta che apri un libro, qualcosa impari.
2. Pensa oggi e parla domani.

4 **Dettato** You will hear a conversation. Listen carefully and write what you hear during the pauses. The entire conversation will then be repeated so you can check your work.

MARCO _____

SARA _____

MARCO _____

SARA _____

MARCO _____

SARA _____

MARCO _____

SARA _____

Lab Manual

STRUTTURE

1B.1 Subject pronouns and the verb *essere*

1 **Identificare** You will hear six statements. As you listen to each statement, write down the subject pronoun you hear.

1. Oggi _____ sono in classe.
2. Qualche volta _____ siamo timide.
3. Domani _____ siete a Roma?
4. Paola, _____ sei intelligente.
5. La mattina _____ sono in ufficio.
6. A pranzo _____ è in casa.

2 **Domande** Listen to each question. Then use the cue provided to respond.

> **Modello 1**
>
> *You hear:* Loro sono insegnanti?
> *You see:* Sì.
> *You say:* Sì, loro sono insegnanti. / Sì, noi siamo insegnanti.

> **Modello 2**
>
> *You hear:* Siete attori?
> *You see:* No.
> *You say:* No, noi non siamo attori.

1. Sì.
2. Sì.
3. No.
4. Sì.
5. No.
6. No.

3 **Completare** Listen to each sentence and write the missing subject pronoun and form of **essere**. Then repeat the sentence after the speaker.

1. _____ studentessa a Milano.
2. A scuola _____ tranquillo.
3. _____ insegnanti d'italiano.
4. In ufficio _____ nervosi.
5. _____ i signori Rossi?
6. Oggi _____ in biblioteca.

4 **Descrizioni** You will hear six sentences talking about where people are from. Listen to each sentence and then ask a follow-up question using the cue provided. Repeat the correct response after the speaker.

> **Modello**
>
> *You hear:* Loro sono di Roma.
> *You see:* tu
> *You say:* Anche tu sei di Roma?

1. lei
2. loro
3. tu
4. lui
5. voi
6. Loro

Lab Manual

1B.2 Adjective agreement

1 Identificare For each drawing, you will hear two statements. Choose the one that corresponds to the drawing.

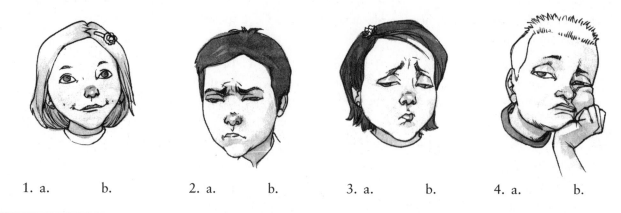

1. a. _____ b. _____   2. a. _____ b. _____   3. a. _____ b. _____   4. a. _____ b. _____

2 Trasformare Change each sentence from the masculine to the feminine or vice versa. Repeat the correct answer after the speaker. (*6 items*)

> **Modello**
> Lo studente è americano.
> La studentessa è americana.

3 Trasformare Change each sentence from the singular to the plural or vice versa. Repeat the correct answer after the speaker. (*6 items*)

> **Modello**
> Il ragazzo è simpatico.
> I ragazzi sono simpatici.

4 Completare Listen to the following description and write the missing words in your lab manual.

Io sono (1) _____ e (2) _____, ma Paolo e Benedetta, due amici, sono

(3) _____. Noi siamo studenti d'inglese a Boston. Paolo è studente di economia e Benedetta di

storia. Al corso d'inglese ci sono ragazzi francesi e spagnoli. Loro sono (4) _____,

(5) _____ e (6) _____. C'è anche una ragazza giapponese. È (7) _____,

ma è molto (8) _____.

Lab Manual

1B.3 Telling time

1 **L'ora** Look at the clock and listen to the statement. Indicate whether the statement is **vero** or **falso**.

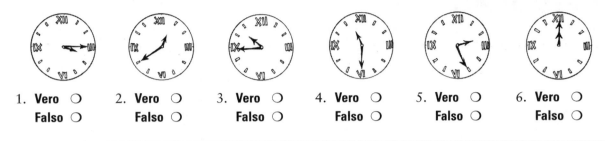

1. Vero ○   2. Vero ○   3. Vero ○   4. Vero ○   5. Vero ○   6. Vero ○
   Falso ○   Falso ○   Falso ○   Falso ○   Falso ○   Falso ○

---

2 **Che ora è?** Your friends want to know the time. Answer their questions, using the cues in your lab manual. Repeat the correct response after the speaker.

> **Modello**
> *You hear:* Che ora è?
> *You see:* 2.15 del pomeriggio
> *You say:* Sono le due e un quarto del pomeriggio.

1. 10.25 di mattina
2. 12.10 del pomeriggio
3. 7.45 di sera
4. 3.30 del pomeriggio

5. 9.15 di mattina
6. 10.50 di mattina
7. 5.20 di mattina
8. 3.40 di mattina

---

3 **A che ora?** You are trying to plan your class schedule. Ask your counselor what time these classes meet and write the answer.

> **Modello**
> *You see:* la lezione di geografia
> *You say:* A che ora è la lezione di geografia?
> *You hear:* È alle nove e mezzo di mattina.
> *You write:* 9.30 di mattina

1. la lezione di matematica _____
2. la lezione di spagnolo _____
3. la lezione di chimica _____

4. la lezione di letteratura _____
5. la lezione di storia _____
6. la lezione di economia _____

---

4 **L'agenda** Your friend wants to know your schedule for today. Using the 24-hour clock, answer his questions using the cues in your lab manual. Repeat the correct response after the speaker.

> **Modello**
> *You hear:* A che ora vai all'università?
> *You see:* 7.30 di sera
> *You say:* Alle diciannove e trenta.

1. 8.15 di mattina
2. 11.20 di mattina
3. 1.20 del pomeriggio

4. 4.30 del pomeriggio
5. 7.00 di sera
6. 9.50 di sera

Unità 1 Lab Activities   **9**

Lab Manual

Unità 2

Lezione 2A

CONTESTI

1 **Identificare** You will hear a series of words. Write the word that does not belong in each series.

1. _____
2. _____
3. _____
4. _____
5. _____
6. _____
7. _____
8. _____

2 **Associare** You will hear eight verbs. For each verb you hear, choose the word that is most closely associated with it.

1. batteria / freccette
2. chitarra / calcio
3. automobilismo / cinema
4. campo / TV
5. parco / cavallo
6. stadio / scacchi
7. piano / danza classica
8. bicicletta / nuoto

3 **Conversazioni** You will hear six statements. Write the number of each statement next to the response that best follows it.

> *Modello*
>
> *You hear:* 1. Suoni uno strumento?
> *You write:* "1" next to statement **f**

_____ a. No, suona la batteria.

_____ b. È vero. Quella (*That*) squadra perde sempre.

_____ c. No, preferisco (*I prefer*) andare al cinema.

_____ d. Non è vero, ci sono undici giocatori.

_____ e. Io preferisco la pallacanestro.

__1__ f. Sì, suono il piano.

_____ g. No, vado (*I'm going*) allo stadio. C'è la partita dell'Italia.

PRONUNCIA E ORTOGRAFIA

Letter combinations *gli*, *gn*, and *sc*

figlio	gli	miglia	Puglia

In Italian, the letter combination **gli** is usually pronounced like the *lli* in the English word *million*.

compagnia	gnocchi	legno	signore

The letter combination **gn** is pronounced like the *ni* in the English word *onion*.

scala	fiasco	scuola	pesche

The letter combination **sc** has a hard sound (as in the English word *scope*) when it precedes the vowels **a**, **o**, or **u**, or the consonant **h**.

pesce	liscio	sciare	scienza

The letter combination **sc** has a soft sound (as in the English word *she*) in front of the letters **e** or **i**.

1 **Pronunciare** Practice saying these words aloud.

1. meglio
2. pescare
3. sci
4. bagno
5. scacchi
6. Spagna
7. paglia
8. sconto
9. gnomo
10. scheda
11. moglie
12. scena

2 **Articolare** Practice saying these sentences aloud.

1. Gli gnocchi sono cotti.
2. Mi piace giocare e sciare.
3. C'è un pesce in piscina.
4. È meglio sognare o avere?
5. Qual è la scelta migliore?
6. Hai un biglietto per il concerto?

3 **Proverbi** Practice reading these sayings aloud.

1. Chi dorme non piglia pesci.
2. Assai ben balla a chi Fortuna suona.

4 **Dettato** You will hear six sentences. Each sentence will be read twice. Listen carefully, and write what you hear.

1. _____
2. _____
3. _____
4. _____
5. _____
6. _____

Lab Manual

Unità 2 Lab Activities

STRUTTURE

2A.1 Regular -are verbs

1 **Scegliere** Listen to each statement you hear and choose the most logical response.

1. a. Guardiamo un film.   b. Ascoltiamo un film.
2. a. Studiate italiano.   b. Studi italiano.
3. a. Parlano molto.   b. Parli molto.
4. a. Lavora.   b. Lavoro.
5. a. Ballate.   b. Balli.
6. a. Abita a Roma.   b. Abitano a Roma.

2 **Le attività** You will hear six subject pronouns. Use each one to create a complete sentence using the activity shown. Repeat the correct answer after the speaker.

> **Modello**
>
> *You hear:* Lei
> *You see:* ascoltare musica classica
> *You say:* Ascolta musica classica.

1. mangiare il pesce (*fish*)
2. aiutare gli amici
3. imparare il cinese
4. parlare con il dottore
5. telefonare a casa
6. suonare il jazz

3 **Chi altro?** You will hear six statements. For each statement, use the cue provided to say who else is doing the activity mentioned. Repeat the correct answer after the speaker.

> **Modello**
>
> *You hear:* Noi guardiamo la tivù.
> *You see:* Marta
> *You say:* Marta guarda la tivù.

1. noi
2. Piero
3. loro
4. io
5. tu
6. lei

4 **Orari** You will hear a short narration in which Laura talks about what she and her friends are doing today and when. As you listen, write their activities in the chart provided. The first one is done for you.

> **Modello**
>
> *You hear:* Io e Aldo oggi insegniamo alle otto.
> *You write:* Io e Aldo insegniamo.

8.00	Io e Aldo insegniamo.
10.00	
11.00	
13.30	
15.00	
18.00	
20.00	

Lab Manual

2A.2 Andare, dare, fare, and stare

1 **Identificare** Listen to each statement and mark an **X** in the column that shows the subject of the verb you hear.

> **Modello**
>
> *You hear:* Marcello fa colazione al bar.

	io	tu	lui/lei	noi	voi	loro
Modello	____	____	X	____	____	____
1.	____	____	____	____	____	____
2.	____	____	____	____	____	____
3.	____	____	____	____	____	____
4.	____	____	____	____	____	____
5.	____	____	____	____	____	____
6.	____	____	____	____	____	____
7.	____	____	____	____	____	____
8.	____	____	____	____	____	____

2 **Completare** Use each cue provided with the phrase you hear to create a complete sentence. Repeat the correct answer after the speaker.

> **Modello**
>
> *You hear:* dare il libro a Claudio
> *You see:* Monica
> *You say:* Monica dà il libro a Claudio.

1. voi
2. Giuseppe e Marianna
3. io
4. tu
5. Maria
6. noi
7. Carla
8. noi

3 **Trasformare** Listen to each sentence and cue. Use the cue you hear to form a new sentence that uses the cue as its subject. Repeat the sentence after the speaker. (*8 items*)

> **Modello**
>
> *You hear:* Luisa fa la spesa. (loro)
> *You say:* Loro fanno la spesa.

4 **Che cosa fanno?** You will hear eight different subjects and subject pronouns. Use each one to describe what that person or those people will do, based on the cues provided in the lab manual. Repeat the correct answer after the speaker. (*8 items*)

> **Modello**
>
> *You hear:* Marcello
> *You see:* lezione di biologia
> *You say:* Marcello va a lezione di biologia.

1. all'università
2. in discoteca
3. a giocare a calcio
4. a lezione di chitarra
5. a Roma
6. in biblioteca
7. in palestra
8. al teatro

Lab Manual

Unità 2   Lezione 2B

CONTESTI

1 **Il tempo** Listen to each statement and write the number of the statement below the picture it describes. There are more statements than pictures.

a. _____

b. _____

c. _____

d. _____

2 **Identificare** You will hear a series of words. Write the word that does not belong in each series.

1. _____   4. _____

2. _____   5. _____

3. _____   6. _____

3 **Completare** You will hear a statement. Use the information it provides to complete the partial statement in your lab manual.

> **Modello**
>
> *You see:* Il tempo è _____.
> *You hear:* Piove e c'è vento.
> *You write:* **brutto**

1. Il tempo è _____.

2. Questo (*This*) mese è _____.

3. La prossima (*next*) stagione è l' _____.

4. C'è un _____.

5. Fa molto _____.

6. La stagione è l' _____.

Lab Manual

PRONUNCIA E ORTOGRAFIA

Italian vowels

a   e   i   o   u

Italian vowels are never silent. They are always pronounced and are shorter and crisper than English vowels. The letters **e** and **o** have open and closed sounds that often vary regionally.

Alpi   **anche**   **animale**   **arte**

In Italian, **a** has a sound between the *a* in the English word *father* and the *u* of *up*. The sound has no lingering glide and is raised.

buonasera   **che**   **e**   **regina**

The closed **e** sounds like the *e* in *they*, but shorter.

bello   **biblioteca**   **è**   **festa**

The open **e** sound is like the *e* in *get*. Before double consonants, the **e** is usually open.

fine   **idea**   **lingua**   **vino**

The letter **i** is pronounced like the *i* in *machine*, only shorter.

dolce   **non**   **ora**   **sole**

The closed **o** sounds like the *o* in *toe*, but shorter.

foto   **porta**   **rosa**   **storia**

The open **o** sound is like the *o* in *got*. Before double consonants, the **o** is usually open.

lungo   **scusa**   **tu**   **uno**

The letter **u** is pronounced like the *oo* in *soon*.

1 **Pronunciare** Practice saying these words aloud.

1. ciao	4. arte	7. lavagna	10. compiti
2. zaino	5. esame	8. liceo	11. sedia
3. università	6. io	9. penna	12. voto

2 **Articolare** Practice saying these sentences aloud.

1. Il libro è sulla sedia.
2. A giugno fa bel tempo.
3. È un'opera d'arte.
4. L'orologio è bello.
5. Oggi è il primo giorno del mese.
6. Sento il tuono.

3 **Proverbi** Practice reading these sayings aloud.

1. L'aprile piovoso fa il maggio grazioso.
2. Nebbia bassa buon tempo lascia.

4 **Dettato** You will hear a conversation. Listen carefully, and write what you hear during the pauses. The entire conversation will then be repeated so you can check your work.

FABIO _____

ANNA _____

FABIO _____

ANNA _____

FABIO _____

ANNA _____

FABIO _____

ANNA _____

Lab Manual

STRUTTURE

2B.1 The verb *avere*

1 **Avere bisogno di** Listen to each cue and then say what the person mentioned needs to do. Repeat the correct answer after the speaker. (*6 items*)

> **Modello**
> *You hear:* Lucia non studia la notte.
> *You say:* Lucia ha bisogno di studiare la notte.

2 **Trasformare** Form a new sentence using the cue you hear. Repeat the correct answer after the speaker.

> **Modello**
> *You see:* Abbiamo ragione.
> *You hear:* tu
> *You say:* Hai ragione.

1. Ho sete.
2. Chiara ha ventidue anni.
3. Avete paura.

4. Mauro ha torto.
5. Abbiamo fretta.
6. Avete sonno.

3 **Rispondere** Answer each question you hear, using the cues in your lab manual. Repeat the correct answer after the speaker.

> **Modello**
> *You hear:* Hai sete?
> *You see:* Sì.
> *You say:* Sì, ho sete.

1. Sì.
2. Sì.
3. No.

4. Sì.
5. No.
6. No.

4 **Scegliere** Listen to each situation and choose the appropriate expression to go with it. You will hear each situation twice.

1. a. Stefania ha fretta.
   b. Stefania ha freddo.

2. a. Hanno ragione.
   b. Hanno torto.

3. a. Ha sete.
   b. Ha paura.

4. a. Abbiamo caldo.
   b. Abbiamo sonno.

5. a. Avete fame.
   b. Avete ragione.

6. a. Ho paura.
   b. Ho freddo.

Lab Manual

2B.2 Regular -ere verbs and piacere

1   **Identificare** You will hear six sentences. Write the number of each sentence you hear next to the corresponding subject pronoun.

a. noi _____   d. io _____

b. lei _____   e. voi _____

c. loro _____   f. tu _____

2   **Trasformare** You will hear six sentences. For each sentence, replace the verb you hear with the one provided in your lab manual and make any changes necessary. Repeat the correct answer after the speaker.

1. prendere
2. vendere
3. ripetere
4. ricevere
5. vivere
6. vedere

3   **Completare** You will hear six sentences. For each sentence complete the partial sentence in your lab manual with the missing information.

1. Mi _____.

2. Ci _____.

3. Le _____.

4. Ti _____.

5. Vi _____.

6. Gli _____.

4   **Rispondere** You will hear six questions. Write your response to each question on the line provided.

1. _____

2. _____

3. _____

4. _____

5. _____

6. _____

Lab Manual

2B.3 Numbers 101 and higher

1 **Numeri di telefono** You have made some new friends and want to get their telephone numbers. You ask your friend Giulia for the numbers and write the answers below.

> **Modello**
>
> *You see:* Gianluca
> *You say:* Qual è il numero di telefono di Gianluca, Giulia?
> *You hear:* zero uno, ventitré, trentotto, quarantatré, cinquantadue
> *You write:* 01.23.38.43.52

1. Lorenzo _____

2. Daniela _____

3. Paola _____

4. Benedetta _____

5. Alfredo _____

6. Alessandro _____

7. Chiara _____

8. Maria _____

2 **Inventario** You and a coworker are taking inventory at the university bookstore. Answer your coworker's questions using the cues in your lab manual. Repeat the correct response after the speaker.

> **Modello**
>
> *You hear:* Quante matite abbiamo?
> *You see:* 354
> *You say:* Abbiamo trecentocinquantaquattro matite.

1. 284
2. 629
3. 122
4. 86

5. 156
6. 304
7. 628
8. 171

3 **Rispondere** You will hear sentences with different amounts of euros mentioned. Look at the price list below and say what item costs that amount of euros.

> **Modello**
>
> *You hear:* Mario ha novecentocinquantamila euro.
> *You see:* palazzo a Venezia / 950.000 €
> *You say:* Il palazzo a Venezia costa novecentocinquantamila euro.

1. quadro di Michelangelo / 340.000 €
2. computer / 2.460 €
3. cavallo / 5.300 €
4. casa a Roma / 480.000 €

5. automobile italiana / 68.500 €
6. chitarra elettrica / 3.900 €
7. piano / 6.700 €
8. motocicletta / 15.700 €

Lab Manual

Unità 3   # Lezione 3A

1 **La famiglia Corelli** You will hear some questions. Look at the family tree and give the correct answer to each question.

La famiglia Corelli

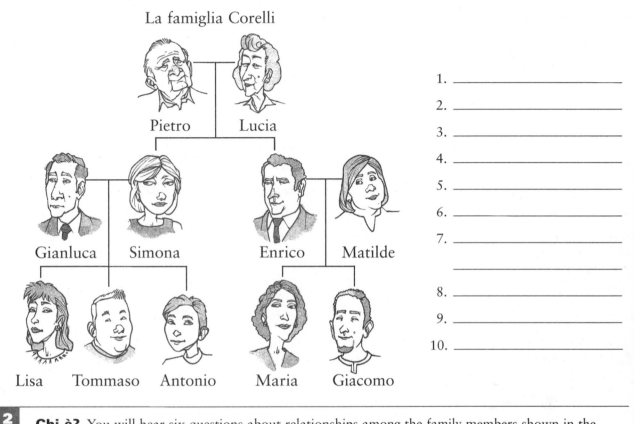

Pietro   Lucia

Gianluca   Simona   Enrico   Matilde

Lisa   Tommaso   Antonio   Maria   Giacomo

1. _____

2. _____

3. _____

4. _____

5. _____

6. _____

7. _____

_____

8. _____

9. _____

10. _____

2 **Chi è?** You will hear six questions about relationships among the family members shown in the family tree above. Use the family tree to answer the questions with the correct information. Repeat the answer after the speaker. (*6 items*)

> **Modello**
>
> *You hear:* Pietro è il fratello di Gianluca?
> *You say:* No, Pietro è il suocero di Gianluca.

3 **Completare** Listen to this story and write the missing words in the spaces provided.

Io mi chiamo Giuliano. I miei (1) _____ sono divorziati. Vivo con mia

(2) _____ e mia (3)_____. Abitiamo nella stessa casa con il

(4) _____ di mia (5) _____. Mio (6) _____ e mia

(7) _____ hanno tre (8) _____. Mio (9) _____ si

chiama Simone e le mie (10) _____ si chiamano Cecilia e Silvia. Mio

(11) _____ è sposato e la mia (12) _____ si chiama Susanna.

Ho un (13) _____, Teodoro.

Lab Manual

PRONUNCIA E ORTOGRAFIA

L'accento tonico

| fratello | cugine | marito | genitori |

The distinctive cadence of spoken Italian depends on a pattern of stressed and unstressed syllables. In most Italian words, the stress falls on the next-to-last syllable.

| nubile | celibe | vedovi | suocera |

Some words are stressed on the third-to-last syllable, resulting in a "sliding" pronunciation. This text presents these words with a dot under the stressed syllable.

Gli studenti **parlano** solo italiano.   Gli italiani **mettono** zucchero nel caffè.

The same "sliding" stress pattern occurs in the third-person plural form (**loro**) of regular verbs in the present tense.

È necessario **essere** felici per **vivere**?   Desideri **prendere** un caffè con me?

Many infinitives ending in **-ere** are stressed on the third-to-last syllable.

Abitiamo in una **città** molto bella.   L'**università** ha più di 15.000 studenti.

Written accents are used to show when the spoken stress falls on the last syllable.

---

1 **Pronunciare** Practice saying these words aloud.

1. città	4. dipendere	7. nonno	10. marito
2. figlia	5. mangiano	8. suocero	11. felicità
3. nipoti	6. genero	9. cane	12. divorziati

---

2 **Articolare** Practice saying these sentences aloud.

1. Chi ha voglia di andare al cinema?
2. La mia cugina nubile è molto bella.
3. I nostri zii giocano sempre a calcio.
4. Dove desiderate andare a prendere un gelato?
5. Il mio nuovo genero è del Perù.
6. I miei fratelli non studiano mai.

---

3 **Proverbi** Practice reading these sayings aloud.

1. Vale più un amico che cento parenti.
2. Tale padre, tale figlio.

---

4 **Dettato** You will hear eight sentences. Each will be read twice. Listen carefully and write what you hear.

1. _____
2. _____
3. _____
4. _____
5. _____
6. _____
7. _____
8. _____

Lab Manual

STRUTTURE

3A.1 Possessives

1 **Identificare** Listen to each statement and identify the Italian possessive adjective. Then mark an **X** in the column of its English equivalent.

Modello

> *You hear:* È il mio professore di italiano.
> *You mark:* an **X** under *my*

	my	your (singular)	your (plural)	his/her	our	their
Modello	X					
1.						
2.						
3.						
4.						
5.						
6.						
7.						
8.						

2 **Scegliere** Listen to each question and choose the most logical answer.

1. a. Sì, la tua casa è grande.
   b. No, la mia casa non è grande.

2. a. Sì, viviamo con i nostri genitori.
   b. No, non viviamo con i vostri genitori.

3. a. Sì, è tuo zio.
   b. Sì, è suo zio.

4. a. Sì, i loro genitori vanno a lavorare alle otto del mattino.
   b. Sì, i nostri genitori vanno a lavorare alle otto del mattino.

5. a. No, mia sorella non studia chimica.
   b. No, sua sorella non studia chimica.

6. a. Sì, la loro nipote è in Brasile.
   b. Sì, mia nipote è in Brasile.

7. a. No, i loro amici non sono qui.
   b. No, i nostri amici non sono qui.

8. a. Sì, i loro nonni sono italiani.
   b. Sì, i nostri nonni sono italiani.

3 **Rispondere** Answer each question you hear in the affirmative, using a possessive adjective. Repeat the correct response after the speaker. (*6 items*)

Modello

> *You hear:* È tuo padre?
> *You say:* Sì, è mio padre.

Lab Manual

3A.2 *Preposizioni semplici e articolate*

1 **Completare** You will hear eight statements. Complete each statement below with the missing information.

1. Michela telefona _____.

2. Il libro è _____.

3. Il treno arriva _____.

4. La penna è _____.

5. Oggi studio _____.

6. Francesco viene _____.

7. Fabio e Luigi comprano un regalo _____.

8. Stasera mangio _____.

2 **Riempire** Listen to the passage that follows. Complete it by filling in each blank with the correct preposition or prepositional contraction.

Domani ho un esame (1) _____ letteratura italiana (2) _____ università. Oggi vado

(3) _____ Riccardo (4) _____ studiare (5) _____ lui. Riccardo vive

(6) _____ centro: vado (7) _____ casa sua (8) _____ autobus. Prendo l'autobus

(9) _____ otto (10) _____ mattino, perché abbiamo bisogno di studiare molto.

3 **Creare** You will hear eight sentences. For each sentence, use the word provided to expand the sentence.

> **Modello**
>
> *You see:* spagnolo
> *You hear:* Il signor Castoldi è professore.
> *You say:* Il signor Castoldi è professore di spagnolo.

1. da calcio

2. per il lavoro

3. in montagna

4. di italiano

5. nel parco

6. con gli amici

7. di classe

8. sul tavolo

4 **Rispondere** You will hear six questions. Answer each question based on your own personal information.

> **Modello**
>
> *You hear:* Dove vai a ballare?
> *You say and write:* Vado a ballare in discoteca.

1. _____

2. _____

3. _____

4. _____

5. _____

6. _____

Lab Manual

3A.3 Regular -ire verbs

1 **Identificare** You will hear eight sentences. For each sentence you hear, mark an **X** in the column that identifies the correct subject pronoun.

	io	tu	lui/lei	noi	voi	loro
1.	___	___	___	___	___	___
2.	___	___	___	___	___	___
3.	___	___	___	___	___	___
4.	___	___	___	___	___	___
5.	___	___	___	___	___	___
6.	___	___	___	___	___	___
7.	___	___	___	___	___	___
8.	___	___	___	___	___	___

2 **Coniugare** Form a new sentence using the cue you hear as the subject. Repeat the correct answer after the speaker. (*6 items*)

> **Modello**
>
> *You hear:* Voi non dormite mai! (tu)
> *You say:* Tu non dormi mai!

3 **Creare** You will hear the subject of a sentence. Use it with the cue provided to create a complete sentence. Repeat the correct answer after the speaker.

> **Modello**
>
> *You see:* aprire la finestra
> *You hear:* tu e io
> *You say:* Tu e io apriamo la finestra.

1. preferire i biscotti   4. dormire molto   7. partire per Roma
2. pulire le finestre   5. capire lo svedese   8. seguire un corso di scacchi
3. offrire il caffè   6. finire di lavorare alle sei

4 **Domande** Answer each question you hear using the cue provided. Repeat the correct answer after the speaker.

> **Modello**
>
> *You see:* otto di mattina
> *You hear:* A che ora apre la biblioteca?
> *You say:* La biblioteca apre alle otto di mattina.

1. Gianluca e Francesca   3. da mia nonna   5. Tiziano
2. undici e mezzo   4. Alfonso e Patrizia   6. undici di sera

Lab Manual

     Unità 3 Lab Activities

Unità 3   # Lezione 3B

1 **Logico o illogico?** Listen to each statement and indicate whether it is **logico** or **illogico**.

	Logico	Illogico		Logico	Illogico
1.	○	○	5.	○	○
2.	○	○	6.	○	○
3.	○	○	7.	○	○
4.	○	○	8.	○	○

2 **Associare** Circle the words that are logically associated with each word you hear.

1. duro   fedele   generoso
2. curioso   intelligente   ricco
3. gentile   amaro   vecchio
4. musicista   divertente   debole
5. crudele   povero   ingegnere
6. uomo d'affari   giovane   attivo

3 **Chi è?** You will hear four descriptions of people. For each description you hear, write its number next to the picture of the person that it describes.

Gabriella prende sempre bei voti, ma è un po' antipatica.

Emanuele guarda spesso la TV e non va mai in palestra.

Davide non fa mai domande a lezione e non gli piacciono i libri.

Oriana ha tanti amici e fa spesso del volontariato.

a. _____   b. _____   c. _____   d. _____

PRONUNCIA E ORTOGRAFIA

Intonation of questions and the *qu* letter combination

Sono le dieci.   **Andiamo al mare.**

It's ten o'clock.   *Let's go to the beach.*

Italian sentences usually have a smooth, rolling tempo, with a drop of intonation at the end.

Sono le dieci?   **Andiamo al mare?**

Is it ten o'clock?   *Are we going to the beach?*

In questions, on the other hand, the pitch of the voice rises on the final syllable.
This final rise distinguishes between a statement and a question.

Quando mangiate?   **Quanti fratelli hai?**

When do you eat?   *How many brothers do you have?*

In standard Italian, questions formed with interrogative words follow the same pattern as yes–or–no questions. They have a rolling tempo with a rise in intonation on the final syllable.

| quando | quattro | questo | quale |

Many Italian words begin with the letter combination **qu**. In Italian, **qu** is pronounced *kw*, as in the English words *quake* and *queen*.

| quanto | questione | qui | Pasqua |

Regardless of the vowel that follows, the pronunciation of the Italian **qu** remains *kw*. Even when found in the middle of a word, **qu** retains the *kw* pronunciation.

1 **Pronunciare** Practice saying these words aloud.

1. quindici   3. quaderno   5. quota   7. requisito   9. quasi
2. quello   4. quarto   6. acqua   8. qualità   10. quindi

2 **Articolare** Practice saying these questions aloud.

1. Andiamo da Elena stasera?   4. Quando vai a scuola?
2. Hai il libro?   5. Dove studiamo?
3. Mangi a casa oggi?   6. Chi parla?

3 **Proverbi** Practice reading these sayings aloud.

1. Quando il gatto non c'è, i topi ballano.
2. Chi trova un amico trova un tesoro.

4 **Dettato** You will hear eight sentences. Each will be read twice. Listen carefully and write what you hear.

1. _____
2. _____
3. _____
4. _____
5. _____
6. _____
7. _____
8. _____

Lab Manual

STRUTTURE

3B.1 Descriptive adjectives

1 **Femminile o maschile?** Change each sentence from the masculine to the feminine and vice versa. Repeat the correct answer after the speaker. (*6 items*)

> *Modello*
>
> *You hear:* Lo zio di Maria è italiano.
> *You say:* La zia di Maria è italiana.

2 **Singolare o plurale?** Change each sentence from singular to plural and vice versa. Repeat the correct answer after the speaker. (*6 items*)

> *Modello*
>
> *You hear:* L'alunno è giovane.
> *You say:* Gli alunni sono giovani.

3 **I miei compagni di classe** Describe your classmates using the cues in your lab manual. Repeat the correct answer after the speaker.

> *Modello*
>
> *You hear:* Gianna
> *You see:* basso
> *You say:* Gianna è bassa.

1. sensibile
2. disinvolto
3. carino
4. socievole e ottimista

5. alto e magro
6. brillante
7. modesto e discreto
8. allegro e spiritoso

4 **La famiglia Rossi** Look at the photo of the Rossi family. You will hear eight statements. Decide whether each statement is **vero** or **falso**, based on the photo.

	Vero	Falso
1.	○	○
2.	○	○
3.	○	○
4.	○	○
5.	○	○
6.	○	○
7.	○	○
8.	○	○

Lab Manual

3B.2 Interrogatives and demonstratives

1 **Logico o illogico?** You will hear some questions and answers. Based on the question, decide if each answer is **logico** or **illogico**.

	Logico	Illogico			Logico	Illogico
1.	O	O		5.	O	O
2.	O	O		6.	O	O
3.	O	O		7.	O	O
4.	O	O		8.	O	O

2 **Risposte** Answer each question you hear using the cue in your lab manual. Repeat the correct response after the speaker.

> **Modello**
> *You hear:* Perché non vai al bar?
> *You see:* andare a lavorare
> *You say:* Perché vado a lavorare.

1. in biblioteca
2. con sua cugina
3. rossa
4. con una giornalista
5. all'università
6. attivo e serio

3 **Domande** Listen to each answer, and ask the question that prompted that answer. Repeat the correct question after the speaker. (*6 items*)

> **Modello**
> *You hear:* Gregorio va in ufficio.
> *You say:* Dove va Gregorio?

4 **Conversazione** You will hear a short conversation between Marisa and Silvio about Marisa's family. Listen carefully, then answer the following questions about what they said.

1. Com'è Luisa?

   _____

2. Dove vivono i cugini di Marisa?

   _____

3. Che lavoro fa Luisa?

   _____

4. Perché Alberto non lavora?

   _____

Lab Manual

Unità 4

Lezione 4A

1 **Associare** Circle the word or expression that is logically associated with each word you hear.

1. stampante	cartella	tastiera
2. microfono	documento	lettore DVD
3. sito Internet	CD-ROM	cuffie
4. impianto stereo	mouse	schermo
5. lettore CD portatile	carica batteria	registratore
6. scaricare	comporre	stampare
7. essere in linea	cuffie	cancellare
8. telecomando	segreteria telefonica	password

2 **Scegliere** Listen to each question and choose the most logical answer.

1. a. Sì, leggo le e-mail.
   b. Sì, ecco il carica batteria.

2. a. Sì, accendo lo stereo.
   b. Sì, spengo lo schermo.

3. a. Perché non ho la password.
   b. Perché non trovo il telecomando.

4. a. Sì, rispondo subito!
   b. Sì, ho bisogno del microfono!

5. a. Perché scarica il programma.
   b. Perché ascolta la musica con le cuffie.

6. a. Perché il registratore non funziona.
   b. Perché la stampante non funziona.

7. a. Sì, prendo lo pseudonimo.
   b. Sì, prendo la videocamera.

8. a. È nella mia cartella.
   b. È nel televisore.

3 **Identificare** You will hear six short conversations. For each conversation, decide what the speakers need and circle that item below.

1. a. cellulare
   b. telecomando

2. a. segreteria telefonica
   b. stampante

3. a. videocamera
   b. macchina fotografica

4. a. cartelle
   b. cuffie

5. a. telefono
   b. fax

6. a. lettore DVD
   b. microfono

PRONUNCIA E ORTOGRAFIA

The letter *r*

faro	loro	prendere	ridere

Unlike in English, the Italian **r** is pronounced at the front of the mouth with the tip of the tongue touching the roof of the mouth near the teeth. This results in a rolled or tapped *r* sound.

arrivare	farro	porre	terra

The double **r** is held for an extra beat and has a trilled sound.

rana	ricotta	risotto	Roma

When **r** appears at the beginning of a word, it is important to flap the tip of the tongue near the upper teeth to ensure proper trilled pronunciation of both the **r** and the vowel that follows.

camera	ora	credere	prete

When **r** follows a vowel, correct pronunciation of the preceding vowel will ease the rolling of the **r**. When preceded by a consonant, **r** maintains its rolled sound.

---

1   **Pronunciare** Ripeti le parole ad alta voce.

1. radio	4. restare	7. caro	10. troppo
2. comporre	5. arte	8. rosso	11. programma
3. per	6. chitarra	9. raro	12. registratore

---

2   **Articolare** Ripeti le frasi ad alta voce.

1. Mario corre al ristorante.
2. Porti una camicia azzurra martedì?
3. Compro una rosa per mia madre.
4. Loro arrivano a Roma.
5. Carlo Rossi scrive un romanzo.
6. Fa fresco d'inverno a Firenze?

---

3   **Proverbi** Ripeti i proverbi ad alta voce.

1. Ride bene chi ride ultimo.
2. Rosso di sera, bel tempo si spera.

---

4   **Dettato** You will hear eight sentences. Each sentence will be read twice. Listen carefully and write what you hear.

1. _____
2. _____
3. _____
4. _____
5. _____
6. _____
7. _____
8. _____

Lab Manual

    Unità 4 Lab Activities   **29**

STRUTTURE

4A.1 *Dovere, potere,* and *volere*

1 **La fiera della tecnologia** Listen to the following description about a technology show. Then read each of the following statements and decide whether it is **vero** or **falso**, based on the description.

	Vero	Falso
1. Con il computer puoi comunicare con tutto il mondo.	○	○
2. Con Internet non puoi telefonare agli amici.	○	○
3. Oggi devi avere tanti apparecchi (*devices*) tecnologici per fare cose diverse.	○	○
4. Puoi chiamare gli amici a tutte le ore con il cellulare.	○	○
5. Gli SMS servono per comunicazioni brevi.	○	○
6. Accendere il cellulare al cinema è buona educazione (*good manners*).	○	○

2 **Trasformare** Form a new sentence using the cue you hear as the subject. Repeat the correct answer after the speaker.

> **Modello**
>
> *You hear:* Quando puoi stampare la foto?
> *You see:* domani
> *You say:* Posso stampare la foto domani.

1. a mezzogiorno
2. scrivere un'e-mail
3. avere la password
4. all'Internet café
5. cantare una canzone
6. cambiare canale

3 **Rispondere** Answer each question you hear using the cue below. Repeat the correct answer after the speaker.

> **Modello**
>
> *You hear:* Vuoi un carica batteria per il computer?
> *You see:* cuffie
> *You say:* No, voglio cuffie per il computer.

1. inviare per e-mail
2. il televisore
3. sul computer
4. il tuo lettore DVD
5. l'indirizzo Internet
6. uno stereo

4 **Completare** Susanna is updating her computer hardware and software. Listen as she and her friend Alfredo discuss what she needs to do, should do, and wants to do. As you listen, write the missing words below.

SUSANNA Ciao Alfredo, (1) _____ aggiornare (*update*) questo programma sul mio computer. Cosa (2) _____ fare? Ecco il sito dove (3) _____ scaricare gli aggiornamenti.

ALFREDO Anzitutto (*First of all*), (4) _____ scegliere la versione giusta del tuo sistema operativo. Poi (5) _____ inserire il codice (*enter the code*). È sul CD, vedi? Ecco, adesso (6) _____ cominciare a scaricare.

SUSANNA E ora? (7) _____ installare subito il programma?

ALFREDO No, prima il computer (8) _____ finire di scaricare l'aggiornamento. Ecco, adesso (9) _____ installare il programma. Bene, ora (10) _____ riavviare (*restart*) il computer.

Lab Manual

4A.2 *Dire, uscire,* and *venire,* and disjunctive pronouns

1 **Completare** Listen to each sentence and write the missing disjunctive pronoun.

1. Domani andiamo in piscina (*swimming pool*). Vieni con _____?

2. Lorenzo e Angelo dicono sempre «sì» a _____.

3. Uscite con _____ stasera?

4. Vieni a vedere la partita da _____?

5. Cosa dice a _____ il professore?

6. Stasera esco con _____!

2 **Identificare** Listen to each sentence and write the infinitive form of the verb you hear.

> **Modello**
> *You hear:* I ragazzi non escono stasera.
> *You write:* uscire

1. _____

2. _____

3. _____

4. _____

5. _____

6. _____

3 **Trasformare** Listen to each sentence and cue. Use the cue you hear to form a new sentence that uses the cue as its subject. Repeat the sentence after the speaker. (*6 items*)

> **Modello**
> *You hear:* Tu dici «ciao» a me. (loro)
> *You say:* Loro dicono «ciao» a me.

4 **Rispondere** You will hear a short description of what different people are doing today. Listen to the description, then answer the following questions.

1. Che cosa fanno oggi Marco e Chiara? _____

2. Perché Giuseppe non va in piscina? _____

3. Che cosa fa Sergio? _____

4. Cosa fa stasera la persona che parla? _____

Unità 4 Lab Activities **31**

Lab Manual

Unità 4   Lezione 4B

CONTESTI

1 **Logico o illogico?** Listen to each statement and indicate if it is **logico** or **illogico**.

	Logico	Illogico		Logico	Illogico
1.	○	○	5.	○	○
2.	○	○	6.	○	○
3.	○	○	7.	○	○
4.	○	○	8.	○	○

2 **Scegliere** Listen as each person talks about the clothing he or she needs to buy, then choose the activity for which the clothing would be appropriate.

1. a. andare all'opera
   b. giocare a tennis
2. a. andare a sciare in inverno
   b. andare al mare in estate
3. a. cenare al ristorante
   b. andare in palestra

4. a. partire per un viaggio
   b. andare al cinema
5. a. uscire il sabato sera
   b. andare a una festa elegante
6. a. andare in ufficio
   b. fare jogging

3 **Domande** Listen to each question. Respond negatively, using the cue you hear. (*6 items*)

> **Modello**
> *You hear:* Hai una gonna verde? (blu)
> *You say:* No, ho una gonna blu.

4 **Descrivere** Look at the drawing and write the answer to each question you hear.

Silvia   Flavia

1. _____

2. _____

3. _____

4. _____

Lab Manual

PRONUNCIA E ORTOGRAFIA

The letters *s* and *z*

| ca**s**a | e**s**atto | ri**s**o | **s**baglio |

The Italian **s** may be voiced or voiceless. When **s** appears between two vowels or precedes a voiced consonant (such as **b** or **d**), it is pronounced like the *z* in the English word *zoo*.

| fe**s**ta | po**ss**o | pre**s**to | **sp**e**ss**o |

In all other cases, and when doubled, the **s** is voiceless, like the *s* in the English word *sun*.

| **z**uppa | **z**ebra | **z**ero | **z**ucchero |

In Italian, **z** has a harder sound than in English and can be voiced or voiceless. The voiced **z** sounds like the *ds* in the English *beds*. An initial **z** is usually voiced. The distinction between voiced and voiceless varies regionally and generally does not follow specific rules.

| a**z**ione | gra**z**ie | pe**zz**o | ta**zz**a |

The voiceless **z** is pronounced like the *ts* in *bits*.

| ca**s**a | ca**ss**a | Pi**s**a | pi**zz**a |

Correct pronunciation of **s** and **z** helps distinguish between similar words.

---

1 **Pronunciare** Ripeti le parole ad alta voce.

1. rosso	4. zona	7. sport	10. scusi
2. Pisa	5. stella	8. pizza	11. viso
3. prezzo	6. fisso	9. zuppa	12. passo

---

2 **Articolare** Ripeti le frasi ad alta voce.

1. La cena è alle sette e mezzo di sera.
2. Stefano, sta' zitto!
3. La vista è splendida!
4. Sofia e Lisa comprano gli stivali.
5. Mi piace la borsa rosa.
6. Sabato lo zoo è chiuso.

---

3 **Proverbi** Ripeti i proverbi ad alta voce.

1. Paesi che vai, usanze che trovi.
2. Ogni rosa ha le sue spine.

---

4 **Dettato** You will hear eight sentences. Each sentence will be read twice. Listen carefully and write what you hear.

1. _____
2. _____
3. _____
4. _____
5. _____
6. _____
7. _____
8. _____

Lab Manual

STRUTTURE

4B.1 The *passato prossimo* with *avere*

1 **Abbinare** Listen to each description. Then write its number next to the picture it describes.

a. _____   b. _____   c. _____   d. _____

2 **Identificare** Listen to each sentence and decide whether the verb is in the **presente** or the **passato prossimo**. Mark an **X** in the appropriate column.

> **Modello**
>
> *You hear:* Hai fatto tutto?
> *You mark:* an **X** under **Passato prossimo**

	Presente	Passato prossimo
Modello		X
1.		
2.		
3.		
4.		
5.		
6.		

3 **Trasformare** Change each sentence you hear from the present to the **passato prossimo**. Repeat the correct answer after the speaker. (*8 items*)

> **Modello**
>
> *You hear:* Cerco gli stivali.
> *You say:* Ho cercato gli stivali.

4 **Domande** Answer each question using the cue you hear. Repeat the correct response after the speaker. (*8 items*)

> **Modello**
>
> *You hear:* Quando hai indossato il tuo nuovo tailleur? (lunedì)
> *You say:* Ho indossato il mio nuovo tailleur lunedì.

4B.2 The verbs *conoscere* and *sapere*

1   **Conoscere o sapere?** You will hear six sentences that have a beep in place of the verb. In the lab manual you see a list of choices between **conoscere** and **sapere** forms. Circle the form that best completes each sentence.

1. a. sa   b. conosce
2. a. ho saputo   b. ho conosciuto
3. a. sappiamo   b. conosciamo
4. a. conoscono   b. sanno
5. a. avete conosciuto   b. avete saputo
6. a. abbiamo conosciuto   b. abbiamo saputo

2   **Trasformare** Listen to each statement and say that you, too, know about what is mentioned. Repeat the correct answer after the speaker. (6 *items*)

> **Modello**
>
> *You hear:* Alessandro sa parlare cinese.
> *You say:* Anch'io so parlare cinese.

3   **Domande** Answer each question using the cue you hear. Repeat the correct response after the speaker. (6 *items*)

> **Modello**
>
> *You hear:* I tuoi genitori conoscono i tuoi amici? (sì)
> *You say:* Sì, i miei genitori conoscono i miei amici.

4   **Il mio amico** Listen as Anna describes her roommate. Then read the following statements and decide whether they are **vero** or **falso**.

	Vero	Falso
1. Filippo conosce molte lingue straniere.	○	○
2. Filippo non sa cucinare.	○	○
3. Filippo conosce una ragazza giapponese.	○	○
4. Filippo ha vinto un premio nazionale di fotografia.	○	○
5. Anna non conosce il fratello di Filippo.	○	○
6. Anche la sorella di Filippo è un'artista.	○	○

Lab Manual

Unità 5   Lezione 5A

CONTESTI

1   **Identificare** Listen to each question and mark an **X** in the appropriate category.

> **Modello**
>
> *You hear:* Che cos'è la banana?
> *You mark:* an **X** under **Frutta**

	Carne	Pesce	Verdure	Frutta
Modello	_____	_____	_____	X
1.	_____	_____	_____	_____
2.	_____	_____	_____	_____
3.	_____	_____	_____	_____
4.	_____	_____	_____	_____
5.	_____	_____	_____	_____
6.	_____	_____	_____	_____
7.	_____	_____	_____	_____
8.	_____	_____	_____	_____
9.	_____	_____	_____	_____
10.	_____	_____	_____	_____

2   **Alcuni consigli** Listen to each sentence and write the number under the drawing of the food mentioned.

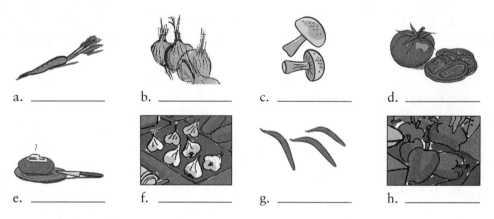

a. _____   b. _____   c. _____   d. _____

e. _____   f. _____   g. _____   h. _____

3   **Dove vanno?** Listen as each person talks about what he or she needs to purchase today. Then write the number of that passage next to one of the specialty shops below.

_____ a. gelateria

_____ b. macelleria

_____ c. panetteria

_____ d. pasticceria

_____ e. pescheria

_____ f. supermercato

Lab Manual

PRONUNCIA E ORTOGRAFIA

The letter combination *gl*

| figlio | gli | miglia | Puglia |

In Italian, **gl** followed by the letter **i** is usually pronounced like the *lli* in *million*.

| glaciale | globale | glossare | siglare |

When followed by a vowel other than **i**, **gl** sounds like the *gl* in the English word *glow*.

| ganglio | geroglifico | glicerina | glissare |

In words derived from Greek (medical terms, scientific terms, etc.) and foreign terms, **gl** is pronounced like the *gl* in the English word *glow*, even when followed by the letter **i**.

1 Pronunciare Ripeti le parole ad alta voce.

1. maglia
2. globo
3. migliaia
4. pigliare
5. glissare
6. togliere
7. globalizzare
8. taglia
9. figlia
10. aglio
11. gloria
12. foglio

2 Articolare Ripeti le frasi ad alta voce.

1. Posso mettere l'aglio nella pentola?
2. Voglio un biglietto per il concerto.
3. Mangiamo le tagliatelle stasera?
4. Gli zii preparano gli gnocchi.
5. Mi sveglio alle otto.
6. I figli di Maria studiano glottologia.

3 Proverbi Ripeti i proverbi ad alta voce.

1. Chi la sera i pasti li ha fatti, sta agli altri a lavar i piatti.
2. A tavola non si invecchia mai.

4 Dettato You will hear eight sentences. Each sentence will be read twice. Listen carefully and write what you hear.

1. _____
2. _____
3. _____
4. _____
5. _____
6. _____
7. _____
8. _____

STRUTTURE

5A.1 The *passato prossimo* with *essere*

1   **Scegliere** Listen to each sentence and indicate whether the **passato prossimo** is formed with **avere** or **essere**.

	Avere	Essere
1.	O	O
2.	O	O
3.	O	O
4.	O	O
5.	O	O
6.	O	O
7.	O	O
8.	O	O

2   **Trasformare** Change each sentence from the present tense to the **passato prossimo.** Repeat the correct answer after the speaker. (*8 items*)

> **Modello**
>
> *You hear:* Restate in Toscana due settimane.
> *You say:* Siete restati in Toscana due settimane.

3   **Domande** Answer each question you hear using the cue provided. Repeat the correct response after the speaker.

> **Modello**
>
> *You hear:* Chi è venuto al supermercato con te?
> *You see:* Carolina
> *You say:* Carolina è venuta al supermercato con me.

1. in macelleria
2. no
3. nel 1984

4. Serena
5. sì
6. tre euro

4   **Una conversazione** Listen to Andrea and Teresa and answer the questions below.

1. Andrea ha tante borse della spesa? _____

2. Cosa fa Teresa stasera? _____

3. Dov'è stata Teresa? _____

4. Cosa ha mangiato Andrea al ristorante? _____

5. Quanto è costata la cena al ristorante? _____

6. Ad Andrea è piaciuta la cena al ristorante? _____

Lab Manual

5A.2 Direct object pronouns

1 **Scegliere** Listen to each question and choose the correct response.

1. a. Sì, lo preparo.
   b. Sì, li preparo.

2. a. No, non la compro.
   b. No, non le compro.

3. a. Sì, lo conosciamo.
   b. Sì, la conosciamo.

4. a. No, non la mangio.
   b. No, non li mangio.

5. a. Sì, la facciamo tutte le mattine.
   b. Sì, lo facciamo tutte le mattine.

6. a. Sì, le lavo.
   b. Sì, li lavo.

7. a. No, non le preparano.
   b. No, non la preparano.

8. a. Sì, li compro.
   b. Sì, le compro.

2 **Trasformare** Restate each sentence you hear, using a direct object pronoun. Repeat the correct answer after the speaker. (*8 items*)

> *Modello*
> *You hear:* Compro i peperoni.
> *You say:* Li compro.

3 **Rispondere** Answer each question you hear using the cues below. Repeat the correct answer after the speaker.

> *Modello*
> *You hear:* Chi paga il pesce?
> *You see:* mio fratello
> *You say:* Lo paga mio fratello.

1. al mercato
2. mio zio
3. a pranzo
4. sì
5. alle sette
6. no

4 **Domande** Answer each question using the cue you hear. Repeat the correct answer after the speaker. (*6 items*)

> *Modello*
> *You hear:* Chi ha comprato la pasta? (noi)
> *You say:* Noi l'abbiamo comprata.

Lab Manual

5A.3 Partitives and expressions of quantity

1 **Identificare** You will hear two statements for each drawing. Choose the one that corresponds to the drawing.

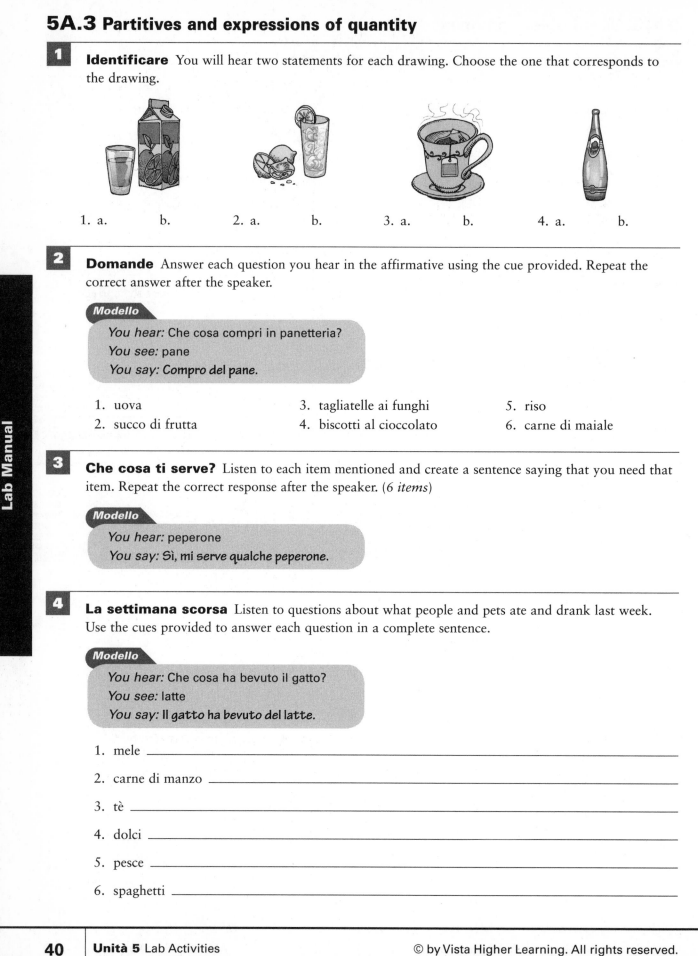

1. a.   b.   2. a.   b.   3. a.   b.   4. a.   b.

2 **Domande** Answer each question you hear in the affirmative using the cue provided. Repeat the correct answer after the speaker.

> **Modello**
> *You hear:* Che cosa compri in panetteria?
> *You see:* pane
> *You say:* Compro del pane.

1. uova
2. succo di frutta
3. tagliatelle ai funghi
4. biscotti al cioccolato
5. riso
6. carne di maiale

3 **Che cosa ti serve?** Listen to each item mentioned and create a sentence saying that you need that item. Repeat the correct response after the speaker. (*6 items*)

> **Modello**
> *You hear:* peperone
> *You say:* Sì, mi serve qualche peperone.

4 **La settimana scorsa** Listen to questions about what people and pets ate and drank last week. Use the cues provided to answer each question in a complete sentence.

> **Modello**
> *You hear:* Che cosa ha bevuto il gatto?
> *You see:* latte
> *You say:* Il gatto ha bevuto del latte.

1. mele _____

2. carne di manzo _____

3. tè _____

4. dolci _____

5. pesce _____

6. spaghetti _____

Lab Manual

Unità 5

Lezione 5B

1 **Associare** Circle the word that is logically associated with each word you hear.

1. zuppa   gusto   bicchiere
2. birra   coltello   pesante
3. salato   tovaglia   scodella
4. tazza   cucchiaio   mancia
5. primo   tovagliolo   manzo
6. conto   servizio   colazione

2 **Logico o illogico?** Listen to each statement and indicate whether it is **logico** or **illogico**.

	Logico	Illogico			Logico	Illogico
1.	○	○		5.	○	○
2.	○	○		6.	○	○
3.	○	○		7.	○	○
4.	○	○		8.	○	○

3 **Descrivere** Listen to each sentence and write the number of the sentence on the line that points to the food or drink mentioned.

a. _____   c. _____

b. _____   d. _____

4 **Completare** Listen to this passage and write the missing words in the spaces provided.

Allora, Raffaele, metti la (1) _____ sul tavolo. Bene, poi servono i (2) _____

per il secondo e le (3) _____ per la zuppa. Ricorda di mettere una (4) _____,

un (5) _____ e un (6) _____ per ogni cliente. Infine, servono due

(7) _____: uno per l'acqua e uno per il (8) _____. Perfetto!

Lab Manual

PRONUNCIA E ORTOGRAFIA

Diphthongs and triphthongs

| **Giorgio** | **guancia** | **scuola** | **suono** |

A diphthong is the combination of two vowel sounds to make a one-syllable sound.

| **piatto** | **più** | **guerra** | **guido** |

In Italian, a diphthong is usually formed when an unstressed **i** or **u** is followed by another vowel. An unstressed **i** + [*another vowel*] is pronounced like the *y* in the English word *you*. An unstressed **u** + [*another vowel*] is pronounced like the *w* in *we*.

| **guai** | **miei** | **suoi** | **vuoi** |

A triphthong is the combination of three vowel sounds to make a one-syllable sound.

| **due** | **io** | **sua** | **zia** |

When **i** and **u** are stressed, no diphthong or triphthong is formed. Each vowel is pronounced as an individual sound.

---

1 **Pronunciare** Ripeti le parole ad alta voce.

1. lingua	4. nuovo	7. tua	10. quando
2. tuono	5. fiume	8. qua	11. piatto
3. giunto	6. puoi	9. bottiglie	12. cucchiaio

---

2 **Articolare** Ripeti le frasi ad alta voce.

1. Hai preparato le uova?
2. Metto i bicchieri e i piatti nella lavastoviglie.
3. La pescheria chiude alle sette.
4. Il suocero di Giorgio lavora in ufficio.
5. Puoi venire a casa mia per Pasqua?
6. Guardo un bel film dopo questa cena.

---

3 **Proverbi** Ripeti i proverbi ad alta voce.

1. Troppi cuochi guastano la cucina.
2. Pane al pane, vino al vino.

---

4 **Dettato** You will hear eight sentences. Each sentence will be read twice. Listen carefully and write what you hear.

1. _____
2. _____
3. _____
4. _____
5. _____
6. _____
7. _____
8. _____

Lab Manual

STRUTTURE

5B.1 Indirect object pronouns

1 **Scegliere** Listen to each question and choose the correct response.

1. a. Sì, le ho dato dell'insalata.

   b. Sì, ti ho dato dell'insalata.

2. a. Sì, gli offro il caffè.

   b. Sì, vi offro il caffè.

3. a. No, non gli abbiamo dato la mancia.

   b. No, non le abbiamo dato la mancia.

4. a. Il cuoco gli consiglia il risotto ai frutti di mare.

   b. Il cuoco ci consiglia il risotto ai frutti di mare.

5. a. Sì, mio zio gli legge il menu.

   b. Sì, mio zio le legge il menu.

6. a. No, Lorenzo non ti dà la forchetta.

   b. No, Lorenzo non mi dà la forchetta.

7. a. Il cameriere mi porta l'antipasto.

   b. Il cameriere ci porta l'antipasto.

8. a. Il ristorante ci serve piatti italiani.

   b. Il ristorante gli serve piatti italiani.

2 **Trasformare** Listen to the following sentences about a restaurant. Use indirect object pronouns to restate the sentences. Repeat the correct response after the speaker. (*6 items*)

> **Modello**
> *You hear:* Alessandra offre il pranzo a Claudia.
> *You say:* Alessandra le offre il pranzo.

3 **Domande** Answer the questions you hear using the cues provided. Repeat the correct response after the speaker.

> **Modello**
> *You hear:* A chi piace la zuppa?
> *You see:* a me e a te
> *You say:* A me e a te piace la zuppa.

1. a lei

2. a loro

3. a noi

4. a loro

5. a lei

6. a me

7. a noi

8. a lei

Lab Manual

5B.2 Adverbs

1 **Completare** Listen to each statement and circle the adverb or adverbial expression that best completes it.

1. a. presto   b. facilmente   c. sicuramente
2. a. leggermente   b. tardi   c. frequentemente
3. a. raramente   b. rapidamente   c. prima
4. a. recentemente   b. elegantemente   c. allegramente
5. a. fortunatamente   b. subito   c. violentemente
6. a. dopo   b. stranamente   c. lentamente

2 **Trasformare** Form a new sentence by changing each adjective below to an adverb. Repeat the correct answer after the speaker.

> **Modello**
>
> *You hear:* Giulia studia.
> *You see:* frequente
> *You say:* Giulia studia frequentemente.

1. educato   5. veloce
2. attento   6. regolare
3. facile   7. recente
4. intenso   8. leggero

3 **Identificare** Answer each question you hear. Then write down the adverb or adverbial expression it contains.

> **Modello**
>
> *You hear:* Hai mangiato troppo ieri?
> *You say:* No, non ho mangiato troppo ieri.
> *You write:* <u>troppo</u>

1. _____
2. _____
3. _____
4. _____
5. _____
6. _____
7. _____
8. _____

Unità 6   Lezione 6A

1 **Rispondere** For each picture you will hear a question. Answer it based on the information from the picture.

1. _____   2. _____   3. _____   4. _____
   _____   _____   _____   _____

2 **Scegliere** You will hear a statement that describes an action. From the two options provided, choose the body part that is used in that action.

1. a. la bocca
   b. l'occhio
2. a. le gambe
   b. il gomito
3. a. il collo
   b. le dita
4. a. le ginocchia
   b. le orecchie
5. a. le labbra
   b. lo stomaco
6. a. le mani
   b. i capelli

3 **Logico o illogico?** Listen to each statement, then say whether it is **logico** or **illogico**.

	Logico	Illogico
1.	○	○
2.	○	○
3.	○	○
4.	○	○
5.	○	○
6.	○	○
7.	○	○
8.	○	○

Lab Manual

PRONUNCIA E ORTOGRAFIA

Spellings plurals I

| amica | amiche | albergo | alberghi |

Italian words ending in **-co**, **-ca**, **-go**, and **-ga** usually add the letter **h** in the plural to maintain the hard *c* or *g* sound.

| simpatico | simpatici | equivoco | equivoci |

However, words ending in **-ico** and words ending in **-co** that are stressed on the third-to-last syllable generally form the plural with **-ci**. Note that these plurals are pronounced with a soft *c* sound.

| catalogo | cataloghi | astrologo | astrologi |

While **-go** usually becomes **-ghi** in the plural, words ending in **-go** that represent professions often form the plural with **-gi**.

| asparago | asparagi | greco | greci |

These are some common exceptions.

---

1 **Pronunciare** Ripeti le parole ad alta voce.

1. psicologo	4. analoghi	7. dialogo	10. simpatiche
2. psicologi	5. organico	8. dialoghi	11. porco
3. analogo	6. organici	9. simpatica	12. porci

---

2 **Articolare** Ripeti le frasi ad alta voce.

1. Le amiche di Maria sono molto simpatiche.
2. Laura e Marco studiano per diventare biologi.
3. Gli alberghi greci sono belli.
4. Hai trovato dei funghi?
5. Il fotografo cerca i libri antichi.
6. Sono stati tre giorni molto romantici.

---

3 **Proverbi** Ripeti i proverbi ad alta voce.

1. A buon intenditor poche parole.
2. Il meglio è nemico del bene.

---

4 **Dettato** You will hear eight sentences. Each will be read twice. Listen carefully and write what you hear.

1. _____
2. _____
3. _____
4. _____
5. _____
6. _____
7. _____
8. _____

Lab Manual

STRUTTURE

6A.1 Reflexive verbs

1 **Trasformare** Form a new sentence using the cue you hear. Repeat the correct answer after the speaker. (*6 items*)

> **Modello**
>
> *You hear:* Io mi alzo alle otto. (mio fratello)
> *You say:* Mio fratello si alza alle otto.

2 **Rispondere** Answer each question you hear using the cues below. Repeat the correct answer after the speaker.

> **Modello**
>
> *You hear:* Ti fai la doccia tutte le mattine?
> *You see:* no
> *You say:* No, non mi faccio la doccia tutte le mattine.

1. la mattina

2. presto

3. sì

4. sì

5. no

6. dopo mezzanotte

3 **Che cosa dice?** Listen to Nicoletta talk about her family. Replace each of her sentences with a sentence that is similar in meaning and uses a reflexive verb. Repeat the correct answer after the speaker. (*6 items*)

> **Modello**
>
> *You hear:* Esco dal letto.
> *You say:* Mi alzo.

4 **In vacanza** Answer each question you hear using the cue given. Repeat the correct response after the speaker. (*8 items*)

> **Modello**
>
> *You hear:* Ti fai il bagno? (no)
> *You say:* No, non mi faccio il bagno.

Unità 6 Lab Activities **47**

6A.2 Reciprocal reflexives and reflexives in the *passato prossimo*

1 **Incontri** Listen to each statement and write the number of the statement below the photo it describes. There are more statements than there are photos.

a. _____   b. _____   c. _____

d. _____   e. _____   f. _____

2 **Rispondere** Answer each question you hear in the negative. Repeat the correct response after the speaker. (*6 items*)

> **Modello**
> *You hear:* Vi siete incontrati qui?
> *You say:* No, non ci siamo incontrati qui.

3 **Trasformare** Form a new sentence using a cue you hear as the subject. Repeat the correct answer after the speaker. (*6 items*)

> **Modello**
> *You hear:* Ci scriviamo una volta al mese. (loro)
> *You say:* Si scrivono una volta al mese.

4 **Identificare** Listen to Carlo describe his relationship with his friend Gabriella. Listen to each sentence and write the infinitives of the reflexive verbs you hear.

1. _____   5. _____
2. _____   6. _____
3. _____   7. _____
4. _____   8. _____

Lab Manual

6A.3 *Ci* and *ne*

1 **Scegliere** Listen to each question and choose the most logical answer.

1. a. No, non ci vado.
   b. No, non ne vado.

2. a. Ci hanno tre.
   b. Ne hanno tre.

3. a. Sì, ci sono andato.
   b. Sì, ne sono andato.

4. a. No, non ci bevo molti.
   b. No, non ne bevo molti.

5. a. Sì, ci ho messi cinque.
   b. Sì, ne ho messi cinque.

6. a. No, non ci riesco.
   b. No, non ne riesco.

7. a. Sì, ci sono stato una volta.
   b. Sì, ne sono stato una volta.

8. a. No grazie, non ci ho bisogno.
   b. No grazie, non ne ho bisogno.

2 **Trasformare** Restate each sentence you hear using the cue provided. Repeat the correct response after the speaker. (*8 items*)

> **Modello**
> *You hear:* Siamo andati dal dentista. (ci)
> *You say:* Ci siamo andati.

3 **Rispondere** Answer each question you hear using the cue provided and either **ci** or **ne**. Repeat the correct response after the speaker. (*8 items*)

> **Modello**
> *You hear:* Abiti a Milano? (da cinque anni)
> *You say:* Sì, ci abito da cinque anni.

4 **La spesa** Listen to the conversation between Signora D'Andrea and her son Aldo as they discuss what toiletries they need to purchase and where. Write the missing answers below.

SIGNORA D'ANDREA Aldo, io vado a fare la spesa. Hai dello shampoo?

ALDO (1) _____

SIGNORA D'ANDREA Ti serve del dentifricio?

ALDO (2) _____

SIGNORA D'ANDREA E lo spazzolino?

ALDO (3) _____

SIGNORA D'ANDREA Vado anche in panetteria a comprare il pane?

ALDO (4) _____

Lab Manual

Unità 6   Lezione 6B

Lab Manual

1 **Descrivere** You will hear two statements for each illustration. Choose the statement that best corresponds to the drawing.

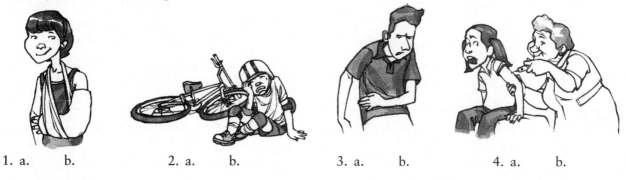

1. a.   b.   2. a.   b.   3. a.   b.   4. a.   b.

2 **Identificare** You will hear a series of words. Write each one in the appropriate category.

Modello

> *You hear:* Giuseppe tossisce.
> *You write:* **tossisce** under **Sintomo**

	Luogo	Sintomo	Malattia	Cura
Modello	_____	tossisce	_____	_____
1.	_____	_____	_____	_____
2.	_____	_____	_____	_____
3.	_____	_____	_____	_____
4.	_____	_____	_____	_____
5.	_____	_____	_____	_____
6.	_____	_____	_____	_____
7.	_____	_____	_____	_____
8.	_____	_____	_____	_____
9.	_____	_____	_____	_____
10.	_____	_____	_____	_____

3 **Rispondere** Listen to each statement. Then respond to it using one of the words provided.

Modello

> *You hear:* Dobbiamo andare subito all'ospedale.
> *You see:* chirurgo / ambulanza
> *You say:* **Avete bisogno di un'ambulanza.**

1. dentista / infermiere
2. aspirina / paziente
3. fare esercizio / piangere

4. andare dal medico di famiglia / andare al pronto soccorso
5. chirurgo / psicologo
6. dieta / puntura

PRONUNCIA E ORTOGRAFIA

Spelling plurals II

arancia	arance	loggia	logge

When the Italian word endings **-cia** and **-gia** contain a diphthong and are preceded by a consonant, the plural is usually formed by dropping the **i** to form **-ce** or **-ge**.

camicia	camicie	ciliegia	ciliegie

When **-cia** and **-gia** contain a diphthong and are preceded by a vowel, the **i** is retained to form the plurals **-cie** and **-gie**.

farmacia	farmacie	magia	magie

When there is no diphthong and the letter **i** is stressed in **-cia** and **-gia**, the **i** is retained to form the plurals **-cie** and **-gie**.

esempio	esempi	negozio	negozi

When Italian words ending in **-io** form a diphthong, the plural is usually formed by dropping the final **-o**.

trio	trii	zio	zii

However, when a diphthong is not formed in words ending in **-io**, the final **-o** is changed to **-i** in the plural, resulting in double **i**.

---

1 **Pronunciare** Ripeti le parole ad alta voce.

1. provincia
2. province
3. addio
4. addii
5. lancia
6. lance
7. grigia
8. grigie
9. pio
10. pii
11. freccia
12. frecce

---

2 **Articolare** Ripeti le frasi ad alta voce.

1. I miei zii sono vecchi.
2. Oggi c'è la pioggia.
3. Non dire bugie!
4. Piangi perché hai paura della magia?
5. Quelle camicie grigie costano molto.
6. Attenzione alle strisce gialle!

---

3 **Proverbi** Ripeti i proverbi ad alta voce.

1. Chi lascia la via vecchia per la nuova sa quel che lascia, ma non sa quel che trova.
2. Chi parla in faccia non è traditore.

---

4 **Dettato** You will hear eight sentences. Each sentence will be read twice. Listen carefully and write what you hear.

1. _____
2. _____
3. _____
4. _____
5. _____
6. _____
7. _____
8. _____

Lab Manual

STRUTTURE

6B.1 The *imperfetto*

1 **Descrivere** You will hear two statements for each drawing. Choose the statement that best corresponds to the picture.

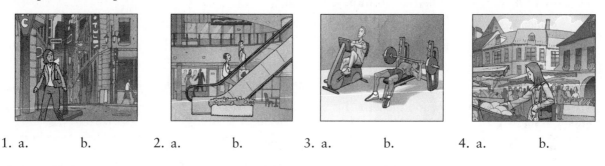

1. a.   b.   2. a.   b.   3. a.   b.   4. a.   b.

2 **Vero o falso?** Listen as Raffaele tells you about his childhood. Then, read the statements below and decide whether they are **vero** or **falso**.

	Vero	Falso
1. Quando era piccolo, Raffaele viveva nella capitale.	○	○
2. Sua madre era farmacista.	○	○
3. Raffaele ha una sorella.	○	○
4. Andavano tutti insieme al mercato la domenica.	○	○
5. La sorella di Raffaele si è sposata dopo l'università.	○	○
6. In ospedale, i genitori di Raffaele piangevano.	○	○

3 **Trasformare** Form a new sentence using the cue you hear. Repeat the correct answer after the speaker. (*6 items*)

> **Modello**
>
> *You hear:* Io cenavo alle otto. (noi)
> *You say:* Noi cenavamo alle otto.

4 **Completare** Listen as Beatrice describes the health of her family when she was a child. Complete the following passage with the missing information.

Quando (1) _____ bambina, (2) _____ spesso dalla bicicletta e mi

(3) _____ male. Mio fratello (4) _____ la carie e i miei genitori lo

(5) _____ dal dentista. Mio padre (6) _____ di mal di pancia e

mia madre (7) _____ molto in primavera perché (8) _____ allergica

ai fiori.

6B.2 *Imperfetto* vs. *passato prossimo*

1 **Identificare** Listen to each sentence and circle the verb tense you hear.

1. a. presente   b. imperfetto   c. passato prossimo

2. a. presente   b. imperfetto   c. passato prossimo

3. a. presente   b. imperfetto   c. passato prossimo

4. a. presente   b. imperfetto   c. passato prossimo

5. a. presente   b. imperfetto   c. passato prossimo

6. a. presente   b. imperfetto   c. passato prossimo

2 **Identificare** Listen to each statement and identify the verbs in the **imperfetto** and those in the **passato prossimo**. Write them in the appropriate column.

Modello

You hear: Quando sono entrato in ospedale, il medico visitava Luisa.
You write: **sono entrato** under **Passato prossimo** and **visitava** under **Imperfetto**

	Passato prossimo	Imperfetto
Modello	sono entrato	visitava
1.		
2.		
3.		
4.		
5.		
6.		
7.		
8.		

3 **Rispondere** Answer the questions you hear using the cues below. Repeat the correct answer after the speaker.

Modello

You hear: Perché hai passato l'aspirapolvere (*vacuum cleaner*)?
You see: la cucina / essere sporca
You say: Ho passato l'aspirapolvere perché la cucina era sporca.

1. avere una carie

2. la macchina / non partire

3. avere la nausea

4. non avere più la febbre

5. lavare i piatti

6. la biblioteca / essere chiusa

7. mentre Matilde / preparare la cena

8. essere malati

Lab Manual

6B.3 The *trapassato prossimo*

1 **Identificare** Listen to each sentence and write down the **trapassato prossimo** form you hear.

> **Modello**
>
> *You hear:* Pina aveva fatto esercizio prima delle otto.
> *You write:* <u>aveva fatto</u>

1. _____
2. _____
3. _____
4. _____
5. _____
6. _____
7. _____
8. _____

2 **Trasformare** Change each sentence you hear from the **passato prossimo** to the **trapassato prossimo**. Repeat the correct answer after the speaker. (*8 items*)

> **Modello**
>
> *You hear:* Sei rimasta in ospedale una settimana.
> *You say:* Eri rimasta in ospedale una settimana.

3 **Rispondere** Answer each question you hear using the cues below. Repeat the correct response after the speaker.

> **Modello**
>
> *You hear:* Chi era andato in vacanza con loro?
> *You see:* Carolina
> *You say:* Carolina era andata in vacanza con loro.

1. Michele e Linda   3. noi   5. io   7. Federica e Martina
2. Edoardo   4. voi   6. Filippo   8. tu

4 **Come va?** Listen to Mario and Rita's conversation. Then use complete sentences to answer the questions below.

1. Come sta Mario? _____
2. Perché Mario è andato dal dottore? _____
3. Che cosa ha chiesto il dottore a Mario? _____
4. Che cosa è successo a Mario durante la notte? _____
5. Come si era svegliato Mario? _____
6. Cosa ha consigliato il dottore a Mario? _____

Unità 7   Lezione 7A

1 **Descrivere** Listen to each sentence and write its number below the drawing of the household item mentioned.

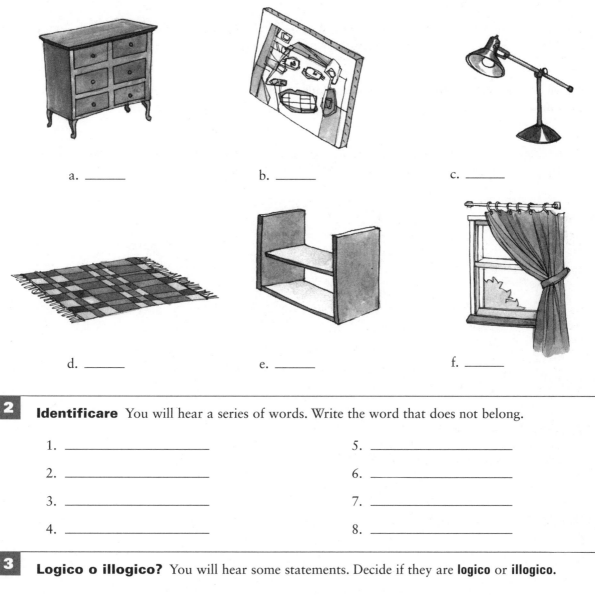

a. _____   b. _____   c. _____

d. _____   e. _____   f. _____

2 **Identificare** You will hear a series of words. Write the word that does not belong.

1. _____   5. _____

2. _____   6. _____

3. _____   7. _____

4. _____   8. _____

3 **Logico o illogico?** You will hear some statements. Decide if they are **logico** or **illogico**.

	Logico	Illogico		Logico	Illogico
1.	○	○	5.	○	○
2.	○	○	6.	○	○
3.	○	○	7.	○	○
4.	○	○	8.	○	○

Lab Manual

PRONUNCIA E ORTOGRAFIA

I segni diacritici

da dà	se sè	si sì	te tè

In Italian, diacritical marks (**segni diacritici**) are an essential part of a word's spelling. They indicate how vowels are pronounced or distinguish between words with similar spellings but different meanings.

né... né	affinché	benché	perché

L'accento acuto (´) is sometimes used over the vowel **e** to indicate a closed *e* sound, similar to the *e* in the English word *they*. It is used in the words **né** (*neither*), **sé** (*self*), and with conjunctions ending in **-che**.

così	è	là	andrò

L'accento grave (`) indicates where the spoken stress falls, marks vocal emphasis on a vowel, differentiates between similarly spelled words, and is characteristic of certain forms of the future tense.

ciò	giù	più	può

L'accento grave is also used in certain monosyllabic words ending in two vowels. **L'accento grave** indicates that the spoken stress falls on the final vowel and that a diphthong is formed.

1 **Pronunciare** Ripeti le parole ad alta voce.

1. cioè	4. chissà	7. città	10. comodità
2. metà	5. finché	8. là	11. poiché
3. avrò	6. sé	9. dì	12. età

2 **Articolare** Ripeti le frasi ad alta voce.

1. Il suo papà vede il Papa.
2. Sì, voglio un tassì.
3. È vero! Andrò in Italia!
4. Hai già fatto i compiti?
5. La facoltà di lettere è lì.
6. Perché non può venire?

3 **Proverbi** Ripeti i proverbi ad alta voce.

1. Casa che ha il buon vicino, val più qualche fiorino.
2. In casa sua ciascuno è re.

4 **Dettato** You will hear eight sentences. Each sentence will be read twice. Listen carefully and write what you hear.

1. _____
2. _____
3. _____
4. _____
5. _____
6. _____
7. _____
8. _____

Lab Manual

STRUTTURE

7A.1 The *futuro semplice*

1 **Identificare** Listen to each sentence and write the infinitive of the verb you hear.

> **Modello**
> *You hear:* Affitteremo la nostra casa in estate.
> *You write:* affittare

1. _____   3. _____   5. _____   7. _____

2. _____   4. _____   6. _____   8. _____

2 **Completare** Listen to each statement and mark an **X** in the column of the verb you hear.

> **Modello**
> *You hear:* Non saremo a casa oggi pomeriggio.
> *You mark:* an **X** under **essere**

	andare	avere	essere	fare	vivere
Modello			X		
1.					
2.					
3.					
4.					
5.					
6.					

3 **Scegliere** Listen to each question and choose the logical response.

1. a. Sì, verremo con piacere.   b. Sì, andremo da Nicola.
2. a. Noi puliremo la cucina.   b. Mangeremo in sala da pranzo.
3. a. Laura pulirà la sua stanza domani. b. Pulirò la mia stanza più tardi.
4. a. Li metterà in un vaso.   b. Comprerà i fiori per Anna.
5. a. Sì, ne compreranno uno nuovo.   b. Sì, cambieranno la cassettiera.
6. a. Pagherò 500 euro.   b. Comprerò un appartamento.

4 **Vero o falso?** Listen to Paolo and Lisa talk about their plans for tomorrow. Then read the statements below and decide whether they are **vero** or **falso**.

	Vero	Falso
1. Lisa comprerà un nuovo quadro.	○	○
2. Paolo non potrà aiutare Lisa.	○	○
3. Mangeranno insieme a casa di Lisa.	○	○
4. Paolo offrirà il gelato a Lisa.	○	○
5. Faranno una passeggiata in centro.	○	○
6. Ci sarà bel tempo.	○	○

Lab Manual

7A.2 Usage of the *futuro semplice*

1 **Trasformare** Change each sentence you hear from the present to the future. Repeat the correct answer after the speaker. (*8 items*)

> **Modello**
>
> *You hear:* Carlo lavora qui vicino.
> *You say:* Carlo lavorerà qui vicino.

2 **Il futuro** Look at the timeline, which shows future events in Sofia's life, and answer each question you hear. Then repeat the correct response after the speaker. (*6 items*)

2009	2010	2011	2012	2014	2040
finire gli studi	sposare Claudio	costruire una casa in campagna	visitare il Portogallo	scrivere un libro sulla Spagna	andare in pensione

3 **Domande** Answer each question you hear using the cue provided. Repeat the correct answer after the speaker. (*6 items*)

> **Modello**
>
> *You hear:* Dov'è la tazza?
> *You see:* nella credenza
> *You say:* Sarà nella credenza.

1. alle otto e mezzo
2. Fabrizio
3. le tre
4. circa venti persone
5. al mare
6. un amico di Loredana

4 **Completare** Listen to each statement, then write the missing portion to complete each sentence below.

1. Appena _____, comprerò una nuova casa.

2. Quando _____, dovremo gridare (*shout*) tutti: «Auguri!».

3. Sarò contento se _____.

4. Potrò pulire meglio la mia casa quando _____.

5. Se _____ in quell'appartamento, avrai più spazio.

6. Ti telefonerò appena _____.

Lab Manual

7A.3 Double object pronouns

1 **Completare** Carlo is talking to his friend Laura about a party. Listen to what they say and write the missing words provided.

CARLO Venerdì prossimo è il compleanno di Giovanni e voglio organizzare una festa a sorpresa. Lui lavora quel giorno, così (1) _____ voglio fare sabato.

LAURA È un'ottima idea. Non ti preoccupare, non (2) _____ dirò. Se vuoi, posso portarlo al cinema mentre tu organizzi la festa.

CARLO D'accordo. Marcello mi ha dato delle idee per la musica e le bevande. (3) _____ ha date ieri al telefono.

LAURA Fantastico! Hai già pensato alla torta? (4) _____ posso fare io: la torta al cioccolato è la mia specialità!

CARLO Grazie, sei molto gentile. Giovanni ama il cioccolato!

LAURA E per il regalo?

CARLO (5) _____ comprerò oggi pomeriggio. Giovanni mi ha parlato di un maglione arancione che gli piace molto in un negozio vicino casa mia. (6) _____ prenderò lì.

LAURA Perfetto, l'arancione gli sta benissimo.

CARLO Bene, vado a fare compere. A più tardi!

LAURA A sabato, Carlo!

2 **Scegliere** Listen to each statement and choose the correct response.

1. a. Loro glieli hanno affittati.   b. Loro glielo hanno affittato.

2. a. Lui me l'ha regalata.   b. Lui gliel'ha regalato.

3. a. Lui glieli ha portati.   b. Lui gliele ha portate.

4. a. Lui gliele ha preparate.   b. Lui gliel'ha preparata.

5. a. Lui glieli ha riparati.   b. Lui gliel'ha riparata.

6. a. Io te le dipingerò.   b. Io te la dipingerò.

3 **Trasformare** Repeat each statement, replacing the direct and indirect object nouns with pronouns. Repeat the correct answer after the speaker. (6 *items*)

> **Modello**
> *You hear:* Ho fatto la domanda a Michele.
> *You say:* Gliel'ho fatta.

4 **Domande** Answer each question using the cue you hear. Repeat the correct answer after the speaker. (6 *items*)

> **Modello**
> *You hear:* Mi prestate la macchina? (no)
> *You say:* No, non te la prestiamo.

Unità 7

Lezione 7B

CONTESTI

---

1 **Logico o illogico?** Listen to each statement and indicate whether it is **logico** or **illogico**.

	Logico	Illogico
1.	○	○
2.	○	○
3.	○	○
4.	○	○
5.	○	○
6.	○	○
7.	○	○
8.	○	○

---

2 **Le faccende domestiche** Davide is a good housekeeper and does everything that needs to be done in the house. Listen to each statement and decide what he did. Then repeat the correct answer after the speaker. (*6 items*)

> **Modello**
>
> *You hear:* I vestiti erano sporchi.
> *You say:* Allora, ha fatto il bucato.

---

3 **Descrivere** Giulia has invited a few friends over. When her friends are gone, she goes into the kitchen. Look at the drawing and write a complete sentence to answer each question you hear.

1. _____

2. _____

3. _____

4. _____

PRONUNCIA E ORTOGRAFIA

Spelling changes to maintain the sound of *c* or *g*

    cercare   **incominciare**   **pagare**   **mangiare**

Certain classes of Italian verbs have regular spelling changes in order to maintain the hard or soft *c* or *g* sound of the infinitive.

    abbraccerete   **cominci**   **mangerò**   **viaggiamo**

In verbs ending in **-ciare** or **-giare**, the **i** is not stressed. It is dropped when the verb ending begins with **i** or **e**, to maintain the soft *c* or *g* sound.

    scii   **scieranno**   **spierai**   **spii**

When the **i** of the infinitive stem is stressed, as in **sciare**, the **i** is not dropped.

    giocheranno   **indichi**   **spiegherà**   **pieghiamo**

Verbs whose infinitive ends in **-care** or **-gare** require the addition of the letter **h** before adding a verb ending beginning with **e** or **i** in order to maintain the hard *c* or *g* sound.

---

1   **Pronunciare** Ripeti le parole ad alta voce.

1. pubblicherò	4. sporchiamo	7. incoraggiamo	10. baci
2. passeggeremo	5. incomincerai	8. nevicherà	11. mangiamo
3. invii	6. ricercheranno	9. parcheggi	12. festeggerete

---

2   **Articolare** Ripeti le frasi ad alta voce.

1. Parcheggerò la macchina.
2. Paghi il conto stasera?
3. Come spieghiamo l'incidente?
4. Scii abbastanza bene!
5. Cercheranno il libro domani.
6. Comincerà il lavoro a gennaio.

---

3   **Proverbi** Ripeti i proverbi ad alta voce.

1. Casa mia, casa mia, per piccina che tu sia, tu mi sembri una badia.
2. Casa sporca, gente aspetta.

---

4   **Dettato** You will hear eight sentences. Each sentence will be read twice. Listen carefully and write what you hear.

1. _____
2. _____
3. _____
4. _____
5. _____
6. _____
7. _____
8. _____

Lab Manual

STRUTTURE

7B.1 The informal imperative

1 Identificare Listen to each statement and write the infinitive of the verb you hear.

> **Modello**
> *You hear:* Lava i piatti!
> *You write:* <u>lavare</u>

1. _____   5. _____

2. _____   6. _____

3. _____   7. _____

4. _____   8. _____

2 Trasformare Change each command you hear to the negative. Repeat the correct answer after the speaker. (*8 items*)

> **Modello**
> *You hear:* Dammi il tuo libro.
> *You say:* Non mi dare il tuo libro.

3 Insieme Your friend does not feel like doing anything, and you suggest working together to accomplish some household tasks. Listen to each comment and then encourage him by using an affirmative **noi** command. Repeat the correct answer after the speaker. (*6 items*)

> **Modello**
> *You hear:* Non ho voglia di fare le faccende domestiche.
> *You say:* Facciamole insieme!

4 Consigli You will hear a conversation between Martina and Serafina. Give them four pieces of advice using the cues below. Use affirmative and negative commands.

1. (non passare) _____

2. (lavare) _____

3. (fare) _____

4. (non guardare) _____

Lab Manual

7B.2 The formal imperative

1 **Identificare** Listen to each statement. Then mark whether the command form you hear is **formale** or **informale**.

	Formale	**Informale**
1.	○	○
2.	○	○
3.	○	○
4.	○	○
5.	○	○
6.	○	○
7.	○	○
8.	○	○

2 **Trasformare** Change each command you hear from a **Lei** command to a **Loro** command. Repeat the correct answer after the speaker. (*8 items*)

> **Modello**
> *You hear:* Ascolti con attenzione.
> *You say:* Ascoltino con attenzione.

3 **Da informale a formale** Change each informal command you hear to a formal command. Change **tu** commands to **Lei** commands and **voi** commands to **Loro** commands. Repeat the correct answer after the speaker. (*8 items*)

> **Modello**
> *You hear:* Compra la tavola.
> *You say:* Compri la tavola.
>
> *You hear:* Comprate la tavola.
> *You say:* Comprino la tavola.

4 **Domande** Listen to each question. Then answer it using the cue you hear and a formal command form. Repeat the correct answer after the speaker. (*8 items*)

> **Modello**
> *You hear:* Devo apparecchiare la tavola? (sì)
> *You say:* Sì, apparecchi la tavola.
>
> *You hear:* Dobbiamo lavare i piatti? (sì)
> *You say:* Sì, lavino i piatti.

Lab Manual

7B.3 Time expressions

1 Scegliere You will hear a series of statements. For each statement, choose the response below that best corresponds.

1. a. Ci vuole sempre molto tempo per stirare.
   b. Stirerai dopo aver lavato i piatti.
2. a. Deve fare il bucato.
   b. La sua stanza è un vero porcile!
3. a. Non ci sono molti piatti sporchi.
   b. Porto fuori la spazzatura.
4. a. Hai preparato molti piatti diversi.
   b. Andiamo al ristorante stasera.
5. a. Hai appena iniziato a fare la traduzione.
   b. È una traduzione difficile.
6. a. Non hai trovato i biglietti per il concerto.
   b. È stato un concerto molto lungo.

2 Identificare You will hear a sentence that has a beep in place of a missing time expression. Listen to the sentence, then circle the time expression that best completes the sentence. Repeat the correct answer after the speaker.

> **Modello**
> *You hear:* Perché ci sono _____ due ore per spazzare?
> *You see:* messe / volute
> *You circle:* volute
> *You say: Perché ci sono volute due ore per spazzare?*

1. da / per
2. durato / durante
3. da / durante
4. messo / voluto
5. dopo / prima di
6. per / da

3 Mettere in ordine Listen to each statement. Then write the order of occurrence of each action next to each verb provided.

> **Modello**
> *You hear:* Finisci le faccende prima di uscire con gli amici.
> *You see:* ___ uscire ___ finire
> *You write:* _2_ uscire _1_ finire

1. ___ lavare ___ portare
2. ___ spolverare ___ passare
3. ___ uscire ___ fare
4. ___ chiudere ___ uscire
5. ___ uscire ___ fare
6. ___ stirare ___ fare
7. ___ mangiare ___ bere
8. ___ lavare ___ sparecchiare

4 Completare Listen to each sentence. Then complete it below by writing in the missing verb form or forms.

1. _____ tre ore per stirare tutti i tuoi vestiti!
2. Se usi l'aspirapolvere invece della scopa, _____ tempo.
3. Il pranzo _____ tre ore e mezzo!
4. I ragazzi _____ il pomeriggio a guardare la TV.
5. _____ la mattina a pulire l'appartamento.
6. Quante ore _____ a cucinare?

Unità 8

Lezione 8A

1 **Logico o illogico?** Listen to each statement and decide whether it is **logico** or **illogico**.

	Logico	Illogico		Logico	Illogico
1.	○	○	5.	○	○
2.	○	○	6.	○	○
3.	○	○	7.	○	○
4.	○	○	8.	○	○

2 **Scegliere** Listen to each statement and choose the option that completes it logically.

1. a. Gli faranno una multa.

   b. Parcheggerà la macchina.

2. a. Noleggiamo una macchina.

   b. Facciamo controllare la frizione.

3. a. ...devo chiamare il controllore.

   b. ...devo convalidare il biglietto.

4. a. Vado dal meccanico.

   b. Vado in autostrada.

5. a. ...avevo superato il limite di velocità.

   b. ...non avevo fatto benzina.

6. a. ...era in panne.

   b. ...era bucata.

3 **Descrivere** For each picture below, you will hear three brief descriptions. Indicate whether each statement is **vero** or **falso** according to what you see.

		Vero	Falso
1.	a.	○	○
	b.	○	○
	c.	○	○
2.	a.	○	○
	b.	○	○
	c.	○	○

1.   2.

Lab Manual

PRONUNCIA E ORTOGRAFIA

Consonanti doppie

quello	fanno	porre	passo

In Italian, all consonants (except **q** and **h**) can be written as a single or double consonant. When a consonant is doubled, it is emphasized and held longer than a single consonant.

sono	sonno	sete	sette

It is important to pronounce single and double consonants correctly. Some words are differentiated only by the doubled consonant.

Dammeli!	Dimmi!	Fallo!	Vacci!

When object pronouns (except **gli**) are attached to the informal **tu** commands **da'**, **di'**, **fa'**, **sta'**, and **va'**, the initial consonant of the pronoun is doubled.

contraddire	contrattempo	sopracciglio	soprattutto

When forming compound words beginning with **contra-** (*against*) or **sopra-** (*above, over*), the initial consonant of the attached word is usually doubled.

---

1 **Pronunciare** Ripeti le parole ad alta voce.

1. sopravvivere
2. mamma
3. latte
4. terra
5. farro
6. lettera
7. fissare
8. vero
9. verrò
10. spalla
11. dammi
12. sanno

---

2 **Articolare** Ripeti le frasi ad alta voce.

1. Fammi un favore!
2. Quello è un libro molto interessante.
3. È stata una serata bellissima.
4. Sono solo le sette, ma ho sonno.
5. La ragazza chiama la mamma.
6. La nonna di Gianni prepara il caffè.

---

3 **Proverbi** Ripeti i proverbi ad alta voce.

1. Chi va e torna, fa buon viaggio.
2. Viaggiando e leggendo s'impara.

---

4 **Dettato** You will hear eight sentences. Each sentence will be read twice. Listen carefully and write what you hear.

1. _____
2. _____
3. _____
4. _____
5. _____
6. _____
7. _____
8. _____

Lab Manual (side tab)

STRUTTURE

8A.1 Comparatives of equality

1 **Identificare** Listen to each statement and mark an **X** in the column of the comparative form you hear.

> **Modello**
>
> *You hear:* In questo bar ci sono tante ragazze quanti ragazzi.
> *You mark:* an **X** under **(tanto)... quanto**

	(così)... come	(tanto)... quanto		(così)... come	(tanto)... quanto
Modello	_____	___X___			
1.	_____	_____	5.	_____	_____
2.	_____	_____	6.	_____	_____
3.	_____	_____	7.	_____	_____
4.	_____	_____	8.	_____	_____

2 **Trasformare** Change each sentence you hear using a cue below. Repeat the correct response after the speaker.

> **Modello**
>
> *You hear:* Lorenzo corre tanto quanto Luca.
> *You see:* viaggiare
> *You say:* Lorenzo viaggia tanto quanto Luca.

1. studiare   3. bere   5. scrivere
2. suonare   4. frenare   6. vincere

3 **Comparazioni** Change each sentence you hear using the cue provided. Repeat the correct response after the speaker. (*6 items*)

> **Modello**
>
> *You hear:* Gina è tanto alta quanto Lucrezia. (carina)
> *You say:* Gina è tanto carina quanto Lucrezia.

4 **Domande** Answer each sentence you hear negatively, using a cue below. Repeat the correct response after the speaker.

> **Modello**
>
> *You hear:* A Napoli ci sono tante macchine quante a Roma?
> *You see:* motorini
> *You say:* No, ma a Napoli ci sono tanti motorini quanti a Roma.

1. controllori   3. quaderni   5. cani
2. fari   4. incidenti   6. barche

Lab Manual

8A.2 Comparatives of inequality

1 **Scegliere** You will hear a series of descriptions. For each description, choose the statement below that expresses the correct comparison.

1. a. Io mi alzo meno presto di te.
   b. Io mi alzo più presto di te.
2. a. Giuseppe va in vacanza meno spesso di Emilio.
   b. Giuseppe va in vacanza più spesso di Emilio.
3. a. Alessio ha più CD di Piero.
   b. Piero ha più CD di Alessio.
4. a. Francesca è più bella di Daniela.
   b. Francesca è meno bella di Daniela.
5. a. Mauro va al cinema più spesso di Anna.
   b. Anna va al cinema più spesso di Mauro.
6. a. Matteo ha mangiato più pasta di Federico.
   b. Matteo ha mangiato meno pasta di Federico.

2 **Paragonare** Look at each drawing and answer the question you hear with a comparative statement. Repeat the correct response after the speaker.

1. Mario, Lucia   2. Francesco, Leonardo   3. Alice, Giovanna

3 **Trasformare** Respond negatively to each statement you hear using the comparative to say the opposite. Repeat the correct response after the speaker. (6 *items*)

> **Modello**
> *You hear:* Lo scooter è più veloce della macchina.
> *You say:* No, la macchina è più veloce dello scooter.

4 **Comparazioni** Listen to the two expressions you hear, then make a comparison using the cue provided below. Repeat the correct response after the speaker. (6 *items*)

> **Modello**
> *You hear:* il taxi / la metropolitana
> *You see:* veloce
> *You say:* Il taxi è più veloce della metropolitana.

1. buono   3. facile   5. comodo
2. costoso   4. gentile   6. sicuro

Lab Manual

8A.3 Superlatives

1 **Identificare** For each sentence you hear, indicate whether the superlative form used is a relative superlative (**superlativo relativo**) or an absolute superlative (**superlativo assoluto**).

	Superlativo relativo	Superlativo assoluto
1.	○	○
2.	○	○
3.	○	○
4.	○	○
5.	○	○
6.	○	○
7.	○	○
8.	○	○

2 **Descrivere** You will hear two statements for each drawing. Choose the one that corresponds to the drawing.

1. a.   b.   2. a.   b.   3. a.   b.   4. a.   b.

3 **Trasformare** Change each sentence you hear from a comparison to a superlative. Repeat the correct response after the speaker (*8 items*).

Modello

You hear: Roma è una città più bella di Milano.
You say: Roma è la città più bella.

Lab Manual

Unità 8

CONTESTI

Lezione 8B

1 **Identificare** You will hear a series of words. For each series, write the word that does not belong.

1. _____
2. _____
3. _____
4. _____
5. _____
6. _____
7. _____
8. _____

2 **Descrivere** You will hear two statements for each drawing. Choose the statement that corresponds to the drawing.

1. a.   b.   2. a.   b.   3. a.   b.

3 **All'agenzia di viaggi** Listen to this conversation between Adelina and a travel agent. Then, read the statements below and decide whether they are **vero** or **falso**.

	Vero	Falso
1. Adelina vuole informazioni per un viaggio in Spagna.	○	○
2. Adelina ama fare sport.	○	○
3. Adelina vuole andare a Lisbona e anche al mare.	○	○
4. Al sud non fa troppo caldo in estate.	○	○
5. Adelina vuole partire la prima settimana di luglio.	○	○
6. Al ritorno, l'aereo parte da Lisbona alle 17.30.	○	○
7. Per andare in treno da Lisbona al sud, ci vogliono due ore.	○	○
8. Il biglietto aereo costa 180 euro.	○	○

Lab Manual

PRONUNCIA E ORTOGRAFIA

The letters *d, l, p,* and *t*

dopo	mela	piccolo	tanto

In Italian, the consonants **d**, **l**, **p**, and **t** have a slightly different pronunciation than they do in English.

data	dico	dormire	sedia

The Italian **d** is voiced and pronounced by touching the tip of the tongue to the upper teeth, at the gum line. Unlike in English, the Italian **d** has no aspiration (audible breath) that follows.

largo	letto	libro	solo

The Italian **l** is pronounced in the front of the mouth. The tip of the tongue always touches the upper teeth when pronouncing **l** in Italian.

capo	Pisa	porta	prendo

The English *p* is often followed by a puff of air, but the Italian **p** is never aspirated.

canto	tivù	treno	tutto

Like **d**, the Italian **t** is pronounced with the tip of the tongue touching near the gum line of the upper teeth and is never aspirated. However, the **t** is voiceless.

1 **Pronunciare** Ripeti le parole ad alta voce.

1. tardi
2. dire
3. passare
4. lampada
5. paese
6. itinerario
7. edificio
8. lunedì
9. foto
10. dare
11. tonno
12. colazione

2 **Articolare** Ripeti le frasi ad alta voce.

1. Prendo il treno alle otto.
2. Il ragazzo di Lisa è di Torino.
3. Questo pane è duro!
4. La porta del duomo è chiusa.
5. Non trovo il dottore!
6. La lettera della zia è sul tavolo.

3 **Proverbi** Ripeti i proverbi ad alta voce.

1. Né di venere né di marte, non si sposa né si parte.
2. Chi si volta e chi si gira, sempre a casa va a finire.

4 **Dettato** You will hear eight sentences. Each sentence will be read twice. Listen carefully and write what you hear.

1. _____
2. _____
3. _____
4. _____
5. _____
6. _____
7. _____
8. _____

Lab Manual

STRUTTURE

8B.1 The present conditional

1 **Identificare** Listen to each sentence and write the infinitive of the verb you hear.

> **Modello**
> *You hear:* Un'agente di viaggio ci aiuterebbe a scegliere la vacanza.
> *You write:* <u>aiutare</u>

1. _____ 4. _____

2. _____ 5. _____

3. _____ 6. _____

2 **Trasformare** For each sentence you hear, form a new sentence using the cue provided as the subject. Repeat the correct response after the speaker. (*6 items*)

> **Modello**
> *You hear:* Noi avremmo più camere con bagno. (l'albergo)
> *You say:* L'albergo avrebbe più camere con bagno.

3 **Domande** You will hear five questions about what different people would do on vacation. Answer each question based on the activity shown in the corresponding drawing. Repeat the correct answer after the speaker.

1. _____ 2. _____ 3. _____

4. _____ 5. _____

4 **Completare** Listen to Maurizio hypothesize about his next vacation and write the missing words below.

(1) _____ sicuramente all'estero. Mi (2) _____ visitare una grande capitale europea come Londra o Parigi insieme ai miei amici. Ma (3) _____ volentieri anche Budapest o Berlino. (4) _____ l'aereo da Roma e (5) _____ due settimane, così (6) _____ tempo di vedere tutto. Le visite della città (7) _____ la mattina presto per riposare il pomeriggio, così la sera (8) _____ a conoscere la vita notturna della città.

8B.2 The past conditional

1 **Identificare** Listen to each sentence and indicate with an **X** whether it uses the present conditional (**condizionale presente**) or the past conditional (**condizionale passato**).

	Condizionale presente	Condizionale passato
1.		
2.		
3.		
4.		
5.		
6.		
7.		
8.		

2 **Trasformare** Change each sentence you hear from the present conditional to the past conditional. Repeat the correct response after the speaker. (*8 items*)

Modello

You hear: Gianluca prenderebbe l'autostrada.
You say: Gianluca avrebbe preso l'autostrada.

3 **Domande** Answer each question you hear using the cue provided. Repeat the correct response after the speaker.

Modello

You hear: Cosa avrebbe letto Amelia in spiaggia?
You see: un romanzo
You say: Amelia avrebbe letto un romanzo in spiaggia.

1. in Egitto
2. una maglietta
3. alle undici e trenta
4. con Manuela
5. in un albergo
6. alla dogana

4 **Rispondere** Listen to each question, then answer it using the cue provided. Repeat the correct response after the speaker. (*8 items*)

Modello

You hear: Chi sarebbe andato a sciare in Italia per le vacanze? (Anna e Laura)
You say: Anna e Laura sarebbero andate a sciare in Italia per le vacanze.

Lab Manual

8B.3 *Dovere, potere,* and *volere* in the conditional

1 **Identificare** For each sentence you hear, indicate with an **X** whether the forms of **dovere**, **potere**, and **volere** are in the present conditional (**condizionale presente**) or the past conditional (**condizionale passato**).

	Condizionale presente	Condizionale passato
1.	_____	_____
2.	_____	_____
3.	_____	_____
4.	_____	_____
5.	_____	_____
6.	_____	_____
7.	_____	_____
8.	_____	_____

2 **Scegliere** Listen to each sentence and place an **X** in front of the verb you hear in the corresponding item below.

> **Modello**
>
> *You hear:* Potremmo fare il ponte.
> *You see:* _____ potremmo _____ avremmo potuto
> *You put an* **X** *next to:* potremmo

1. _____ vorrei   _____ avrei voluto
2. _____ dovrebbe   _____ sarebbe dovuta
3. _____ vorrebbero   _____ avrebbero voluto
4. _____ potreste   _____ avreste potuto
5. _____ potremmo   _____ avremmo potuto
6. _____ dovrebbe   _____ avrebbe dovuto
7. _____ potrei   _____ avrei potuto
8. _____ potresti   _____ avresti potuto

3 **Trasformare** Listen to each present-tense sentence, then use the English cue below to transform it into a sentence using **dovere**, **potere**, or **volere**. Repeat the correct response after the speaker.

> **Modello**
>
> *You hear:* Voglio fare una crociera.
> *You see:* would like
> *You say:* Vorrei fare una crociera.
>
> *You hear:* Voglio fare una crociera.
> *You see:* would have liked
> *You say:* Avrei voluto fare una crociera.

1. should   5. could   9. would like
2. should have   6. could have   10. would have liked
3. should   7. could   11. would like
4. should have   8. could have   12. would have liked

Unità 9   Lezione 9A

1 **Logico o illogico?** Listen to each sentence and indicate whether it is **logico** or **illogico**.

	Logico	Illogico
1.	○	○
2.	○	○
3.	○	○
4.	○	○
5.	○	○
6.	○	○
7.	○	○
8.	○	○

2 **Nel parco** Look at the drawing and listen to each statement. Indicate whether each statement is **vero** or **falso**.

	Vero	Falso
1.	○	○
2.	○	○
3.	○	○
4.	○	○
5.	○	○
6.	○	○

3 **Completare** Listen as Raffaele gives directions from his apartment in the center of town to a large park nearby. As you listen, write the missing words below.

Per andare al parco da casa mia, seguite la (1) _____ fino alla

(2) _____. Poi (3) _____ a destra e continuate ad andare diritto fino

al primo (4) _____. Girate a sinistra, attraversate il (5) _____

e andate diritto. Quando arrivate alla fontana, girate a destra e (6) _____ fino alla

(7) _____: l'entrata del parco è di (8) _____ alla fontana.

   Unità 9 Lab Activities   **75**

PRONUNCIA E ORTOGRAFIA

Parole affini I

ability	abilità	foundation	fondazione

Cognates, or **parole affini**, are words in different languages that share a common origin and similar form. Learning the relationship between word endings in Italian and English will help you recognize cognates and expand your vocabulary in Italian.

famiglia	farmacia	dignitario	biologia
family	*pharmacy*	*dignitary*	*biology*

Words ending in **-ia** and **-io** in Italian are often equivalent to words ending in *-y* in English. The suffix **-ia** is used in many words that describe a field of study.

città	comunità	specialità	università
city	*community*	*speciality*	*university*

Words ending in **-tà** in Italian are often equivalent to words ending in *-ty* in English.

coincidenza	pazienza	sentenza	violenza
coincidence	*patience*	*sentence*	*violence*

Words ending in **-nza** in Italian are often equivalent to words ending in *-nce* in English.

attenzione	comunicazione	menzione	nazione
attention	*communication*	*mention*	*nation*

Words ending in **-zione** in Italian are often equivalent to words ending in *-tion* in English.

---

1 **Pronunciare** Ripeti le parole ad alta voce.

1. qualità	4. mentalità	7. essenza	10. frammentario
2. finanza	5. qualificazione	8. semplicità	11. affinità
3. azione	6. frazione	9. trigonometria	12. trilogia

---

2 **Articolare** Ripeti le frasi ad alta voce.

1. La farmacia è in centro.
2. È più importante la qualità o la quantità?
3. Hai studiato per l'esame di psicologia?
4. È necessario dormire otto ore.
5. Abbia pazienza, per favore!
6. Il negozio fa una promozione questa settimana.

---

3 **Proverbi** Ripeti i proverbi ad alta voce.

1. Chi va piano, va sano e va lontano.
2. Onestà con gentilezza, supera ogni bellezza.

---

4 **Dettato** You will hear eight sentences. Each sentence will be read twice. Listen carefully and write what you hear.

1. _____
2. _____
3. _____
4. _____
5. _____
6. _____
7. _____
8. _____

STRUTTURE

9A.1 *Si impersonale* and *si passivante*

1 **Identificare** Listen to each statement and indicate whether it contains the **si impersonale** or the **si passivante**.

	Si impersonale	Si passivante
1.	○	○
2.	○	○
3.	○	○
4.	○	○
5.	○	○
6.	○	○
7.	○	○
8.	○	○

2 **Rispondere** Listen to each question, then choose the response that best answers it.

1. a. No, si va al negozio all'angolo.
   b. No, si telefona al sindaco.
2. a. Sì, si cucina tutti insieme a casa.
   b. Sì, si mangia fuori casa questa sera.
3. a. Sì, e poi si deve girare a sinistra.
   b. Sì, per andare in piazza Verdi si deve nuotare.

4. a. Perché ci si deve fermare al semaforo rosso.
   b. Perché si va verso il parco.
5. a. No, si deve comprare il giornale.
   b. No, si deve andare a destra.
6. a. Si va a ballare in discoteca.
   b. Si prosegue diritto fino alla piazza.

3 **Trasformare** Listen to each sentence. Then use the cue below to change it into a new sentence. Repeat the correct response after the speaker.

> **Modello**
> *You hear:* Si nuota spesso in estate.
> *You see:* viaggiare
> *You say:* Si viaggia spesso in estate.

1. fotografare
2. cucinare
3. prendere
4. capire
5. costruire
6. proseguire

4 **Domande** Listen to each question. Then answer it using the cue provided and a form of the **si passivante**. Repeat the correct answer after the speaker.

> **Modello**
> *You hear:* Dove compro le riviste?
> *You see:* al chiosco
> *You say:* Si comprano le riviste al chiosco.

1. sulle strisce pedonali
2. al centro commerciale
3. al museo
4. dopo pranzo
5. con Adele
6. a casa

Lab Manual

9A.2 Relative pronouns

1 **Identificare** Listen to each statement and mark an **X** in the column of the relative pronoun you hear.

You hear: È la macchina che preferisco.
You mark: an **X** under **che**

	che	chi	cui	quello che	ciò che	dove
Modello	X					
1.						
2.						
3.						
4.						
5.						
6.						
7.						
8.						

2 **Riempire** You will hear incomplete sentences. Choose the correct ending for each sentence you hear.

1. a. ...c'è la stazione di servizio.
   b. ...il vigile ti ha indicato.

2. a. ...è molto bella.
   b. ...si trova la statua di Garibaldi.

3. a. ...attraversano i bambini.
   b. ...non funziona.

4. a. ...attraversa la strada.
   b. ...il semaforo è rosso.

5. a. ...è in centro a Roma.
   b. ...abbiamo incontrato Paolo.

6. a. ...sei partito quest'estate?
   b. ...ti hanno regalato i tuoi genitori?

3 **Completare** Listen to Paola talk about where she goes in the town center and write the missing relative pronouns in your lab manual.

Adoro andare in centro il sabato pomeriggio! Incontro le mie amiche Gianna e Anita, (1) _____ conosco dai tempi del liceo, in piazza San Giovanni, di fronte alla chiesa (2) _____ ho sposato mio marito Antonio. Poi andiamo a prendere un caffè insieme al bar all'angolo, (3) _____ andavamo anche ai tempi della scuola. È bello chiacchierare con loro di quello (4) _____ abbiamo fatto durante la settimana: Gianna e Anita sono le uniche persone (5) _____ posso parlare dei miei problemi. Dopo il caffè, andiamo a fare compere nei negozi (6) _____ ci piacciono. Il nostro pomeriggio finisce al piccolo parco (7) _____ si trova di fronte alla piazza. Lì ci riposiamo e rilassiamo fino all'ora (8) _____ dobbiamo tornare a casa.

4 **Trasformare** You will hear two sentences. Form a new sentence using a relative pronoun. Repeat the correct answer after the speaker. (*8 items*)

You hear: La statua è caduta. Hanno messo la statua nel parco due mesi fa.
You say: La statua che hanno messo nel parco due mesi fa è caduta.

Unità 9   Lezione 9B

1 **Categorie** Listen to the statements that follow. Put an **X** under the name of the place each statement implies in the chart below.

	Posta	Banca	Fiorista	Lavanderia	Videoteca	Profumeria
1.						
2.						
3.						
4.						
5.						
6.						
7.						
8.						

2 **Luoghi** Look at the drawing below and listen to Chiara's description of her day. During each pause, look at the map and identify the name of the place she went to. Then write it on the line provided. The first one has been done for you.

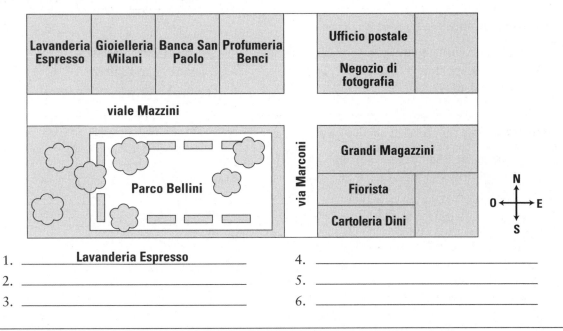

1. ___Lavanderia Espresso___   4. _____

2. _____   5. _____

3. _____   6. _____

3 **Rispondere** Look at the map in Activity 2 above while you listen to the questions that follow. Answer each question in a complete sentence, based on what you see in the map. Repeat the correct response after the speaker. (*6 items*)

Modello

You hear: C'è una lavanderia in via Marconi?
You say: No, c'è una lavanderia in viale Mazzini.

di fronte a	tra
in	vicino a

PRONUNCIA E ORTOGRAFIA

Parole affini II

essenziale	**naturale**	**parziale**	**speciale**
essential	*natural*	*partial*	*special*

Italian words ending in **-ale** are often equivalent to English words ending in *-al*.

ciclista	**ottimista**	**pianista**	**specialista**
cyclist	*optimist*	*pianist*	*specialist*

Italian words ending in **-ista** are often equivalent to English words ending in *-ist*.

caratterizzare	**economizzare**	**organizzare**	**simpatizzare**
characterize	*economize*	*organize*	*sympathize*

Italian words ending in **-izzare** are often equivalent to English words ending in *-ize*.

famosa	**geloso**	**generoso**	**nervosa**
famous	*jealous*	*generous*	*nervous*

Italian words ending in **-oso/a** are often equivalent to English words ending in *-ous*.

1 Pronunciare Ripeti le parole ad alta voce.

1. delizioso	4. abituale	7. collegiale	10. editoriale
2. finalizzare	5. artificioso	8. specializzare	11. pessimista
3. oculista	6. linguista	9. glorioso	12. invidiosa

2 Articolare Ripeti le frasi ad alta voce.

1. L'esame finale sarà difficile.
2. Posso italianizzare questa parola inglese?
3. Vai dal dentista oggi.
4. Questo risotto è delizioso.
5. È famoso questo libro?
6. Perché dovete analizzare tutto?

3 Proverbi Ripeti i proverbi ad alta voce.

1. A mente curiosa e sagace il troppo riposo non piace.
2. È meglio pagare e poco avere che molto avere e sempre dovere.

4 Dettato You will hear eight sentences. Each sentence will be read twice. Listen carefully and write what you hear.

1. _____
2. _____
3. _____
4. _____
5. _____
6. _____
7. _____
8. _____

Lab Manual

STRUTTURE

9B.1 Indefinite words

1 **Identificare** Listen to each sentence, then in the chart below, mark an **X** under the indefinite adjective or pronoun you heard.

	ogni	ognuno/a	qualche	qualcuno/a	quanto/a/i/e	qualcuno/a
1.						
2.						
3.						
4.						
5.						
6.						
7.						
8.						

2 **Scegliere** Listen to each sentence and indicate if the indefinite word you hear is an adjective (**aggettivo indefinito**) or a pronoun (**pronome indefinito**).

	Aggettivo indefinito	Pronome indefinito		Aggettivo indefinito	Pronome indefinito
1.	O	O	5.	O	O
2.	O	O	6.	O	O
3.	O	O	7.	O	O
4.	O	O	8.	O	O

3 **Trasformare** Listen to each sentence and use the cue provided below to transform it into a new sentence. Then repeat the correct answer after the speaker.

> **Modello**
> *You hear:* Ho comprato alcuni francobolli.
> *You see:* riviste
> *You say:* Ho comprato alcune riviste.

1. gioielleria
2. pacchi
3. collane
4. quadri
5. bar
6. persone
7. dolci
8. statue

4 **Domande** Listen to each question and answer it affirmatively, using an indefinite pronoun. Repeat the correct response after the speaker. (*8 items*)

> **Modello**
> *You hear:* Hai preso tutti i soldi?
> *You say:* Sì, li ho presi tutti.

Lab Manual

9B.2 Negative expressions

1 **Identificare** Listen to the sentences that follow. For each sentence, choose the negative expression you heard from the ones below.

1. a. non... ancora   b. non... più

2. a. non... neppure   b. non... nessuno

3. a. non... mai   b. non... più

4. a. non... affatto   b. non... niente

5. a. non... nessuno   b. non... nemmeno

6. a. non... ancora   b. non... mai

7. a. non... nessuno   b. non... più

8. a. non... affatto   b. non... ancora

2 **Trasformare** Change each sentence you hear to say the opposite. Repeat the correct answer after the speaker. (*6 items*)

> *Modello*
>
> *You hear:* Vado sempre in questa banca.
> *You say:* Non vado mai in questa banca.

3 **Domande** Answer each question you hear in the negative. Repeat the correct response after the speaker. (*6 items*)

> *Modello*
>
> *You hear:* Avete conosciuto qualcuno oggi?
> *You say:* No, non abbiamo conosciuto nessuno oggi.

4 **Programmi** Listen to the phone conversation between Stefano and Elettra. Then decide whether each of the following statements is **vero** or **falso**.

	Vero	Falso
1. Elettra non ha ancora preso i biglietti.	O	O
2. Stefano non ha mai visto l'*Aida* al teatro.	O	O
3. Stefano ha già un altro appuntamento.	O	O
4. Un biglietto per l'*Aida* non costa tanto.	O	O
5. A Elettra non piace affatto guidare la sera.	O	O
6. Elettra non fa mai aspettare Stefano.	O	O

Lab Manual

Unità 10

Lezione 10A

CONTESTI

1   **Definizioni** You will hear some definitions. For each definition, write the letter of the word being defined.

1. _____   5. _____   a. l'applauso   e. lo spettatore

2. _____   6. _____   b. l'intervallo   f. la ballerina

3. _____   7. _____   c. il regista   g. il personaggio

4. _____   8. _____   d. il concerto   h. l'orchestra

2   **Identificare** Circle the words that are logically associated with each word you hear.

1. poltrona   gruppo rock   tragedia

2. flauto   teatro   concerto

3. spettatore   drammaturgo   chitarrista

4. debutto   assolo   poltrona

5. pubblico   applauso   tragedia

6. cantante   compositore   attore

3   **Gli artisti** You will hear six statements. Listen to each statement and write its number below the illustration it describes. Some illustrations will have more than one number.

a. _____   b. _____   c. _____

Lab Manual

PRONUNCIA E ORTOGRAFIA

Elision and the *d eufonica*

all'ultimo	dov'è	quest'anno	un'idea

In Italian, letters are sometimes dropped or left out in order to ease pronunciation. This is called *elision*.

l'albero	l'ho	d'Italia	un'amica

Elision occurs most commonly when a word that ends in a vowel precedes a word that begins with a vowel sound. The elided vowel is often replaced with an apostrophe.

le Alpi	le amiche	le università	le uova

Elision does not occur when the definite article **le** precedes a noun that begins with a vowel sound.

andar bene	farlo	dottor Bianchi	signor Rossi

Often the final **-e** of infinitives and masculine titles is dropped in Italian. When this occurs, the dropped vowel is not replaced by an apostrophe.

ad esempio	ad un amico	ed è	ed io

To make pronunciation clearer, the letter **d** is often added to the Italian words **a** and **e** (and sometimes **o**) when they precede a word beginning with a vowel, especially when that word begins with the same vowel. This added letter is called the **d eufonica**. Note that the **d eufonica** is never added to the verb **è**.

---

1   **Pronunciare** Ripeti le espressioni ad alta voce.

1. l'aria	4. com'è	7. portarla	10. ad Atene
2. ed oltre	5. le isole	8. l'hanno	11. dottor Perilli
3. buon'idea	6. aver fatto	9. c'è	12. dell'universo

---

2   **Articolare** Ripeti le frasi ad alta voce.

1. Il signor Ricci è dall'amico.
2. Penso di poter venire con voi domani.
3. Scriviamo un'altra volta ad un esperto.
4. C'è un'automobile blu a casa tua.
5. L'ho visto stasera con Marco ed Alberto.
6. Potrebbe andar bene o potrebbe andar male.

---

3   **Proverbi** Ripeti i proverbi ad alta voce.

1. Cambiano i suonatori ma la musica è sempre quella.
2. Chi ben comincia è a metà dell'opera.

---

4   **Dettato** You will hear eight sentences. Each sentence will be read twice. Listen carefully and write what you hear.

1. _____
2. _____
3. _____
4. _____
5. _____
6. _____
7. _____
8. _____

STRUTTURE

10A.1 Infinitive constructions

1 **Identificare** You will hear eight sentences containing infinitive constructions. Write **a** if the conjugated verb takes **a** before an infinitive, **di** if it takes **di** before an infinitive, and **X** if it takes no preposition before an infinitive.

1. _____ 3. _____ 5. _____ 7. _____

2. _____ 4. _____ 6. _____ 8. _____

2 **Scegliere** You will hear some statements with a beep in place of the preposition. Decide which preposition should go in place of the beep.

	a	di			a	di
1.	○	○		5.	○	○
2.	○	○		6.	○	○
3.	○	○		7.	○	○
4.	○	○		8.	○	○

3 **Completare** You will hear incomplete sentences. Choose the correct ending for each sentence.

1. a. ...a arrivare in tempo per il concerto.
   b. ...di imparare a suonare il clarinetto.

2. a. ...a preparare il debutto della commedia.
   b. ...di scrivere una nuova commedia.

3. a. ...a parlar male del mio gruppo rock.
   b. ...di rovinare (_ruin_) il mio debutto.

4. a. ...di avere successo con la loro tragedia.
   b. ...a fare un bel concerto.

5. a. ...di tornare al vostro posto dopo l'intervallo.
   b. ...a portare il sassofono e la chitarra.

6. a. ...a cantare con me?
   b. ...di guardare l'opera?

4 **Domande** Answer each question you hear in the affirmative using the cue below. Repeat the correct response after the speaker.

> **Modello**
>
> _You hear:_ Avete provato?
> _You see:_ suonare il pianoforte
> _You say:_ Sì, abbiamo provato a suonare il pianoforte.

1. applaudire
2. studiare i nostri ruoli
3. cantare nel nostro coro
4. suonare con il gruppo

5. portare il flauto
6. mettere in scena lo spettacolo
7. ascoltare l'orchestra
8. sbagliare davanti al pubblico

Lab Manual

10A.2 Non-standard noun forms

1 **Identificare** Listen to each noun you hear and write it in the correct category of the chart.

	Solo maschile	Maschile al singolare / femminile al plurale	Maschile o femminile
1.	_____	_____	_____
2.	_____	_____	_____
3.	_____	_____	_____
4.	_____	_____	_____
5.	_____	_____	_____
6.	_____	_____	_____
7.	_____	_____	_____
8.	_____	_____	_____

2 **Maschile o femminile?** Listen to each sentence and indicate whether the noun you hear is masculine (**maschile**) or feminine (**femminile**).

	Maschile	Femminile			Maschile	Femminile
1.	O	O		5.	O	O
2.	O	O		6.	O	O
3.	O	O		7.	O	O
4.	O	O		8.	O	O

3 **Trasformare** Listen to each sentence and use the cue to create a new sentence. Repeat the correct answer after the speaker. (*6 items*)

> **Modello**
>
> *You hear:* Lorenzo ha scritto questo poema. (drammi)
> *You say:* Lorenzo ha scritto questi drammi.

4 **Domande** Listen to each question and use the cue provided to answer it. Repeat the correct response after the speaker.

> **Modello**
>
> *You hear:* Chi è Lina Wertmüller?
> *You see:* regista
> *You say:* Lina Wertmüller è una regista.

1. poema   3. uova   5. giornalista

2. orecchie   4. problema   6. musicista

Lab Manual (side tab)

Unità 10

Lezione 10B

CONTESTI

1 **Logico o illogico?** Listen to each statement and indicate whether it is **logico** or **illogico**.

	Logico	Illogico		Logico	Illogico
1.	○	○	5.	○	○
2.	○	○	6.	○	○
3.	○	○	7.	○	○
4.	○	○	8.	○	○

2 **Identificare** You will hear two statements for each drawing. Choose the statement that corresponds to the drawing.

1. a.   b.   2. a.   b.   3. a.   b.

3 **Il festival dell'arte** Listen to the announcement about an arts festival taking place this weekend. Then answer the questions below.

1. Chi è Leonardo Fabbri? _____

2. Che cosa proietteranno alla sala cinema? _____

3. Che cosa ci sarà tutte le sere al Teatro Sant'Anna? _____

4. Che cos'è *Il viaggio del soldato*? _____

5. Che strumento suona Tommaso Sala? _____

6. Chi è Adele Romanelli? _____

Lab Manual

PRONUNCIA E ORTOGRAFIA

Punctuation

| **Penso di sì.** | **10.000** | **$1.000.250,90** | **23.15** |

In Italian, **il punto** (.) is used, as in English, at the end of a statement and indicates a lengthy pause. In addition, Italian style uses a period instead of a comma in numbers 1,000 and above. A period can also be used to indicate time on the 24-hour clock.

| **Alla fine, ...** | **Sì, è quello.** | **3,5** | **€20,27** |

La virgola (,) is used to indicate a shorter pause within a phrase and is used more often in Italian than in English. Commas are also used in the place of a decimal point to indicate fractions.

È bello, alto e simpatico.   **Ci vogliono farina, acqua e zucchero.**

In Italian, a comma is not used before the final item of a series.

«Certo», ha detto.   **Questo "fatto" è sbagliato.**   **È facile dire «Ciao»?**

In Italian, **le virgolette** may be **basse** (« ») or **alte** (" "). As in English, they are used to indicate direct quotations, to highlight a particular term, or to indicate the idiomatic use of a word. Place ending punctuation and commas outside quotation marks unless they are part of what is being quoted.

La ragazza ha chiesto: — È questo il posto?
— Sì, è questo, — ha risposto suo fratello.

Quotation marks can be replaced with **una lineetta** (—) in dialogues.

---

1 **Punteggiatura** Riscrivi le frasi con la punteggiatura giusta.

1. Gli studenti hanno chiesto Quali sono i compiti per domani
2. Sì spiega il ragazzo ci sono 25000 persone in lista
3. Metto in valigia un vestito delle scarpe e un libro

4. La camera diventa silenziosa
   Silvia dice Marco ci sei
   Sì Silvia eccomi

---

2 **Articolare** Ripeti le frasi con la loro punteggiatura ad alta voce.

1. «No», ha detto, «non li ho visti».
2. Ci vuole una virgola dopo la parola "bello".
3. Il film comincia alle 20.35.
4. —È troppo tardi.   —No, arriveremo in tempo.
5. Questo romanzo costa €10,40.
6. Abbiamo già visto il programma «Now».

---

3 **Proverbi** Ripeti i proverbi ad alta voce.

1. Oggi a te, domani a me.
2. Chi ha arte per tutto ha parte.

---

4 **Dettato** You will hear eight sentences. Each sentence will be read twice. Listen carefully and write what you hear.

1. _____
2. _____
3. _____
4. _____
5. _____
6. _____
7. _____
8. _____

Lab Manual

STRUTTURE

10B.1 The gerund and progressive tenses

1 **Identificare** Listen to each sentence and indicate with an **X** whether it is taking place in the present (**presente**) or the past (**passato**).

	Presente	Passato		Presente	Passato
1.	_____	_____	5.	_____	_____
2.	_____	_____	6.	_____	_____
3.	_____	_____	7.	_____	_____
4.	_____	_____	8.	_____	_____

2 **Trasformare** Listen to each statement you hear and change it to the **forma progressiva**. Repeat the correct response after the speaker. (*8 items*)

> **Modello**
> *You hear:* Il pittore lavora a casa.
> *You say:* Il pittore sta lavorando a casa.

3 **Domande** Listen to each question and answer it using the cue provided and the **forma progressiva**. Repeat the correct response after the speaker.

> **Modello**
> *You hear:* Stavano leggendo?
> *You see:* scrivere
> *You say:* No, stavano scrivendo.

1. scolpire
2. ascoltare
3. leggere
4. studiare

5. tradurre
6. bere
7. passeggiare
8. scrivere

4 **Modificare** Listen to each sentence and cue. Then use the cue to create a new sentence. Repeat the correct answer after the speaker. (*8 items*)

> **Modello**
> *You hear:* Antonio sta camminando. (Marco e Laura)
> *You say:* Marco e Laura stanno camminando.
>
> *You hear:* Stavo mangiando. (Loro)
> *You say:* Stavano mangiando.

Lab Manual

10B.2 Ordinal numbers and suffixes

1 **Identificare** Circle the cardinal number that corresponds to each ordinal number you hear.

1. 18   82   86   7. 25   24   44

2. 50   15   5   8. 61   31   71

3. 38   28   84   9. 83   56   53

4. 90   18   19   10. 13   16   20

5. 70   17   60   11. 88   48   41

6. 96   86   16   12. 9   29   8

2 **Mettere in ordine** Listen as Faustino describes his day. Then put the following activities in order by writing the appropriate ordinal number next to each one.

1. prenotare un tavolo al ristorante _____   7. andare in discoteca _____

2. andare al mercato _____   8. pulire la stanza _____

3. incontrare Federica _____   9. fare colazione _____

4. cucinare _____   10. vestirsi _____

5. comprare un regalo per Federica _____   11. fare la doccia _____

6. leggere un romanzo di Calvino _____   12. fare una passeggiata _____

3 **Sequenze** For each sequence of ordinal numbers you hear, write the next ordinal number in the sequence.

1. _____   5. _____

2. _____   6. _____

3. _____   7. _____

4. _____   8. _____

4 **Scrivere** Listen to each sentence and write down the word with the suffix.

1. _____   5. _____

2. _____   6. _____

3. _____   7. _____

4. _____   8. _____

Lab Manual

Unità 11   Lezione 11A

CONTESTI

1 | **Identificare** Listen to what these people do. Identify each person's profession and write it below.

> **Modello**
> *You hear:* La signora Caccia lavora in banca.
> *You write:* banchiera

1. _____   5. _____

2. _____   6. _____

3. _____   7. _____

4. _____   8. _____

2 | **Scegliere** Listen to each question and choose the most logical answer.

1. a. No, ha un'assicurazione sulla vita.
   b. No, è un funzionario pubblico.
2. a. La settimana prossima.
   b. La riunione finirà tardi.
3. a. No, ho avuto un aumento.
   b. Sì, mi hanno dato una promozione.
4. a. Sì, lui è agricoltore.
   b. Sì, lui è il direttore.
5. a. L'azienda cercava persone con molta esperienza.
   b. Ho preso un congedo.
6. a. Sì, sono disoccupati.
   b. Sì, guadagnano bene.

3 | **La famiglia di Franca** Listen as Franca describes what different people in her family do to earn a living. Then read each statement below and indicate if it is **vero** or **falso**.

		Vero	Falso
1.	Il padre di Franca è veterinario.	O	O
2.	La madre di Franca non fa più la contabile perché è stata licenziata.	O	O
3.	Il padre di Franca guadagna bene.	O	O
4.	La madre di Franca è ancora disoccupata.	O	O
5.	La sorella di Franca vorrebbe lavorare all'università.	O	O
6.	Diventare docente universitario è facile.	O	O
7.	Il fratello di Franca fa l'agricoltore.	O	O
8.	Lo zio Anselmo è un cuoco di successo.	O	O

Lab Manual

PRONUNCIA E ORTOGRAFIA

Capitalization

| i ragazzi italiani | gli inglesi | la moda francese | parlano spagnolo |

In Italian, a capital letter is not used at the beginning of nouns or adjectives referring to nationalities, languages, or groups of people.

| novembre | sabato | gli anni Cinquanta | il Settecento |

Seasons, months, and days of the week are not capitalized in Italian. However, the initial letter of centuries and decades is capitalized.

| il presidente | il ministro | le teorie freudiane | la musica vivaldiana |

In Italian, job titles and titles of officials are usually not capitalized. In addition, adjectives derived from proper names are not capitalized.

| il Mar Rosso | Monte Bianco | il (fiume) Po | il (mare) Mediterraneo |

Geographic terms such as **mare**, **monte**, and **fiume** are usually capitalized when referring to a proper name. However, when the inclusion of the geographical term is optional, as is often the case with well-known place names, the term may not be capitalized. The word **oceano** is also rarely capitalized.

| lo Stato | il Paese | la Democrazia | il Dipartimento |

Nouns referring to specific political or business entities and concepts are often capitalized in Italian, especially in documents and articles. The same words may not be capitalized when used in a generic sense.

1 **Correggere** Riscrivi ogni parola o frase usando le maiuscole dove necessario.

1. VENERDÌ
2. IL QUATTROCENTO
3. IL TEDESCO
4. LUGLIO
5. MERCOLEDÌ
6. L'OCEANO ATLANTICO

2 **Riscrivere** Riscrivi le frasi usando le maiuscole dove necessario.

1. SONO DIRIGENTE DI UNA COMPAGNIA A ROMA.
2. È LO STATO CHE DECIDE.
3. VIENI ALLA FESTA MARTEDÌ?
4. VADO ALLA MIA LEZIONE D'ITALIANO.
5. STUDIA IL PENSIERO DANTESCO.
6. COS'È SUCCESSO NEGLI ANNI SESSANTA?

3 **Proverbi** Ripeti i proverbi ad alta voce.

1. Chi ama il suo lavoro lo fa bene.
2. Non manca mai da fare a chi ben sa lavorare.

4 **Dettato** You will hear eight sentences. Each sentence will be read twice. Listen carefully and write what you hear.

1. _____
2. _____
3. _____
4. _____
5. _____
6. _____
7. _____
8. _____

Lab Manual

STRUTTURE

11A.1 Impersonal constructions

1 **Identificare** Listen to each sentence and write down the impersonal construction you hear.

1. _____   5. _____
2. _____   6. _____
3. _____   7. _____
4. _____   8. _____

2 **Quale professione?** Listen to each statement. Then indicate what profession it refers to by choosing one of the two options below.

> **Modello**
> *You hear:* È difficile lavorare in un ufficio.
> *You see:* a. agricoltore   b. segretario
> *You choose:* segretario

1. a. bidello   b. camionista   5. a. giardiniere   b. giudice
2. a. cuoco   b. agricoltore   6. a. contabile   b. elettricista
3. a. pompiere   b. tassista   7. a. veterinario   b. barista
4. a. docente   b. tecnico   8. a. portiere   b. scienziato

3 **Scegliere** You will hear some sentences with a beep in the place of an impersonal construction. For each sentence, choose the impersonal expression that best replaces the beep. Repeat the correct response after the speaker.

> **Modello**
> *You hear:* _____ studiare a casa.
> *You see:* a. è strano   b. è meglio
> *You choose:* è meglio
> *You say:* È meglio studiare a casa.

1. a. pare   b. è importante   5. a. è strano   b. è bello
2. a. è giusto   b. è peccato   6. a. è male   b. è meglio
3. a. è impossibile b. è importante   7. a. è interessante b. è probabile
4. a. è difficile   b. sembra   8. a. bisogna   b. sembra

4 **Trasformare** Listen to each sentence and use the cue provided to create a new sentence. Repeat the correct answer after the speaker.

1. È giusto…   5. È impossibile…
2. Bisogna…   6. È ora…
3. È necessario…   7. È peccato…
4. È opportuno…   8. È bello…

Lab Manual

Unità 11 Lab Activities   **93**

11A.2 The present subjunctive: use with impersonal expressions

1 **Identificare** Listen to each sentence and indicate with an **X** whether the verb you hear in the second half of the sentence is in the **infinito** or the **congiuntivo**.

> **Modello**
> *You hear:* È necessario lavorare a tempo pieno.
> *You mark:* an **X** under **Infinito**

	Infinito	Congiuntivo			Infinito	Congiuntivo
1.	○	○		5.	○	○
2.	○	○		6.	○	○
3.	○	○		7.	○	○
4.	○	○		8.	○	○

2 **Scegliere** You will hear some sentences with a beep in place of the verb. Decide which verb should complete each sentence and circle it.

> **Modello**
> *You hear:* È impossibile che quest'azienda _____.
> *You see:* a. fallisca   b. fallisce
> *You circle:* fallisca

1. a. perdiate	b. perda	5. a. parli	b. parlino
2. a. chiediate	b. chiediamo	6. a. cambio	b. cambi
3. a. prendano	b. prenda	7. a. cominciate	b. comincino
4. a. guadagnino	b. guadagnano	8. a. arrivate	b. arriviate

3 **Coniugare** Form a new sentence using the cue you hear as the subject. Repeat the correct response after the speaker. (*6 items*)

> **Modello**
> *You hear:* Bisogna che io lavori anche domani? (noi)
> *You say:* Bisogna che noi lavoriamo anche domani?

4 **Trasformare** Change each sentence you hear to the present subjunctive using the expressions below. Repeat the correct response after the speaker.

> **Modello**
> *You hear:* Tu arriverai puntuale in ufficio.
> *You see:* È importante...
> *You say:* È importante che tu arrivi puntuale in ufficio.

1. È probabile...	3. È importante...	5. Bisogna...
2. È bene...	4. È peccato...	6. È meglio...

Unità 11

Lezione 11B

CONTESTI

---

1 Identificare You will hear a series of words. Write the word in each series that does not belong with the others.

1. _____   5. _____

2. _____   6. _____

3. _____   7. _____

4. _____   8. _____

---

2 Logico o illogico? Listen to each statement and indicate whether it is **logico** or **illogico**.

	Logico	Illogico		Logico	Illogico
1.	○	○	5.	○	○
2.	○	○	6.	○	○
3.	○	○	7.	○	○
4.	○	○	8.	○	○

---

3 Annunci Look at the ads below and listen to each statement you hear. Then decide if the statement is **vero** or **falso**.

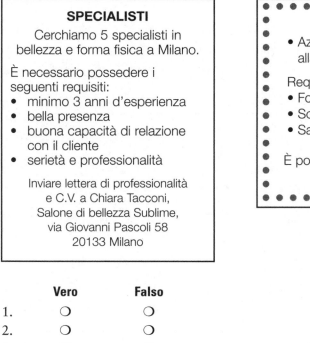

SPECIALISTI

Cerchiamo 5 specialisti in bellezza e forma fisica a Milano.

È necessario possedere i seguenti requisiti:
- minimo 3 anni d'esperienza
- bella presenza
- buona capacità di relazione con il cliente
- serietà e professionalità

Inviare lettera di professionalità e C.V. a Chiara Tacconi, Salone di bellezza Sublime, via Giovanni Pascoli 58 20133 Milano

VENDITORI/VENDITRICI
- Azienda produttrice di una famosa bevanda alla frutta cerca venditori/venditrici in tutta Italia

Requisiti richiesti:
- Formazione commerciale superiore (laurea)
- Solida esperienza nel settore (minimo 5 anni)
- Salario: 2.400 euro al mese.

È possibile trovare maggiori informazioni sul sito http://www.fruttaalmassimo.com

	Vero	Falso
1.	○	○
2.	○	○
3.	○	○
4.	○	○
5.	○	○
6.	○	○

Lab Manual

PRONUNCIA E ORTOGRAFIA

Omitting the final vowel of an infinitive

pensarci	saperne	scrivergli	trovarlo

The final **e** of an infinitive is often dropped, especially in spoken Italian. The **e** must be dropped when an object pronoun is added to the infinitive of a verb.

aver fatto	esser venuta	andar bene	sentir dire

The final **e** of an infinitive is often dropped when followed by a past participle or an adverb. The final **e** may also be dropped when the infinitive is followed by another infinitive, especially when the second infinitive has a similar sound.

far sentire	far bene	far festa	far da mangiare

The verb **fare** usually drops the final **e** when followed by another infinitive, an adjective, an adverb, a noun, or the preposition **da**.

avere scritto	fare spendere	fare studiare	esser stato

The final **e** of an infinitive should not be dropped before any word that begins with **s** + [_consonant_], except the past participle **stato**.

---

1 **Pronunciare** Ripeti le parole e le espressioni ad alta voce.

1. aver pensato
2. prenderlo
3. far male
4. fare scordare
5. pensar bene
6. esserci
7. fare spendere
8. regalarglielo
9. star bene
10. esser andato
11. cercarli
12. far sapere

---

2 **Articolare** Ripeti le frasi ad alta voce.

1. Ho deciso di cucinarlo stasera.
2. Cerchiamo di star bene quando andiamo in vacanza.
3. Volete andarci domani?
4. Pensavo di aver finito tutto!
5. Deve sempre andar via presto.
6. Vorrei saperne di più prima di decidere.

---

3 **Proverbi** Ripeti i proverbi ad alta voce.

1. Chi fa da sé, fa per tre.
2. Il lavoro nobilita l'uomo.

---

4 **Dettato** You will hear eight sentences. Each sentence will be read twice. Listen carefully and write what you hear.

1. _____
2. _____
3. _____
4. _____
5. _____
6. _____
7. _____
8. _____

Lab Manual

STRUTTURE

11B.1 The irregular present subjunctive

1 **Identificare** Listen to each sentence and write the infinitive of the conjugated subjunctive verb you hear.

> **Modello**
>
> *You hear:* È bene che Massimo vada al colloquio.
> *You write:* andare

1. _____
2. _____
3. _____
4. _____
5. _____
6. _____
7. _____
8. _____

2 **Trasformare** Form a new sentence using the cue you hear as the subject of the verb in the subjunctive. Repeat the correct answer after the speaker. (*6 items*)

> **Modello**
>
> *You hear:* È opportuno che tu faccia attenzione durante la riunione. (voi)
> *You say:* **È opportuno che voi facciate attenzione durante la riunione.**

3 **Completare** Listen to each partial statement you hear. Then complete it, using the cue provided below. Repeat the correct answer after the speaker.

> **Modello**
>
> *You hear:* È bene che voi...
> *You see:* conoscere il capo
> *You say:* **È bene che voi conosciate il capo.**

1. avere tre anni di esperienza
2. non essere puntuale
3. non piacere il suo nuovo lavoro
4. non dare una promozione a Giulio
5. sapere la verità
6. andare presto alla riunione

4 **Completare** Listen as Pina gives advice to her children. As you listen, write the missing words in the spaces below.

Ascoltate i miei consigli, figli miei: è importante che io e vostro padre (1) _____ contenti di voi. È bene che tu, Valerio, (2) _____ attenzione quando cerchi un lavoro, è meglio che (3) _____ ben pagato! Giovanni, è bello che tu (4) _____ fare lo stesso lavoro di tua madre, ma è giusto che tu (5) _____ che diventare medico è molto difficile. Comunque, è ora che voi (6) _____ per la vostra strada: non è più possibile che (7) _____ a casa con noi. Ma soprattutto, bisogna che (8) _____ sempre fiducia in voi stessi per superare le difficoltà.

11B.2 Verbs that require the subjunctive

1 **Identificare** Listen to each sentence and then indicate with an **X** whether the verb you hear expresses an emotion (**emozione**), a desire or hope (**desiderio/speranza**), an expression of will (**volontà**), or a doubt or opinion (**dubbio/opinione**).

	Emozione	Desiderio/Speranza	Volontà	Dubbio/Opinione
1.	_____	_____	_____	_____
2.	_____	_____	_____	_____
3.	_____	_____	_____	_____
4.	_____	_____	_____	_____
5.	_____	_____	_____	_____
6.	_____	_____	_____	_____

2 **Trasformare** Change each sentence you hear to the subjunctive using the expressions you see below. Repeat the correct response after the speaker.

> **Modello**
>
> *You hear:* Piero può fare la presentazione domani.
> *You see:* Il capo insiste...
> *You say:* Il capo insiste che Piero faccia la presentazione domani.

1. È impossibile che...   3. Immagino che...   5. Enrico dubita che...
2. Fabio pensa che...   4. Non sono sicuro che...   6. Non è sicuro che...

3 **Completare** Listen to each partial sentence that follows. Then use the cue provided to complete it, using a verb in the indicative or the subjunctive.

> **Modello**
>
> *You hear:* È sicuro che lui...
> *You see:* ha un curriculum
> *You say:* È sicuro che lui ha un curriculum.

1. cambia lavoro   4. non è sufficiente
2. devi fotocopiare quei documenti   5. non trovano un buon lavoro
3. potete fare questo lavoro   6. ti presenti a quel colloquio

4 **Rispondere** Listen to the office manager at a local company talk about his feelings about the week ahead. Then answer the questions below using complete sentences.

1. Che cosa desidera il manager?
2. Che cosa è impossibile secondo lui?
3. Che cosa teme?
4. Che impressione ha sul nuovo impiegato?
5. Che cosa spera?
6. Che cosa dubita?

Unità 12

Lezione 12A

CONTESTI

1 Associare Circle the word or words that are logically associated with the word you hear.

1. a. tramonto   b. cascata   c. ape

2. a. pineta   b. baita   c. lago

3. a. toro   b. fattoria   c. picnic

4. a. luna   b. uccello   c. montagna

5. a. deserto   b. fiore   c. erba

6. a. costa   b. campagna   c. fieno

2 Logico o illogico? Listen to each statement and indicate whether it is **logico** or **illogico**.

	Logico	Illogico			Logico	Illogico
1.	○	○		5.	○	○
2.	○	○		6.	○	○
3.	○	○		7.	○	○
4.	○	○		8.	○	○

3 Descrivere Look at the picture below and listen to the statements that follow. Decide whether each statement is **vero** or **falso**, based on the illustration.

	Vero	Falso			Vero	Falso
1.	○	○		4.	○	○
2.	○	○		5.	○	○
3.	○	○		6.	○	○

Lab Manual

PRONUNCIA E ORTOGRAFIA

Common abbreviations

avv. = avvocato   **dott. = dottore**   **sen. = senatore**

Abbreviations (**Abbreviazioni**) are very common in written Italian. Abbreviations never end with a vowel, and double consonants must be maintained. A period indicates where the word has been shortened.

pagg. = pagine   **dott.ri = dottori**   **prof.ssa = professoressa**

When making abbreviations plural, double the final consonant of the abbreviation. If an abbreviation already ends in a doubled consonant, add the final part of the word after the period. Final letters are also added for feminine abbreviations.

Fiat = Fabbrica Italiana Automobili Torino   **Onu = Organizzazione delle Nazioni Unite**

Italians use many acronyms (**acronimi**) in speaking and writing to replace the full names of companies or organizations. **Acronimi** may be written by using all capital letters or capital letters separated with periods. Today, it is common to write **acronimi** with an initial capital letter followed by lowercase letters.

TIM = Telecom Italia Mobile   **APT = Azienda di Promozione Turistica**
say: TIM   *say: a-pi-ti*

Acronimi are usually formed in a manner that can be easily pronounced as a word. When the letters cannot be pronounced as a word, spell out the letters.

---

1 **Pronunciare** Ripeti gli acronimi e abbreviazioni ad alta voce.

1. RAI = Radio Audizioni Italiane
2. C.A.P. = Codice Avviamento Postale
3. IVA = Imposta sul Valore Aggiunto
4. ISTAT = Istituto di Statistica
5. C.V. = Curriculum Vitae
6. S.p.A. = Società per Azioni

---

2 **Articolare** Ripeti le frasi ad alta voce.

1. La dott.ssa Bianchi scrive agli avv.ti Rossi e Giannini.
2. Compro un vestito nuovo alla STANDA.
3. Qual è il C.A.P. della tua città?
4. Aprite il libro a pag. 14.
5. Il prezzo non include l'IVA.
6. La sig.ra Mancini e il sig. Tommasi sono andati in crociera negli Usa.

---

3 **Proverbi** Ripeti i proverbi ad alta voce.

1. Il sole che nasce ha più adoratori di quel che tramonta.
2. La mala erba cresce in fretta.

---

4 **Dettato** You will hear eight sentences. Each sentence will be read twice. Listen carefully and write what you hear.

1. _____
2. _____
3. _____
4. _____
5. _____
6. _____
7. _____
8. _____

STRUTTURE

12A.1 The past subjunctive

1 **Identificare** Listen to each sentence and indicate whether the subjunctive form is in the present or the past.

	Presente	Passato			Presente	Passato
1.	○	○	5.		○	○
2.	○	○	6.		○	○
3.	○	○	7.		○	○
4.	○	○	8.		○	○

2 **Scegliere** You will hear some sentences with a beep in place of a verb. Decide which verb should complete each sentence and circle it.

> **Modello**
> *You hear:* È impossibile che stasera il sole _____ alle cinque.
> *You see:* a. tramonti   b. sia tramontato
> *You circle:* **a. tramonti**

1. a. attraversiate   b. abbiate attraversato
2. a. remi   b. abbia remato
3. a. dobbiate   b. abbiate dovuto
4. a. porti   b. abbia portato
5. a. vada   b. sia andato
6. a. vedano   b. abbiano visto
7. a. esplorino   b. abbiano esplorato
8. a. peschi   b. abbia pescato

3 **Trasformare** Listen to each sentence and change it to the past. Repeat the correct answer after the speaker. (*8 items*)

> **Modello**
> *You hear:* Credo che Paolo sia in campagna.
> *You say:* Credo che Paolo sia stato in campagna.

Lab Manual

12A.2 The subjunctive with conjunctions

1 **Identificare** Listen to each statement and write down the conjunction you hear.

1. _____   5. _____

2. _____   6. _____

3. _____   7. _____

4. _____   8. _____

2 **Completare** Listen to each incomplete sentence, then choose the correct ending for it.

1. a. ...lui si svegli.   b. ...lui si sveglia.
2. a. ...abbiano fatto il picnic. b. ...facevano il picnic.
3. a. ...abbia paura degli animali. b. ...ho paura degli animali.
4. a. ...non vedete le stelle.   b. ...non vediate le stelle.
5. a. ...Piero veda il deserto.   b. ...Piero vede il deserto.
6. a. ...lui indossa vestiti pesanti. b. ...lui indossi vestiti pesanti.

3 **Coniugare** Form a new sentence using the cue you hear as the subject of the first verb. Repeat the correct response after the speaker. (*6 items*)

4 **Trasformare** Listen to each partial sentence and use the cue below to transform it into a complete sentence. Repeat the correct answer after the speaker.

1. io / essere stanco
2. noi / non svegliarci molto presto
3. tu / non salire sugli alberi
4. l'acqua / essere fredda
5. i bambini / vedere gli animali
6. arrivare / i turisti
7. voi / portare la tenda
8. tu / potere fotografare il tramonto

Lab Manual

Unità 12

Lezione 12B

CONTESTI

---

1 **Identificare** You will hear a series of words. Write the word that does not belong in each series.

1. _____

2. _____

3. _____

4. _____

5. _____

6. _____

2 **Scegliere** For each question you hear, choose the response that answers it.

1. a. Sì, le fabbriche inquinano.

   b. Sì, le macchine sono un pericolo per l'ambiente.

2. a. Serve per evitare gli sprechi (*waste*).

   b. Sì, è utile.

3. a. Perché l'acqua è la vita.

   b. Perché bisogna trovare delle soluzioni.

4. a. L'alluvione del mese scorso.

   b. L'inquinamento delle fabbriche.

5. a. Con i pannelli solari.

   b. Con il riscaldamento globale.

6. a. Sì, causa la sovrappopolazione.

   b. Sì, causa il riscaldamento globale.

3 **L'ambiente** Listen as Teresa talks about the things she is doing as part of her school's environmental club. Then answer the questions below.

1. Che cosa provocano i gas dello scappamento delle macchine? _____

   _____

2. Perché è necessario non sprecare l'acqua? _____

   _____

3. Che cosa hanno fatto a scuola per non inquinare? _____

   _____

4. Che cosa fanno a casa gli studenti? _____

   _____

5. Che cosa fanno nel laboratorio? _____

   _____

6. Che tipo di autobus usa la scuola? _____

   _____

Lab Manual

PRONUNCIA E ORTOGRAFIA

Borrowed words in Italian

computer	**leader**	**suspense**	**standard**

English words have become common in the Italian language. In general, these words maintain the original English spelling.

e-mail	**file**	**Internet**	**marketing**

In Italian, English words generally maintain their original general pronunciation and syllabication, but the words are often more enunciated. The letter **r** is rolled, and vowels (besides the long English *i*) tend to have an Italian pronunciation.

il Web	**lo sport**	**la Duke University**	**una star**

Since English does not give a gender to nouns, English nouns often become masculine in Italian. However, if an English word has a close Italian equivalent, the gender of the Italian equivalent will be used.

i computer	**i film**	**gli sport**	**le star**

When used in Italian, English nouns do not add the letter **s** to form the plural. The singular form of the word is maintained, and the plural form is indicated by the preceding article.

bloggare	**chattare**	**scrollare**	**stressare**

Some English verbs, especially those referring to business or computer activities, are "Italianized" by altering spellings and/or by adding Italian infinitive endings and conjugations.

---

1   **Pronunciare** Ripeti le parole ad alta voce.

1. il weekend
2. la privacy
3. il film
4. lo smog
5. i jeans
6. il bar
7. il business
8. cliccare
9. i quiz
10. il manager
11. la webcam
12. downlodare

---

2   **Articolare** Ripeti le frasi ad alta voce.

1. Siamo sotto stress in questo periodo.
2. Ho visto il direttore di marketing al bar.
3. C'è un bel film al multiplex.
4. Questo weekend vanno ad un bed and breakfast.
5. Chattiamo quando sono davanti al computer.
6. Fa un Master in ecologia all'università.

---

3   **Proverbi** Ripeti i proverbi ad alta voce.

1. Sole dopo tempesta mette gli uomini in festa.
2. Una rondine non fa primavera.

---

4   **Dettato** You will hear eight sentences. Each sentence will be read twice. Listen carefully and write what you hear.

1. _____
2. _____
3. _____
4. _____
5. _____
6. _____
7. _____
8. _____

Lab Manual (side tab)

STRUTTURE

12B.1 The imperfect and the past perfect subjunctive

1 **Scegliere** Listen to each sentence and indicate whether the verb you hear is in the imperfect or past perfect subjunctive.

> **Modello**
> *You hear:* Antonella non voleva che Matteo sprecasse l'acqua.
> *You mark:* an **X** under **Congiuntivo imperfetto**

	Congiuntivo imperfetto	Congiuntivo trapassato		Congiuntivo imperfetto	Congiuntivo trapassato
1.	_____	_____	5.	_____	_____
2.	_____	_____	6.	_____	_____
3.	_____	_____	7.	_____	_____
4.	_____	_____	8.	_____	_____

2 **Completare** You will hear sentences with a beep in place of a verb. Decide which verb should complete each sentence and circle it. Repeat the correct response after the speaker.

> **Modello**
> *You hear:* Il sindaco vorrebbe che i cittadini _____ la raccolta differenziata.
> *You see:* a. facessero b. avessero fatto
> *You circle:* a. facessero

1. a. portasse   b. avesse portato
2. a. partissero   b. fossero partiti
3. a. fosse   b. fosse stata
4. a. passasse   b. fosse passato

5. a. provocasse   b. avesse provocato
6. a. montassi   b. avessi montato
7. a. aumentasse   b. fosse aumentato
8. a. venissi   b. fossi venuto

3 **Domande** Answer each question you hear based on the cue provided. Repeat the correct response after the speaker. (*8 items*)

> **Modello**
> *You hear:* Eri sorpreso che ci fosse così tanto smog? (no)
> *You say:* No, non ero sorpreso che ci fosse così tanto smog.

4 **Trasformare** Listen to each sentence and change it from the imperfect subjunctive to the past perfect subjunctive. Repeat the correct answer after the speaker. (*6 items*)

> **Modello**
> *You hear:* Eri contento che riciclassero?
> *You say:* Eri contento che avessero riciclato?

12B.2 Tense correlations with the subjunctive

1 **Identificare** Listen to each sentence and indicate with an **X** which two verb tenses it contains. The first one is done for you.

> **Modello**
>
> *You hear:* Avevo paura che il degrado ambientale aumentasse.
> *You mark:* an **X** under **Indicativo imperfetto** and **Congiuntivo imperfetto**

	Indicativo presente	Indicativo imperfetto	Congiuntivo presente	Congiuntivo passato	Congiuntivo imperfetto	Congiuntivo trapassato
Modello	_____	X	_____	_____	X	_____
1.	_____	_____	_____	_____	_____	_____
2.	_____	_____	_____	_____	_____	_____
3.	_____	_____	_____	_____	_____	_____
4.	_____	_____	_____	_____	_____	_____
5.	_____	_____	_____	_____	_____	_____
6.	_____	_____	_____	_____	_____	_____
7.	_____	_____	_____	_____	_____	_____
8.	_____	_____	_____	_____	_____	_____

2 **Scegliere** You will hear the beginning of a sentence. Choose the ending that best completes it.

1. a. ...non potremo più respirare per lo smog.
   b. ...non avremmo potuto più respirare per lo smog.
2. a. ...non avrò bisogno di prendere la macchina.
   b. ...non avrei bisogno di prendere la macchina.
3. a. ...la tua salute migliorerebbe.
   b. ...la tua salute migliora.
4. a. ...il governo avrebbe costruito la centrale nucleare.
   b. ...il governo costruirà la centrale nucleare.

5. a. ...la città sarebbe più pulita.
   b. ...la città è più pulita.
6. a. ...non spenderesti tanti soldi per la benzina.
   b. ...non spenderai tanti soldi per la benzina.
7. a. ...il mondo sarebbe sempre in pericolo.
   b. ...il mondo sarà sempre in pericolo.
8. a. ...salviamo il pianeta.
   b. ...salveremmo il pianeta.

3 **Completare** Listen as Fabrizio describes some local projects involving alternative energy sources. Complete his description below with the missing verb forms.

Il sindaco vuole che tutti gli autobus a benzina (1) _____ da autobus ibridi. L'aria sarebbe più respirabile se lo (2) _____ davvero. I cittadini vorrebbero che anche le case (3) _____ le energie rinnovabili. È probabile che (4) _____ dei pannelli solari sui tetti. Pare che il comune (5) _____ sviluppare anche l'uso dell'energia eolica. E poi è necessario che la legge (6) _____ la gente a fare la raccolta differenziata in tutti i quartieri. Se (7) _____ queste cose qualche anno fa, non avremmo mai avuto problemi di inquinamento. Ma sono contento che la mia città (8) _____ a realizzare questi progetti.

Lezione 1A, Puntata 1

Fotoromanzo

CIAO, IO SONO...

Prima di guardare

 Che cosa succede? Look at the photo and guess what these people might be saying to one another.

_____
_____
_____
_____
_____

Durante il video

2 **Identificare i personaggi** Match these characters with their names.

_____ 1. Lorenzo

_____ 2. Emily

_____ 3. Riccardo

_____ 4. Marcella

_____ 5. Paolo

_____ 6. Viola

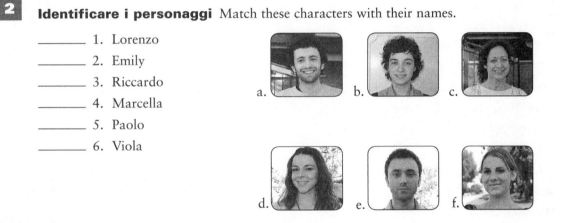

3 **Chi parla?** As you watch this episode, indicate which character says each line: **Marcella**, **Riccardo**, **Emily**, **Viola**, **Lorenzo**, or **Paolo**.

_____ 1. Salve… C'è qualcuno?

_____ 2. Piacere di conoscerLa.

_____ 3. Vuoi stare attenta!

_____ 4. Ciao, mamma.

_____ 5. Vieni, ti presento Riccardo ed Emily.

_____ 6. Dov'è la stanza?

_____ 7. Grazie, grazie mille. Siete molto gentili.

_____ 8. Benvenuta a Roma. Come va?

Video Manual

4 **Completare** Watch the scene where Riccardo meets Marcella and complete the conversation using words from the list. One word is used twice.

benvenuto	grazie	piacere	scusi	signora

RICCARDO (1) _____, è Lei la (2) _____ Marcella?

Io sono Riccardo. (3) _____ di conoscerLa.

MARCELLA (4) _____ mio. (5) _____.

RICCARDO (6) _____. È bello qui.

Dopo il video

5 **Vero o falso?** Indicate whether each statement is **vero** or **falso**.

	Vero	Falso
1. There is a room for two girls and a room for two boys in the *pensione*.	○	○
2. Marcella introduces Paolo to Emily and Riccardo.	○	○
3. Paolo is Marcella's nephew.	○	○
4. Lorenzo is eager to meet everyone at the *pensione*.	○	○
5. There are restaurants, cafés, and a library near the *pensione*.	○	○

6 **Spiegare** What is each character's mood in this photo? Write a sentence in English for each character to explain your opinion.

1. Paolo _____
2. Emily _____
3. Riccardo _____
4. Marcella _____
5. Lorenzo _____
6. Viola _____

7 **Tocca a te!** Imagine you are a new guest at *Pensione Marcella* and that Marcella introduces you to another guest. Write a short dialogue in which you greet one another, exchange names, and talk briefly before going to your room to unpack.

_____
_____
_____
_____
_____
_____
_____
_____
_____
_____

Lezione 1B, Puntata 2

Fotoromanzo

Prima di guardare

1 **Che cosa succede?** In this scene, Riccardo and Lorenzo talk about the people they have just met. In preparation for watching the video, make a list of adjectives you might hear.

_____
_____
_____
_____
_____

Durante il video

2 **Mettere in ordine** Watch the episode and number these cities in the order in which they are mentioned.

_____ a. Milano

_____ b. Bari

_____ c. Roma

_____ d. Chicago

_____ e. Capistrello

3 **La prima lezione di Emily** Watch the conversation between Marcella and Emily and complete the dialogue with the missing words.

facile	italiano	ora	penna
importante	lezione	ottimo	quaderno

MARCELLA Buongiorno, Emily. Come stai?

EMILY Molto bene, grazie. Ho (1) _____ di (2) _____ fra

un'(3) _____.

MARCELLA Caffè?

EMILY Sì, grazie.

MARCELLA In Italia, il caffè è (4) _____. Fare un buon caffè non è

(5) _____. Questa è la tua prima lezione.

EMILY Dove sono la (6) _____ e il (7) _____?

(8) _____! Delizioso!

MARCELLA Grazie, grazie.

Lezione 1B Fotoromanzo Activities   **3**

Video Manual

4 **Chi parla?** As you watch this episode, indicate which character says each line: **Marcella**, **Riccardo**, **Emily**, **Viola**, or **Lorenzo**.

_____ 1. Il venerdì sono pigro. Sono bravo in questo.

_____ 2. E Viola, di dov'è?

_____ 3. Dov'è la mia cartina?

_____ 4. Tu invece sei di Chicago.

_____ 5. Sono nervosa.

_____ 6. In bocca al lupo.

Dopo il video

5 **Identificare** According to the video, which characters do these statements describe?

_____ 1. Lui/Lei è socievole.

_____ 2. Lui/Lei è strano/a.

_____ 3. Lui/Lei è timido/a.

_____ 4. Lui/Lei è abruzzese.

_____ 5. Lui/Lei è per metà greco/a.

_____ 6. Lui/Lei è serio/a.

_____ 7. Lui/Lei è studioso/a.

_____ 8. Lui/Lei è divertente.

6 **Vero o falso?** Indicate whether each statement is **vero** or **falso**.

	Vero	Falso
1. Lorenzo ha un libro e un quaderno.	○	○
2. Secondo (*According to*) Riccardo, Milano non è una città interessante.	○	○
3. Viola è di Bari.	○	○
4. Secondo Lorenzo, Viola è antipatica.	○	○
5. Viola è nervosa per il primo giorno di scuola.	○	○
6. Marcella è preoccupata per (*worried about*) Viola.	○	○

7 **Tocca a te!** Give your opinion about four of your classes. Use a variety of adjectives to describe them.

1. La lezione di _____ è _____.

2. La lezione di _____ è _____.

3. La lezione di _____ è _____.

4. La lezione di _____ è _____.

Video Manual

4   **Lezione 1B Fotoromanzo** Activities

Lezione 2A, Puntata 3   **Fotoromanzo**

CHE COSA VUOI FARE?

Prima di guardare

1   **Il fine settimana** In this episode, the characters talk about their plans for the weekend. What activities do you think they have planned to do?

_____

_____

_____

_____

_____

Durante il video

2   **Chi parla?** As you watch this episode, indicate which character says each line: **Marcella, Riccardo, Emily, Viola,** or **Lorenzo.**

_____ 1. Programmi per il fine settimana?

_____ 2. Che cosa ti piace fare?

_____ 3. Anch'io penso di studiare.

_____ 4. Guarda che non siamo in vacanza.

_____ 5. All'inizio è difficile per molti studenti.

_____ 6. Tu adesso frequenti l'università a Roma!

_____ 7. L'Abruzzo è il passato.

_____ 8. Vivere in una grande città è una cattiva idea.

3   **Attività** Check off the activities that are mentioned in this episode.

❑ 1. giocare a pallacanestro   ❑ 8. ballare

❑ 2. guardare uno spettacolo di danza   ❑ 9. giocare a tennis

❑ 3. guardare la TV   ❑ 10. giocare a calcio

❑ 4. passeggiare   ❑ 11. giocare a pallavolo

❑ 5. giocare a freccette   ❑ 12. nuotare

❑ 6. andare al cinema   ❑ 13. ascoltare musica

❑ 7. andare a un concerto   ❑ 14. fare spese

4   **Collegare** Watch the scene as the four friends discuss their day. Match the first half of these sentences with the correct endings.

_____ 1. Allora, siete a Roma...   a. cose da fare a Roma.

_____ 2. Io penso di andare...   b. da una settimana ormai.

_____ 3. Venerdì io vado a...   c. in vacanza.

_____ 4. Comincio a insegnare...   d. a freccette.

_____ 5. Ci sono un milione di...   e. uno spettacolo di danza classica.

_____ 6. Io adoro giocare...   f. a un concerto domenica.

_____ 7. Guarda che non siamo...   g. fra due settimane.

_____ 8. Impari un sacco...   h. di cose nuove.

Video Manual

Dopo il video

5 **Scegliere** Circle the option that best completes each sentence.

1. La squadra italiana di _____ dà un seminario all'università.
   a. ciclismo   b. sci   c. calcio
2. Questo fine settimana Viola pensa di _____.
   a. nuotare   b. ballare   c. studiare
3. A Emily piace giocare _____ e a pallavolo.
   a. a tennis   b. a calcio   c. a pallacanestro
4. Secondo Riccardo, _____ è bello.
   a. giocare a freccette   b. nuotare   c. andare in bicicletta
5. Secondo Lorenzo, i ragazzi sono a Roma per _____.
   a. fare sport   b. riposare   c. imparare
6. A Riccardo piace _____.
   a. lo sport   b. la musica   c. l'università

6 **Mi piace...** Complete the chart with the activities, pastimes, or sports that you enjoy. Also indicate when and where you do each activity.

Le mie attività preferite	Quando?	Dove?

7 **Tocca a te!** Answer these questions in Italian.

1. I tuoi amici sono sportivi? Quali sono i loro (*their*) sport preferiti?

   _____

   _____

   _____

2. Che cosa ti piace fare con i tuoi amici (*with your friends*) il fine settimana?

   _____

   _____

   _____

3. Che cosa pensi di fare questo fine settimana? Parla almeno (*at least*) di tre attività.

   _____

   _____

   _____

Lezione 2B, Puntata 4   **Fotoromanzo**

CHE TEMPO FA?

Prima di guardare

1 **Il tempo** In this episode, the characters talk about the weather, the seasons, and the months of the year. What kinds of expressions do you think they might use?

_____

_____

_____

_____

_____

Durante il video

2 **I mesi** Which months are mentioned in this video episode?

❏ 1. gennaio   ❏ 7. luglio
❏ 2. febbraio   ❏ 8. agosto
❏ 3. marzo   ❏ 9. settembre
❏ 4. aprile   ❏ 10. ottobre
❏ 5. maggio   ❏ 11. novembre
❏ 6. giugno   ❏ 12. dicembre

3 **Roma o Chicago?** As you listen to the conversation between Viola and Emily, indicate which city each of these weather conditions describes: **Roma** or **Chicago**.

_____ 1. Ci sono spesso temporali.

_____ 2. Nevica e nevica e nevica...

_____ 3. In inverno piove.

_____ 4. In estate è molto umida.

_____ 5. Gennaio e febbraio sono freddi e ventosi.

_____ 6. Agosto è caldo e umido.

4 **Mettere in ordine** Number these events in the order in which they occur in the video.

_____ a. Riccardo arriva al bar con lo scooter di Marcella.

_____ b. Viola ed Emily parlano del tempo.

_____ c. Riccardo «ruba» (_steals_) il telefonino di Emily.

_____ d. Riccardo dà un voto al caffè.

_____ e. Emily legge il messaggio di Peter.

Video Manual

Dopo il video

5 **Chi è?** Select the person each statement describes.

1. Dà 63 al caffè.
   a. Viola   b. Riccardo   c. Emily   d. Peter
2. È spesso timida.
   a. Viola   b. Riccardo   c. Emily   d. Peter
3. Prende un cappuccino.
   a. Viola   b. Riccardo   c. Emily   d. Peter
4. È troppo nervoso.
   a. Viola   b. Riccardo   c. Emily   d. Peter
5. Ha sempre bisogno di caffè.
   a. Viola   b. Riccardo   c. Emily   d. Peter

6 **Vero o falso?** Indicate whether each statement is **vero** or **falso**.

	Vero	Falso
1. Viola resta a Roma fino a giugno.	O	O
2. A Emily piace molto Peter.	O	O
3. Marcella va al bar con lo scooter.	O	O
4. Secondo Riccardo, Peter non è il ragazzo giusto per Emily.	O	O
5. Lorenzo va in banca.	O	O
6. Il compleanno di Lorenzo è l'11.	O	O

7 **Tocca a te!** Answer these questions in Italian.

1. Quando è il tuo compleanno?

   _____

   _____

   _____

2. Qual è la tua stagione preferita? Perché?

   _____

   _____

   _____

3. Che cosa ti piace fare quando fa bel tempo?

   _____

   _____

   _____

4. Che cosa ti piace fare quando piove?

   _____

   _____

   _____

Lezione 3A, Puntata 5   **Fotoromanzo**

TUTTI IN FAMIGLIA

Prima di guardare

1   **Che cosa succede?** In this video episode, Viola's mother and sister visit her in Rome. They meet Lorenzo, too. Based on the episode title and the video still below, what do you think the two women are asking him?

_____

_____

_____

_____

_____

Durante il video

2   **Le foto di Emily** As Emily and Riccardo talk about their families, check off each family member you hear described. Two people are not mentioned in the video.

- ❏ 1. Il fratello di Emily, Charlie
- ❏ 2. Il cane di Emily, Max
- ❏ 3. La sorella di Emily
- ❏ 4. Il padre di Emily
- ❏ 5. La madre di Emily

- ❏ 6. I nonni di Emily
- ❏ 7. Il padre di Riccardo
- ❏ 8. La matrigna di Riccardo
- ❏ 9. La zia di Riccardo
- ❏ 10. Lo zio di Riccardo

3   **Chi parla?** As you watch this episode, indicate which character says each line: **Angela, Lorenzo, Riccardo, Sofia,** or **Viola.**

_____ 1. Ritornare a Roma è facile.

_____ 2. Mangi abbastanza?

_____ 3. Ma sei fidanzata?

_____ 4. Viola preferisce la scuola ai ragazzi.

_____ 5. Ho molti parenti.

_____ 6. Noi siamo gente di campagna.

_____ 7. È stato un piacere.

_____ 8. Ma tu gli piaci.

4   **Vero o falso?** Indicate whether each statement is **vero** or **falso.**

	Vero	Falso
1. Riccardo lancia una moneta (*throws a coin*) per ritornare a Roma.	O	O
2. Angela è sposata.	O	O
3. Lorenzo è il ragazzo di Viola.	O	O
4. Il fratello di Emily ha 18 anni.	O	O
5. Emily ha un cane a Chicago.	O	O
6. I genitori di Emily sono di Chicago.	O	O
7. I genitori di Riccardo sono divorziati.	O	O
8. Il padre di Lorenzo non ha altri (*other*) figli.	O	O
9. La madre di Lorenzo vive a Milano.	O	O
10. Secondo Lorenzo, Viola è divertente.	O	O

Video Manual

     Lezione 3A Fotoromanzo Activities

Dopo il video

5 **Correggere** Each statement below contains one piece of false information. Underline the incorrect word(s), and write the correct one(s) in the space provided.

1. Il matrimonio di Angela è in settembre. _____

2. Il fratello di Emily è all'università. _____

3. I nonni del padre di Emily sono italiani. _____

4. Il padre di Riccardo ha un figlio e una figlia dalla seconda moglie. _____

5. La madre di Riccardo vive con un cugino. _____

6. Lorenzo studia legge. _____

7. La matrigna di Lorenzo è italiana. _____

8. Lorenzo ha due fratelli più grandi. _____

9. Lorenzo ha tre nipoti. _____

10. Angela propone (*suggests*) di andare al ristorante. _____

6 **Rispondere** Answer these questions in complete sentences.

1. Perché Emily e Riccardo lanciano una moneta nella Fontana di Trevi?

_____

2. Quando è il matrimonio di Angela?

_____

3. Com'è la famiglia di Riccardo secondo Emily?

_____

4. Perché Emily studia in Italia?

_____

5. Com'è Viola secondo Lorenzo?

_____

7 **Tocca a te!** In your own words, describe Emily's and Riccardo's families according to what you heard in the video episode. Include as many details as you can.

_____

_____

_____

_____

_____

_____

_____

_____

_____

_____

Lezione 3B, Puntata 6   Fotoromanzo

UNA SERATA IN CASA

Prima di guardare

1   **Che cosa succede?** Look at the photo and guess what Viola and Emily might be talking about. Use your imagination.

_____

_____

_____

_____

_____

Durante il video

2   **Associare** Match each person with the adjective(s) used to describe him/her in this episode. Write the correct form of the adjectives in the spaces provided. One adjective is used for more than one person.

allegro	dolce	intelligente
brutto	immaturo	ottimista
carino	innamorato	preoccupato

1. Emily _____

2. Viola _____

3. Riccardo _____

4. Lorenzo _____

5. Massimo _____

3   **A chi?** As you watch this episode, indicate who is addressed with each line.

_____ 1. Che immaturi! Ma quanti anni avete?

_____ 2. In città gli uomini sono aggressivi ed egoisti.

_____ 3. Fuori, subito!

_____ 4. Sei proprio innamorato!

_____ 5. Sei una ragazza in gamba. Non hai bisogno di aiuto.

_____ 6. Devo andare via.

_____ 7. Chi è Francesca?

_____ 8. Scusami, non parlo bene l'inglese.

Video Manual

4 **Completare** Watch the scene between Emily and Viola and complete the conversation with the missing words.

EMILY Ciao, Viola. Come va con le (1) _____?

VIOLA È dura. Ho un (2) _____ martedì, ma non ho
(3) _____ di studiare.

EMILY Perché no? [...] Chi è?

VIOLA Massimo. È nella mia (4) _____ di pedagogia.

EMILY E com'è? (5) _____, magro, alto,
(6) _____, carino, brutto?

VIOLA No, è molto carino! Ha i (7) _____ neri, corti e lisci, e gli
(8) _____ verde-scuro.

Dopo il video

5 **Mettere in ordine** Number these events in the order in which they occur in the video.

_____ a. Emily riceve un'e-mail di Peter.

_____ b. Lorenzo e Riccardo tornano nella loro stanza.

_____ c. Emily apre la porta e scopre (*finds*) Lorenzo e Riccardo.

_____ d. Viola descrive Massimo a Emily.

_____ e. Lorenzo parla al telefono con Francesca.

6 **Vero o falso?** Indicate whether each statement is **vero** or **falso**.

	Vero	Falso
1. Massimo frequenta l'università con Viola.	○	○
2. Massimo è basso e brutto.	○	○
3. Giovedì Viola va al cinema con Massimo.	○	○
4. Riccardo e Lorenzo spiano (*spy on*) le ragazze.	○	○
5. Emily chiede l'età (*age*) di Riccardo e Lorenzo.	○	○
6. Riccardo capisce che Lorenzo è innamorato di Viola.	○	○
7. Lorenzo è contento di parlare al telefono con Francesca.	○	○
8. Emily è preoccupata perché Peter pensa di venire a Roma.	○	○

7 **Tocca a te!** In your own words, write a brief description of two people you know. Use adjectives to talk about their physical appearance and personality.

_____

_____

_____

_____

_____

_____

_____

_____

Video Manual

Lezione 4A, Puntata 7

Fotoromanzo

UN BRINDISI PER IL LAPTOP

Prima di guardare

1 **Che cosa succede?** Look at the photo and guess what might happen in this episode. What words and expressions do you expect to hear in an episode about technology and electronics?

_____
_____
_____
_____
_____

2 **La tecnologia** With what item in the list do you associate each of these activities? More than one answer may apply. Include the definite article in your answers.

canzone	DVD	impianto stereo	schermo
CD-ROM	disco rigido	lettore MP3	sito Internet
cellulare	documento	messaggio	stampante
computer	e-mail	programma	televisore

1. navigare _____

2. salvare _____

3. squillare _____

4. inviare (*to send*) _____

5. scaricare _____

6. ascoltare _____

7. guardare _____

8. cancellare _____

9. caricare _____

10. stampare _____

Durante il video

3 **Gli apparecchi tecnologici** Watch the video and check off the electronic items mentioned.

❑ 1. canale TV

❑ 2. impianto stereo

❑ 3. lettore CD

❑ 4. stampante

❑ 5. programma

❑ 6. cellulare

❑ 7. videocamera

❑ 8. disco rigido

Video Manual

4   **Completare** Complete these sentences with the missing words you hear in this episode.

1. Peter vuole _____ in Italia.
2. Posso _____ il computer per scaricare una _____?
3. Che _____ al mio computer?
4. Puoi _____ il mio computer?
5. Non voglio _____ Peter a Roma.
6. Non _____ che tu vuoi frequentare l'università e fare nuove _____.
7. Il tuo computer _____ adesso.
8. Ora posso _____ trenta in Cultura italiana.

Dopo il video

5   **Descrizioni** Indicate which character each sentence describes.

_____ 1. Vuole un caffè.

_____ 2. Scrive un messaggio istantaneo a Peter.

_____ 3. Non vuole cancellare il disco rigido.

_____ 4. Esce con Emily da cinque mesi.

_____ 5. Secondo lui, Peter è un egoista.

_____ 6. Aggiusta il computer di Emily.

_____ 7. Ha l'idea di fare un blog della pensione.

_____ 8. È l'esperto informatico del gruppo.

6   **Spiegare** What is each character's mood in this scene? Write a sentence for each character to explain your opinion.

_____

_____

_____

_____

7   **Tocca a te!** Name three technological devices or services and explain how you use them.

1. _____

_____

_____

2. _____

_____

_____

3. _____

_____

_____

Video Manual

Lezione 4B, Puntata 8   Fotoromanzo

VIVA LO SHOPPING

Prima di guardare

1   **Facciamo spese!** Read the episode title, look at the photo, and guess what might happen in this episode. What words and expressions do you expect to hear?

_____

_____

_____

_____

_____

Durante il video

2   **Abbigliamento** Watch the scene in which Emily and Viola are at the market and check off the pieces of clothing mentioned.

- ❑ 1. sciarpa
- ❑ 2. pantalone
- ❑ 3. camicia
- ❑ 4. cappotto
- ❑ 5. gonna

- ❑ 6. jeans
- ❑ 7. camicetta
- ❑ 8. cintura
- ❑ 9. felpa
- ❑ 10. maglia

- ❑ 11. cappello
- ❑ 12. guanti
- ❑ 13. calzino
- ❑ 14. costume da bagno
- ❑ 15. maglione

3   **Chi parla?** Indicate which character says each line.

_____ 1. Gli uomini non capiscono niente.

_____ 2. Ciò che conta sei tu, non i tuoi vestiti.

_____ 3. Questo colore è molto alla moda adesso.

_____ 4. Senti, quand'è il tuo appuntamento con Massimo?

_____ 5. Conosco un buon bar qui vicino.

_____ 6. Questa è una giacca da uomo di lana.

_____ 7. Abbiamo frequentato la stessa università.

_____ 8. Perché stai qui con me in una giornata così bella?

4   **Cosa fanno?** Match each action on the left with a person on the right. Some actions apply to more than one person.

_____ 1. Guardare il prezzo di una maglia.

_____ 2. Portare jeans e camicia.

_____ 3. Non venire più a Roma.

_____ 4. Comprare due collane.

_____ 5. Mettere in ordine (*Sort through*) vecchi vestiti.

_____ 6. Amare la musica, viaggiare, scherzare.

a. Massimo

b. Peter

c. Marcella

d. Riccardo

e. Stefano

f. Viola

Video Manual

Dopo il video

5 **Correggere** Each statement below contains one piece of false information. Underline the incorrect word(s) and write the correct word(s) in the space provided.

1. Secondo Viola ed Emily, la maglia è economica *(cheap)*. _____

2. Viola ed Emily pagano 15 euro per due collane. _____

3. Lorenzo conosce un buon bar vicino al mercato. _____

4. Riccardo prende una giacca del figlio di Marcella. _____

5. Marcella è divorziata da cinque anni. _____

6. Marcella regala a Paolo il maglione di Stefano. _____

6 **Selezionare** Circle the option that best completes each statement.

1. Emily mostra *(shows)* a Viola una maglia di _____.
   a. cotone   b. lana   c. seta

2. Le ragazze vedono delle collane _____.
   a. vecchie   b. gialle   c. belle

3. Massimo porta sempre _____.
   a. jeans e felpa   b. giacca e pantaloni c. jeans e camicia

4. Lorenzo porta camicie _____.
   a. costose   b. strette   c. colorate

5. Riccardo ha usato _____ quattro volte questa settimana.
   a. il maglione di Stefano   b. lo scooter di Marcella   c. il computer di Emily

6. Secondo Marcella, Riccardo ha molte cose in comune con _____.
   a. Lorenzo   b. Paolo   c. Stefano

7 **Come ti vesti?** Answer these questions in Italian.

1. Come ti vesti tutti i giorni? _____

   _____

   _____

2. Che cosa indossi per andare a una festa? _____

   _____

   _____

3. Che vestiti metti quando esci per la prima volta con un(a) ragazzo/a? _____

   _____

   _____

Video Manual

Lezione 5A, Puntata 9

Fotoromanzo

Prima di guardare

1 **La lista della spesa** Read the episode title, look at the photo, and guess what might happen in this episode. What words and expressions do you expect to hear?

_____
_____
_____
_____
_____

Durante il video

2 **Buongiorno!** Watch the first exchange between Marcella and Emily and complete these sentences with the missing words.

MARCELLA Caffè?

EMILY Sì, grazie. (1) _____, uova, pane. Vai al (2) _____ oggi?

MARCELLA Sì. Voglio fare spaghetti alla (3) _____ per tutti stasera. Ti piace (4) _____?

EMILY Sì. So (5) _____ dei (6) _____ svedesi. Me lo ha insegnato mio padre.

3 **Il cibo** Check off the foods that are mentioned in this episode.

- ❑ 1. pancetta
- ❑ 2. carne
- ❑ 3. riso
- ❑ 4. basilico
- ❑ 5. patate
- ❑ 6. pomodori
- ❑ 7. formaggio
- ❑ 8. yogurt
- ❑ 9. peperoni
- ❑ 10. olio d'oliva
- ❑ 11. prosciutto
- ❑ 12. cipolle
- ❑ 13. lattuga
- ❑ 14. aglio
- ❑ 15. asparagi

4 **Chi parla?** Indicate which character says each line: **Riccardo, Lorenzo, Viola, Emily,** or **Marcella.**

_____ 1. Sei pronta per andare a fare la spesa?
_____ 2. Questo è il nostro blog della pensione.
_____ 3. Ti posso aiutare io.
_____ 4. Ho detto che alcuni uomini sono cattivi.
_____ 5. Va bene, possiamo comprare tanti pomodori.
_____ 6. Abbiamo sempre bisogno di aglio.
_____ 7. Abbiamo dimenticato gli asparagi.
_____ 8. Compriamo del tiramisù per dolce?

Video Manual

Dopo il video

5 **Collegare** Match the first half of these sentences with the correct endings.

_____ 1. Emily sa preparare...

_____ 2. Viola deve finire...

_____ 3. Secondo Viola, ci sono...

_____ 4. Viola conosce Massimo...

_____ 5. Per fare l'insalata mista servono...

_____ 6. Marcella non può fare la carbonara senza...

a. lattuga, pomodori, peperoni e cipolle.

b. da un mese.

c. una tesina per martedì.

d. uova e formaggio.

e. dei piatti svedesi.

f. anche donne cattive.

6 **Vero o falso?** Indicate whether each statement is **vero** or **falso**.

	Vero	Falso
1. Emily vuole preparare la cena per tutti.	O	O
2. Viola non ha superato l'ultimo esame all'università.	O	O
3. Lorenzo aiuta Viola a spegnere la videocamera.	O	O
4. Viola non vuole parlare di Massimo con i suoi genitori.	O	O
5. Lorenzo è uscito con Francesca per due settimane.	O	O
6. Emily vuole comprare altri pomodori per la bruschetta.	O	O
7. Riccardo è magro perché mangia poco.	O	O
8. Emily e Riccardo pagano il caffè.	O	O

7 **Tocca a te!** Answer these questions in Italian in complete sentences.

1. Chi fa la spesa a casa tua?

_____

_____

_____

2. Dove andate a comprare il cibo?

_____

_____

_____

3. Che cosa comprate in genere al supermercato? Quanto spendete?

_____

_____

_____

Video Manual

Lezione 5B, Puntata 10   Fotoromanzo

TROPPI CUOCHI GUASTANO LA CUCINA

Prima di guardare

1 **Che cosa succede?** Read the episode title and look at the video still. What do you expect will happen in this episode?

_____
_____
_____
_____

Durante il video

2 **Chi parla?** Watch the scenes leading up to the dinner. Indicate which character says each line.

_____ 1. La devi rosolare lentamente.
_____ 2. Devo fare uno spuntino.
_____ 3. Mia madre cucina sempre così.
_____ 4. Io apparecchio la tavola.
_____ 5. Prepari tu la cena stasera? Non vedo l'ora.
_____ 6. I grandi cuochi sono tutti uomini.
_____ 7. I veri cuochi rispettano i sapori.
_____ 8. Possiamo friggere velocemente una cipolla con dei funghi.

3 **Associare** Match these images with their captions.

_____ 1. No, Viola, così non va. Manca l'aglio.
_____ 2. In realtà hanno fatto quasi tutto Riccardo e Viola.
_____ 3. Marcella ci ha lasciato la cucina e guarda che cosa abbiamo fatto.
_____ 4. Voglio davvero farlo io.
_____ 5. Oh, Paolo. L'hai mangiato tutto?
_____ 6. È colpa tua.

a.   b.   c.

d.   e.   f.

4 **Mettere in ordine** In what order do these events occur in the video?

_____ a. La pancetta brucia (*burns*).
_____ b. Riccardo e Viola decidono di aiutare Emily in cucina.
_____ c. Viola macchia d'olio la camicia di Lorenzo.
_____ d. Paolo ed Emily apparecchiano la tavola.
_____ e. Marcella assaggia la pasta.

Lezione 5B Fotoromanzo Activities   **19**

Video Manual

Dopo il video

5 **Descrizioni** Indicate which character each statement describes.

1. Vuole preparare la cena da sola.
   a. Emily   b. Viola   c. Marcella
2. Vuole aggiungere pepe e aglio.
   a. Paolo   b. Riccardo   c. Viola
3. Litiga (*She argues*) con Riccardo per il sale.
   a. Emily   b. Viola   c. Marcella
4. Frigge la cipolla con i funghi.
   a. Marcella   b. Emily   c. Riccardo
5. Dice che la pasta è deliziosa.
   a. Lorenzo   b. Marcella   c. Paolo
6. Preferisce i piatti tradizionali.
   a. Lorenzo   b. Paolo   c. Riccardo

6 **Spiegare** Answer these questions in complete sentences.

1. Perché Marcella esce dalla cucina?

   _____

   _____

2. Chi ha preparato la pasta? E chi ha fatto l'insalata?

   _____

   _____

3. Perché la pancetta brucia?

   _____

   _____

4. Cosa dice Marcella della pasta?

   _____

   _____

5. Perché non c'è più tiramisù?

   _____

   _____

6. Perché Lorenzo alla fine cambia idea (*changes his mind*) sulla pasta?

   _____

   _____

7 **Invito a cena** Imagine that you have invited some friends for dinner. What will you prepare for them, and what ingredients will you need? Describe it in Italian.

_____

_____

_____

_____

_____

_____

Video Manual

Lezione 6A, Puntata 11   Fotoromanzo

SBRIGATI, LORENZO!

Prima di guardare

1 **Al mattino** In this episode, you will hear the characters talk about morning routines. In preparation, make a list of relevant expressions in Italian.

_____

_____

_____

_____

2 **Cosa serve per...?** What items do you associate with each activity? Use each item only once.

_____ 1. truccarsi   a. la sveglia
_____ 2. vestirsi   b. lo specchio
_____ 3. pettinarsi   c. il sapone
_____ 4. asciugarsi   d. i vestiti
_____ 5. lavarsi i denti   e. l'asciugacapelli
_____ 6. lavarsi le mani   f. l'asciugamano
_____ 7. farsi la barba   g. il trucco
_____ 8. svegliarsi   h. lo spazzolino
_____ 9. asciugarsi i capelli   i. la spazzola
_____10. guardarsi   l. il rasoio

Durante il video

3 **Chi parla?** Indicate which character says each line: **Emily, Lorenzo, Viola**, or **Riccardo**.

_____ 1. Allora ti devi svegliare prima di me.
_____ 2. La barba mi sta bene, no?
_____ 3. Devo pettinarmi e truccarmi.
_____ 4. Emily ce l'ha con me.
_____ 5. A volte tu aiuti troppo.
_____ 6. Io mi sono divertito. E a Marcella è piaciuta.
_____ 7. Posso entrare? Ho lezione alle nove.
_____ 8. Mi dai il mio rossetto e la mia spazzola?

4 **Attività** Check off the activities mentioned in the video.

❑ 1. lavarsi i denti   ❑ 5. asciugarsi   ❑ 9. lavarsi
❑ 2. prepararsi   ❑ 6. guardarsi allo specchio ❑ 10. pettinarsi
❑ 3. svegliarsi   ❑ 7. vestirsi   ❑ 11. fare lo shampoo
❑ 4. fare la doccia   ❑ 8. farsi la barba   ❑ 12. truccarsi

Video Manual

Lezione 6A Fotoromanzo Activities   **21**

5 **Che cosa è successo a Viola?** For items 1–7, fill in the missing letters in each line of dialogue. Use the letters in the boxes in their order to complete item 8, describing what happens to Viola at the end of the episode.

1. Non c __ __ __ ☐ __ __ perché Lorenzo si fa la barba.

2. E io mi devo preparare per andare al l __ ☐ __ __ __.

3. Ci incontriamo qui tutte le m __ __ __ __ __ ☐.

4. Lorenzo si è i __ ☐ __ __ __ __ __ __ __ dello specchio.

5. Viviamo insieme. Ci a __ ☐ __ __ __ __ __.

6. Marcella è troppo g __ __ ☐ __ __ __.

7. Ma che fai, ti arricci i c ☐ __ __ __ __ __?

8. Viola è _____ !

Dopo il video

6 **Vero o falso?** Indicate whether each statement is **vero** or **falso**.

	Vero	Falso
1. Questa mattina, Lorenzo è andato in bagno per primo.	○	○
2. Emily si vuole lavare i capelli.	○	○
3. Riccardo si fa la barba tutti i giorni.	○	○
4. Nella pensione c'è un solo bagno.	○	○
5. Emily è arrabbiata con Viola.	○	○
6. Paolo ha mangiato due piatti di pasta.	○	○
7. Viola ha appuntamento con Massimo alle nove.	○	○
8. Emily ha bisogno di un pettine.	○	○

7 **Tocca a te!** Describe your morning routine by completing these sentences with the verbs below.

mi asciugo	mi faccio la doccia	mi alzo	mi pettino	mi trucco
mi faccio la barba	mi guardo allo specchio	mi lavo i denti	mi sveglio	mi vesto

1. Prima _____.

2. Poi, _____.

3. In seguito, _____.

4. Quindi, _____.

5. Alla fine, _____.

Lezione 6B, Puntata 12   Fotoromanzo

UNA VISITA MEDICA

Prima di guardare

1   **Al mattino** In this episode, Viola goes to the doctor after fainting at the *pensione*. What words and expressions do you expect to hear?

_____

_____

_____

_____

_____

Durante il video

2   **Chi parla?** Indicate which character says each line: **Emily, Lorenzo, Viola, Riccardo, Marcella,** or **il dottore**.

_____ 1. Quando si è svegliata non aveva nessun sintomo.
_____ 2. Va bene, basta così.
_____ 3. Una carbonara con qualche ingrediente extra.
_____ 4. Sei allergica a uno di questi cibi?
_____ 5. Anche stamattina stavo bene.
_____ 6. Va bene. Tutti fuori dal mio studio.
_____ 7. È pericoloso lasciarlo entrare in cucina.
_____ 8. È colpa tua se sta male.
_____ 9. Ma a volte quando vi guardate i tuoi occhi brillano.
_____ 10. Sapete una cosa? Roma comincia a piacermi.

3   **Che cosa dicono?** Match these photos with their captions.

_____ 1. Ti ho prescritto delle medicine contro la nausea.
_____ 2. Riccardo fa sempre quello che gli pare.
_____ 3. Questi sono da parte di Riccardo.
_____ 4. Cosa è successo?
_____ 5. Andiamo, Lorenzo: sei innamorato di Viola.

a.   b.   c.

d.   e.

Lezione 6B Fotoromanzo Activities   **23**

Video Manual

4   **Sintomi** Check off the symptoms Viola has.

❏ 1. mal di testa   ❏ 5. male al petto
❏ 2. nausea   ❏ 6. infezione
❏ 3. raffreddore   ❏ 7. depressione
❏ 4. mal di stomaco   ❏ 8. insonnia

5   **Completare** Listen to the doctor's recommendations to Viola and complete this paragraph with the missing words you hear.

Secondo me, sei stata male a causa di una (1) _____ depressione e di un brutto

(2) _____ di stomaco. Ti ho (3) _____ delle

(4) _____ contro la nausea. Ti consiglio di (5) _____, di bere

acqua e tè e di (6) _____ la cucina di Riccardo.

Dopo il video

6   **Vero o falso?** Indicate whether each statement is **vero** or **falso**.

	Vero	Falso
1. Quando si è svegliata, Viola stava bene.	○	○
2. Viola è allergica all'aglio.	○	○
3. Lorenzo compra dei fiori per Viola.	○	○
4. Secondo Lorenzo, Viola sta male per colpa di Emily.	○	○
5. Secondo Emily, gli studenti americani non sono eleganti come Lorenzo.	○	○
6. Riccardo chiede scusa (*apologizes*) a Emily.	○	○

7   **Tocca a te!** When was the last time you or someone you know went to the doctor's? What happened? How was the person hurt? What did the doctor tell him/her to do about it?

_____

_____

_____

_____

_____

_____

_____

_____

_____

_____

_____

Video Manual

Lezione 7A, Puntata 13   Fotoromanzo

RIPOSO E SVAGO

Prima di guardare

1 **Che cosa succede?** Look at the photo and guess what the characters might be saying to one another.

_____
_____
_____
_____
_____

Durante il video

2 **Chi parla?** Indicate which character says each line: **Emily**, **Lorenzo**, **Viola**, **Riccardo**, or **Massimo**.

_____ 1. Si perde la nostra giornata a Trastevere.
_____ 2. Siediti pure. Vuoi qualcosa da bere?
_____ 3. Ti ho portato gli appunti della lezione di ieri.
_____ 4. Appena starai meglio, ci andremo insieme.
_____ 5. Non è meglio se ti riposi un po'?
_____ 6. Sei un cretino.
_____ 7. Trastevere è figo.
_____ 8. Cosa diranno i tuoi?

3 **Stanze e mobili** Check off the parts of the house and pieces of furniture mentioned in this episode.

❑ 1. divano   ❑ 7. dispensa
❑ 2. sala da pranzo   ❑ 8. camera singola
❑ 3. soggiorno   ❑ 9. comodino
❑ 4. studio   ❑ 10. armadio
❑ 5. balcone   ❑ 11. poltrona
❑ 6. doccia   ❑ 12. cucina

4 **Completare** Complete these statements with the missing words.

1. È felice solo quando sta sul _____ a leggere.
2. Grazie per gli appunti. E per i _____. Li metterò sul mio _____.
3. Sai, ci sono dei _____ molto belli _____ alla facoltà.
4. Le lezioni sono _____ senza di te.
5. Voglio prendere in _____ un appartamento qui quando finirà il semestre.
6. Con una pizzeria a _____ e un bar a destra!

Video Manual

Dopo il video

5 **Collegare** Match the first half of these sentences with the correct endings.

_____ 1. Vuole l'attenzione...

_____ 2. Ho visto che c'è...

_____ 3. Non mi può vedere...

_____ 4. Digli che sarò da lui...

_____ 5. Te li ho presi...

_____ 6. Questo è il mio primo morso...

a. a una vera pizza italiana.

b. in questo stato!

c. un appartamento in affitto.

d. dal fiorista vicino alla facoltà.

e. di tutti per lei.

f. fra qualche minuto.

6 **Gelosia** Describe what is happening in this photo. Explain the events leading up to this moment.

_____

_____

_____

_____

_____

7 **Una casa in Italia!** Imagine you are going to spend a year in Italy. In which town would you like to live? What would you like your apartment or house to be like? Describe it in Italian.

_____

_____

_____

_____

_____

_____

_____

_____

_____

_____

_____

_____

_____

_____

_____

_____

_____

Video Manual

Lezione 7B, Puntata 14　　　　Fotoromanzo

CHE PORCILE!

Prima di guardare

1 **In casa** In this episode, you will hear the characters talking about chores. In preparation, make a list of household chores in Italian.

_____

_____

_____

_____

_____

Durante il video

2 **Le faccende domestiche** Check off the chores mentioned in the video.

☐ 1. sparecchiare la tavola
☐ 2. mettere in ordine
☐ 3. pulire il forno
☐ 4. lavare i piatti
☐ 5. passare l'aspirapolvere
☐ 6. fare il bucato

☐ 7. portare fuori la spazzatura
☐ 8. stirare
☐ 9. pulire il pavimento
☐ 10. fare il letto
☐ 11. spolverare
☐ 12. asciugare i piatti

3 **Scegliere** Circle the option that best completes each sentence according to the video.

1. Da cinque minuti lo osservo mentre riempie _____ di briciole.
   a. il frigorifero　　　b. il lavandino　　　c. il letto
2. Ho lavato i piatti e portato fuori _____ tutti i giorni.
   a. il cane　　　b. la coperta　　　c. la spazzatura
3. Il più bravo avrà _____.
   a. un premio　　　b. una crostata　　　c. un piatto
4. Viola, passa _____.
   a. la scopa　　　b. l'aspirapolvere　　　c. il bucato
5. Poi pulisci _____.
   a. il pavimento　　　b. la tavola　　　c. il lavello
6. Questo posto è _____.
   a. una pensione　　　b. un cafone　　　c. un porcile

4 **Risposte** Choose the correct response to each statement below.

_____ 1. Riccardo! Che schifo!
_____ 2. Dicci cosa dobbiamo fare.
_____ 3. Buongiorno, mi dica.
_____ 4. Piacere di conoscerti, Francesca.
_____ 5. Spostati. Fammi vedere.

a. Riccardo, pulisci il forno e i fornelli.
b. Riccardo, non sai cosa fare.
c. Sei proprio una lagna.
d. Vorrei un caffè, per favore.
e. Ma chi è Francesca?

Video Manual

Dopo il video

5 **Mettere in ordine** Number these events in the order in which they occur in the video.

_____ a. Riccardo va via con lo scooter.

_____ b. Emily ordina un caffè e un cornetto al bar.

_____ c. Viola ripara l'aspirapolvere.

_____ d. Emily registra un messaggio per il blog.

_____ e. Emily incontra Lorenzo al bar con una ragazza.

_____ f. Viola e Riccardo decidono di aiutare Marcella a pulire la pensione.

6 **Spiegare** Answer these questions in Italian. Use complete sentences.

1. Perché Viola chiama Riccardo «cafone»?

_____

_____

2. Cosa devono fare Viola e Riccardo per vincere i venti euro?

_____

_____

3. Perché alla fine della puntata Riccardo va via arrabbiato con lo scooter?

_____

_____

7 **Tocca a te!** Imagine that you are dividing household chores with your roommate. Write a conversation in which you discuss which chores you will each do. Mention at least six tasks.

_____

_____

_____

_____

_____

_____

_____

_____

_____

_____

_____

_____

_____

_____

_____

Video Manual

Lezione 8A, Puntata 15   **Fotoromanzo**

C'ERAVAMO TANTO AMATI

Prima di guardare

 Che cosa succede? Look at the photo, and guess what will happen in this episode.

_____

_____

_____

_____

_____

Durante il video

2   **Mezzi di trasporto** Check off the words related to transportation and driving mentioned in this episode.

- ❏ 1. il traffico
- ❏ 2. la gomma
- ❏ 3. i tergicristalli
- ❏ 4. l'autobus
- ❏ 5. l'olio

- ❏ 6. lo scooter
- ❏ 7. la portiera
- ❏ 8. il motore
- ❏ 9. l'autostrada
- ❏ 10. la benzina

3   **Chi parla?** Indicate which character says each line: **Riccardo**, **Francesca**, **Viola**, **Lorenzo**, or **Marcella**.

_____ 1. Sono più arrabbiata che preoccupata.

_____ 2. Hai il suo numero di cellulare?

_____ 3. È il tuo migliore amico, non il mio.

_____ 4. Com'è andato il viaggio?

_____ 5. Che cosa mi dai in cambio?

_____ 6. Lo sai riparare, Viola?

_____ 7. Ma siamo la peggior coppia del mondo.

_____ 8. Sei irresponsabile e immaturo.

4   **Mettere in ordine** Number these events in the order in which they occur.

_____ a. Riccardo torna alla pensione.

_____ b. Viola ripara lo scooter.

_____ c. Lo scooter di Marcella non funziona.

_____ d. Viola prende il lettore MP3 di Riccardo.

_____ e. Riccardo chiede a Viola di riparare lo scooter.

Video Manual

Dopo il video

5 **Vero o falso?** Indicate whether each statement is **vero** or **falso**.

		Vero	Falso
1.	Riccardo non trova il suo cellulare.	○	○
2.	Secondo Emily, Isabella non è carina.	○	○
3.	Emily è preoccupata perché Riccardo non guida bene.	○	○
4.	Francesca ha trovato molto traffico.	○	○
5.	Francesca è venuta a Roma perché ha lasciato Giovanni.	○	○
6.	Francesca non ama più Lorenzo.	○	○
7.	Viola restituisce il lettore MP3 a Riccardo.	○	○
8.	Marcella è arrabbiata con Riccardo.	○	○

6 **Gelosia** What happens in this episode that tells you that the relationship between Lorenzo and Francesca is finished? Describe at least three things they say or do.

_____
_____
_____
_____
_____

7 **Tocca a te!** Describe a time when you had car or transportation trouble. What happened? What did you do?

_____
_____
_____
_____
_____
_____
_____
_____
_____
_____
_____
_____

Video Manual

Lezione 8B, Puntata 16   Fotoromanzo

AMICI, ROMANI, CITTADINI

Prima di guardare

1   **In viaggio** In this video episode, you will hear the characters talk about where they would like to travel after the end of the semester. Where do you imagine they would like to go?

_____

_____

_____

_____

_____

Durante il video

2   **Dove?** Match the questions to the correct answers.

_____ 1. Dove vorrebbe andare Emily?   a. A Bari.

_____ 2. Dove si può prendere il traghetto per la Grecia?   b. A San Francisco.

_____ 3. Dove vivono i cugini di Riccardo?   c. A New Orleans.

_____ 4. Dove va a sciare Lorenzo?   d. A Capistrello.

_____ 5. Dove vorrebbe andare Riccardo?   e. In Grecia.

_____ 6. Dove farebbe un viaggio Viola?   f. A Zermatt.

3   **Vero o falso?** Indicate whether each statement is **vero** or **falso**.

	Vero	Falso
1. Negli anni '50 la gente prendeva marmo dal Foro per costruire chiese e fontane.	O	O
2. Viola invita Emily a Capistrello.	O	O
3. Lorenzo non è mai stato in Grecia.	O	O
4. Lorenzo ha girato l'Europa con suo padre.	O	O
5. Un amico di Emily frequenta l'università a New Orleans.	O	O
6. Riccardo ha rotto lo scooter di Marcella il mese scorso.	O	O
7. Isabella è una collega di lavoro di Lorenzo.	O	O
8. Isabella ama scherzare.	O	O

4   **L'anagramma** For items 1–5, fill in the missing letters in each word. Unscramble the letters in the boxes to complete item 6.

1. Lorenzo va a sciare con la famiglia della sua __ __ __ __ ☐☐ __ __.

2. Nel Foro si riuniva il __ ☐ __ __ __ __ romano.

3. Nel Medioevo la gente usava il __ __ ☐ __ __ del Foro per costruire gli edifici.

4. Secondo Marcella, i ragazzi dovrebbero conoscere meglio la ☐ __ __ __ __ __ __ di Roma.

5. Lorenzo ha visto Francesca __ ☐ __ __ __ __.

6. Riccardo ha dei cugini in __ __ __ __ __ __.

      Lezione 8B Fotoromanzo Activities   **31**

Dopo il video

5 **Descrizioni** Whom do these statements describe?

_____ 1. Ha un amico a New Orleans.
_____ 2. È triste perché Marcella è arrabbiata con lui.
_____ 3. Prende in giro Emily.
_____ 4. Prova a difendere (*defend*) Emily dagli scherzi.
_____ 5. Non è elegante come Lorenzo.
_____ 6. Peter non le manca affatto.

6 **Spiegare** Answer these questions in Italian. Use complete sentences.

1. Cosa faceva la gente nel Medioevo con il marmo del Foro?

_____

2. Che viaggio propone Riccardo a Emily?

_____

3. Perché Lorenzo non ha presentato subito Isabella a Emily?

_____

4. Chi è veramente Isabella?

_____

5. Chi è socio d'affari del padre di Lorenzo?

_____

6. Perché Lorenzo ride (*laughs*)?

_____

7 **Tocca a te!** List four places where you would like to go on vacation. Then list two activities you might do in each place. Mention eight different activities.

Luoghi	Attività	Attività
1. _____	_____	_____
2. _____	_____	_____
3. _____	_____	_____
4. _____	_____	_____

Video Manual

Lezione 9A, Puntata 17   **Fotoromanzo**

COME SI VA IN PIAZZA DI SPAGNA?

Prima di guardare

1 **Orientarsi** Read the episode title, look at the photo, and guess what might happen in this episode.

_____

_____

_____

_____

_____

2 **Che cos'è?** Mark an **X** in the appropriate column to classify these words as directions (**indicazioni**) or places (**luoghi**).

	Indicazioni	Luoghi		Indicazioni	Luoghi
1. fontana	_____	_____	7. chiesa	_____	_____
2. diritto	_____	_____	8. strada	_____	_____
3. girare	_____	_____	9. piazza	_____	_____
4. seguire	_____	_____	10. continuare	_____	_____
5. semaforo	_____	_____	11. statua	_____	_____
6. incrocio	_____	_____	12. chiosco	_____	_____

Durante il video

3 **Completare** Watch the scene with the waiter in the café and complete the conversation with the missing words.

chiosco	innamorati	segue	sinistra
continua	insieme	semaforo	strada
gira	peccato	si figuri	va

RICCARDO Mi scusi.

CAMERIERE Mi dica.

RICCARDO Come si (1) _____ in Piazza di Spagna?

CAMERIERE È facile da qui. Allora, si (2) _____ questa (3) _____, finché si arriva a un (4) _____. Poi (5) _____ a (6) _____, passa un (7) _____ e (8) _____ diritto.

RICCARDO Grazie mille.

CAMERIERE (9) _____. Roma è più bella quando si è (10) _____, eh? Non state (11) _____?

EMILY No.

RICCARDO Ma quando mai!

CAMERIERE Davvero? Che (12) _____.

Lezione 9A Fotoromanzo Activities   **33**

4 **Collegare** Match the first half of these sentences with the correct endings.

_____ 1. Andiamo a prendere un caffè al bar...   a. in cui dovremmo girare a sinistra.

_____ 2. Ci sono così tante cose...   b. che dobbiamo prendere.

_____ 3. Questo è l'incrocio...   c. che ho visto all'angolo.

_____ 4. È questa la strada...   d. che non abbiamo visto.

Dopo il video

5 **Che cosa succede?** Match these images with their captions.

_____ 1. In questa strada? Sei sicura?

_____ 2. Non mi piace vederti così triste, Riccardo.

_____ 3. Amici?

_____ 4. Le dirò perché Sua figlia dovrebbe restare a Roma dopo la fine del semestre.

_____ 5. Che cosa crede? Non siamo mica Lorenzo e Viola.

_____ 6. Siamo arrivati fino a Trinità dei Monti!

6 **Vero o falso?** Indicate whether each statement is **vero** or **falso**.

	Vero	Falso
1. Riccardo spiega alla signora Eriksson perché Emily dovrebbe restare a Roma.	○	○
2. Secondo il cameriere, Emily è la ragazza di Riccardo.	○	○
3. Secondo Riccardo ed Emily, un giorno Lorenzo e Viola staranno insieme.	○	○
4. Piazza di Spagna si chiama così perché è un regalo della Spagna all'Italia.	○	○
5. Riccardo è sicuro che Marcella lo perdonerà.	○	○
6. Alla fine Riccardo ed Emily capiscono di essere innamorati.	○	○

7 **Come si va...?** Give directions from your home to these places.

1. Per andare da casa mia al parco: _____

_____

_____

2. Per andare da casa mia alla stazione degli autobus/dei treni: _____

_____

_____

3. Per andare da casa mia alla posta: _____

_____

_____

Video Manual

Lezione 9B, Puntata 18

Fotoromanzo

Prima di guardare

 Che cosa succede? Look at the photo and guess what might happen in this episode.

_____
_____
_____
_____
_____

Durante il video

2 **In centro** Check off the places and items mentioned in this episode.

❑ 1. la banca

❑ 2. la profumeria

❑ 3. la cartolina

❑ 4. i francobolli

❑ 5. il conto corrente

❑ 6. l'edicola

❑ 7. la posta

❑ 8. il pacco

❑ 9. il bancomat

❑ 10. il fiorista

❑ 11. la tintoria

❑ 12. la rivista

3 **Completare** Watch the scene where Viola and Lorenzo meet outside the bank, and complete these two fragments according to what the characters say.

| banca | conto corrente | pacco | soldi |
| bancomat | francobolli | posta | tintoria |

VIOLA Ciao, Massimo, come stai? Alla (1) _____. Ho comprato dei

(2) _____ e spedito un (3) _____ a mia madre.

Ho diverse cose da fare. Sì, in banca e in (4) _____.

LORENZO Viola.

VIOLA Ciao.

LORENZO Ciao. Che cosa fai qui?

VIOLA Ho un (5) _____ in questa (6) _____ e dovevo ritirare

dei (7) _____ al (8) _____. È qui che lavori?

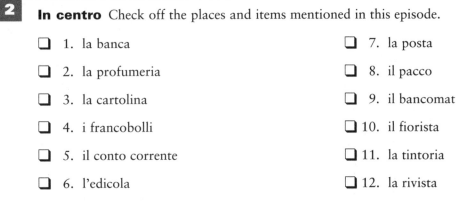

Lezione 9B Fotoromanzo Activities

Video Manual

4 **Vero o falso?** Indicate whether each statement is **vero** or **falso**.

	Vero	Falso
1. Viola ha lezione domani mattina.	○	○
2. Quando incontra Lorenzo, Viola ha già ritirato i soldi al bancomat.	○	○
3. Lorenzo lavora nella banca in cui Viola ha il conto corrente.	○	○
4. A Lorenzo è piaciuta molto la giornata al Foro Romano con gli altri ragazzi.	○	○
5. Lorenzo ha dei problemi con Emily.	○	○
6. La madre di Viola compra gli abiti da sposa per le sue figlie in un negozio di Capistrello.	○	○
7. Secondo Lorenzo, è impossibile arrabbiarsi con Riccardo.	○	○
8. Alla fine, Viola è in ritardo all'appuntamento.	○	○

Dopo il video

5 **Scegliere** Circle the option that best completes each statement.

1. Viola ha un appuntamento con _____.
   a. Massimo   b. Lorenzo   c. sua madre
2. Viola ha spedito _____ a sua madre.
   a. una lettera   b. un pacco   c. dei soldi
3. Lavorando in banca, Lorenzo guadagna _____ per l'università.
   a. un premio   b. punti   c. crediti
4. Lorenzo ed Emily sono _____.
   a. uguali   b. simili   c. diversi
5. Viola sta leggendo un libro _____.
   a. sulla commedia dell'arte   b. sulla storia di Roma   c. sugli abiti da sposa
6. Secondo Lorenzo, Riccardo è _____.
   a. un bravo ragazzo   b. un cattivo ragazzo   c. un ragazzo antipatico

6 **Spiegare** Explain what is happening in this photo.

_____
_____
_____
_____

7 **Tocca a te!** Describe a day in which you ran several errands. Tell where you went and what you did at each place. Mention at least four different places.

_____
_____
_____
_____
_____

Lezione 10A, Puntata 19   Fotoromanzo

I SOGNI SON DESIDERI

Prima di guardare

1 **Usa l'immaginazione!** Look at the video still below. Why are the characters masked? What is going on in this episode?

_____

_____

_____

_____

_____

Durante il video

2 **Descrizioni** Indicate which character(s) each statement describes: **Colombina, Pantalone, Massimo,** or **Arlecchino**.

_____ 1. Ha scritto una poesia d'amore.

_____ 2. Vuole regalare la scatola magica a Colombina.

_____ 3. Sente un pianoforte che suona nella scatola.

_____ 4. Vuole avere la scatola magica.

_____ 5. Desidera una camicia.

_____ 6. Ama il suono della fisarmonica.

_____ 7. Desidera avere i soldi e anche l'amore con l'aiuto della scatola magica.

_____, _____ 8. Secondo questi personaggi, la scatola non è magica.

3 **Collegare** Match the first half of these sentences with the correct endings.

_____ 1. Vi ha annoiato il mio amico…   a. dentro questa scatola?

_____ 2. Hai detto che c'è un'orchestra…   b. tra l'amore e i soldi.

_____ 3. Mi trovo…   c. in presenza del vero amore.

_____ 4. Mi piace tanto quella camicia…   d. con la sua esibizione?

_____ 5. Non riesco a decidere…   e. davanti a un dilemma.

_____ 6. Suona una musica meravigliosa…   f. che indossava l'altro giorno.

4 **Completare** Complete these fragments with the missing words. Not all words will be used.

applaude	commedia	pubblico	stasera
canta	parte	rappresentazione teatrale	tragedia

VIOLA Chi è che (1) _____? È una (2) _____? Sto interpretando una (3) _____?

EMILY–COLOMBINA Il (4) _____ ti aspetta.

VIOLA Emily? Emily, sei tu?

EMILY–COLOMBINA Benvenuti, benvenuti. La rappresentazione di (5) _____ è una (6) _____. Spero.

Lezione 10A Fotoromanzo Activities   **37**

Video Manual

Dopo il video

5 **Identificare** Match these images with their captions.

_____ 1. Per Lei, vincono sempre i soldi.

_____ 2. Oh, grande dono d'amore, come ti amo!

_____ 3. Mi prometta due cose.

_____ 4. Dolce Colombina, ho una cosa per te.

_____ 5. Ascolti, padrone. Ora c'è un pianista
              che suona un concerto.

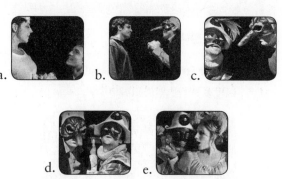

a.   b.   c.

d.   e.

6 **Spiegare** Answer these questions in Italian according to what you saw in the video.

1. Come reagisce (*reacts*) Colombina quando Arlecchino le vuole regalare la scatola magica?

_____

_____

2. Cosa deve fare Pantalone per avere la scatola da Arlecchino?

_____

_____

3. Cosa vuole fare Pantalone con la scatola?

_____

_____

4. Quando suona la scatola?

_____

_____

7 **Tocca a te!** Why has Viola had this dream? What do you think it means?

_____

_____

_____

_____

_____

_____

_____

_____

_____

_____

Video Manual

Lezione 10B, Puntata 20

Fotoromanzo

IL MONDO DI PAOLO

Prima di guardare

1 **Che cosa succede?** In this episode, the characters are helping Paolo shoot a short film for a school project. What words and expressions do you expect to hear?

_____

_____

_____

_____

_____

Durante il video

2 **Le arti** Check off the expressions that are mentioned in the video.

❑ 1. trama
❑ 2. drammatico
❑ 3. documentario
❑ 4. sceneggiatura
❑ 5. attore
❑ 6. commovente

❑ 7. girare
❑ 8. drammatica
❑ 9. regista
❑ 10. inquietante
❑ 11. scultore
❑ 12. autore

3 **Chi parla?** Indicate which character says each line: **Emily**, **Viola**, **Lorenzo**, **Paolo**, or **Riccardo**.

_____ 1. Scrivere è più difficile di quanto sembri.
_____ 2. Ho finito di scriverlo un'ora fa.
_____ 3. Quale scena giriamo per prima?
_____ 4. Da dove vengono?
_____ 5. Promettimi che non lo dirai a nessuno.
_____ 6. Non ci posso credere!
_____ 7. È buona la tua sceneggiatura.
_____ 8. Senti chi parla!

4 **Mettere in ordine** Number these events in the order in which they occur in the video.

_____ a. Viola vede le maschere da commedia dell'arte.
_____ b. I ragazzi iniziano a recitare.
_____ c. Gli attori si mettono a ridere e smettono di recitare.
_____ d. Paolo entra in sala da pranzo con la sceneggiatura.
_____ e. Viola confessa a Emily di aver baciato Lorenzo.
_____ f. Riccardo fa i complimenti a Paolo per la sua sceneggiatura.

Video Manual

Dopo il video

5 **Vero o falso?** Indicate whether each statement is **vero** or **falso**.

	Vero	Falso
1. Nel film di Paolo c'è una scatola che suona musica.	○	○
2. Le maschere da commedia dell'arte erano nell'armadio di Viola.	○	○
3. Viola preferisce Massimo a Lorenzo.	○	○
4. Secondo Riccardo, la sceneggiatura di Paolo è drammatica e inquietante.	○	○
5. Paolo studierà cinema all'università.	○	○
6. I ragazzi non sono dei bravi attori.	○	○

6 **Spiegare** Look at this photo and describe the conversation between Viola and Emily.

_____

_____

_____

_____

_____

7 **Tocca a te!** Imagine that you are giving advice to Viola. Who's a better fit for her: Lorenzo or Massimo? Tell her what you think.

_____

_____

_____

_____

_____

_____

_____

_____

_____

_____

_____

_____

_____

_____

_____

_____

Lezione 11A, Puntata 21   Fotoromanzo

CASA E AFFETTI

Prima di guardare

 Che cosa succede? In this episode, Viola and Lorenzo talk about what recently happened between them. What do you think will happen?

_____

_____

_____

_____

_____

Durante il video

2   **Chi parla?** Indicate which character says each line: **Emily, Lorenzo, Marcella, Riccardo,** or **Viola.**

_____ 1. Devo pensare a un modo per convincerli.

_____ 2. È che all'inizio non volevo crederci, ma sembra che io mi senta attratto da te.

_____ 3. Voglio studiare e diventare un'insegnante.

_____ 4. Mi dai una mano?

_____ 5. Un giorno vedrai tutto con più serenità.

_____ 6. Penso che andrò a fare una passeggiata.

_____ 7. Non posso tenerlo.

_____ 8. Non so perché mi sono arrabbiata così tanto con te.

3   **Completare** Complete this conversation between Viola and Emily with words from the list. Not all words will be used.

adesso	bene	meglio
altra	davvero	proprio
ancora	invece	tutti

EMILY   Cosa è successo?

VIOLA   Ho lasciato Massimo.

EMILY   (1) _____? Che cosa gli hai detto?

VIOLA   Gli ho detto che non siamo fatti l'uno per l'(2) _____.

EMILY   Hai fatto (3) _____. Hai parlato con Lorenzo?

VIOLA   No, non (4) _____.

EMILY   Vorresti metterti con lui?

VIOLA   È (5) _____ che non veda nessuno (6) _____. Il semestre è quasi finito e devo pensare agli esami.

Video Manual

4 **Identificare** Match these images with their captions.

_____ 1. Ma non voglio stare con nessuno per il momento.

_____ 2. È impossibile essere arrabbiati con te.

_____ 3. Secondo i miei genitori, è meglio che io torni a casa quest'estate.

_____ 4. Non so cosa fare per meritare la tua fiducia.

_____ 5. Sembra impossibile adesso, ma un giorno vedrai tutto con più serenità.

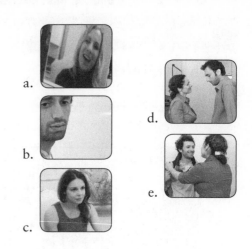

a.

b.

c.

d.

e.

Dopo il video

5 **Mettere in ordine** Number these events in the order in which they occur in the video.

_____ a. Riccardo e Marcella fanno pace (*make up*).

_____ b. Viola dice a Emily che ha lasciato Massimo.

_____ c. Lorenzo esce per comprare del gelato.

_____ d. Viola dice a Lorenzo che adesso non ha tempo per l'amore.

_____ e. Lorenzo entra in cucina.

6 **Vero o falso?** Indicate whether each statement is **vero** or **falso**.

	Vero	Falso
1. I genitori di Emily le hanno detto che può restare a Roma dopo la fine del semestre.	○	○
2. Viola ha lasciato Massimo.	○	○
3. Lorenzo chiede scusa a Viola perché l'ha baciata.	○	○
4. Viola non vuole mettersi con Lorenzo perché deve tornare a Capistrello.	○	○
5. Marcella cerca di incoraggiare Lorenzo.	○	○
6. Riccardo chiede a Marcella di lavare il maglione.	○	○

7 **Tocca a te!** Describe a time when you made up with a friend or relative after an argument or misunderstanding.

_____

_____

_____

_____

_____

_____

_____

Video Manual

Lezione 11B, Puntata 22   **Fotoromanzo**

PENSANDO AL FUTURO

Prima di guardare

 Che cosa succede? In this episode, the characters talk about their future plans. What words and expressions do you expect to hear them say?

_____

_____

_____

_____

_____

Durante il video

2 **Chi parla?** Indicate which character says each line: **Emily**, **Lorenzo**, **Riccardo**, or **Viola**.

_____ 1. Hai provato a calcolare quanto costerebbe?

_____ 2. Non ho nemmeno un curriculum.

_____ 3. È vero, tu bevi sempre caffè.

_____ 4. Tieni, puoi ascoltare la musica con questa.

_____ 5. Quella ragazza non sa cosa vuole.

_____ 6. Non so nemmeno come mi sento.

_____ 7. Dovresti mettere lo stage qui e parlare della tua istruzione qui.

_____ 8. Perché le ragazze si comportano in questo modo?

3 **Completare** Complete these sentences with words from the list.

curriculum	esperienza	gestore	lavoro	qualcuno	spese

VIOLA Appartamento, cibo, caffè, (1) _____ varie... dovresti trovare un (2) _____. Che cosa sai fare?

EMILY Purtroppo non ho nessuna (3) _____ professionale. Non ho nemmeno un (4) _____. Però so fare il caffè.

VIOLA È vero. Tu bevi sempre caffè. Dovresti parlare con il (5) _____ per vedere se sta cercando (6) _____.

4 **Associare** Match the first half of these sentences with the correct endings.

_____ 1. I miei genitori non vogliono che...

_____ 2. Ora lascia che...

_____ 3. Credo che...

_____ 4. Mi piaceva di più quando...

_____ 5. Penso di...

_____ 6. Temo che...

_____ 7. No. Non avrei dovuto...

_____ 8. Te l'avevo detto che...

a. io aiuti te.

b. tu sia innamorata dell'amore, Viola.

c. aver commesso un errore.

d. chiederti consiglio.

e. io stia in Italia quest'estate.

f. faceva la timida.

g. tu le piaccia.

h. sarebbe andata a finire così.

Video Manual

Dopo il video

5 **Descrizioni** Which character does each statement describe?

1. Perde il carica batteria.
   a. Emily   b. Viola   c. Lorenzo   d. Riccardo
2. Scrive un messaggio con il cellulare.
   a. Emily   b. Viola   c. Lorenzo   d. Riccardo
3. Ha un colloquio a Milano.
   a. Emily   b. Viola   c. Lorenzo   d. Riccardo
4. Se vuole restare a Roma, dovrà trovare un lavoro.
   a. Emily   b. Viola   c. Lorenzo   d. Riccardo
5. Forse è innamorato/a dell'amore.
   a. Emily   b. Viola   c. Lorenzo   d. Riccardo
6. Si arrabbia con un altro personaggio.
   a. Emily   b. Viola   c. Lorenzo   d. Riccardo
7. Non ha esperienza professionale.
   a. Emily   b. Viola   c. Lorenzo   d. Riccardo
8. Sistema il suo curriculum.
   a. Emily   b. Viola   c. Lorenzo   d. Riccardo

6 **Spiegare** What is happening in this photo? Describe the events leading up to this moment.

_____

_____

_____

_____

_____

7 **Tocca a te!** Make predictions for the four characters. What will they do in the future? What do you think will become of them?

1. Emily _____

_____

_____

2. Viola _____

_____

_____

3. Lorenzo _____

_____

_____

4. Riccardo _____

_____

_____

Video Manual

Lezione 12A, Puntata 23   **Fotoromanzo**

PICNIC D'ADDIO

Prima di guardare

1 **Che cosa succede?** Look at the video still. In this episode, the characters go to a park for a picnic. What words and expressions do you expect to hear them say?

_____

_____

_____

_____

_____

Durante il video

2 **Chi parla?** Indicate which character says each line: **Emily, Lorenzo, Riccardo, Viola, Paolo,** or **Marcella.**

_____ 1. Non mi avevi detto che dovevi partire.

_____ 2. Spero che troverai il caffè perfetto.

_____ 3. Verrò a prendere i bagagli dopo l'esame.

_____ 4. È il parco più bello che ci sia a Roma.

_____ 5. Puoi restare con noi.

_____ 6. Ma tua madre conduce un'attività.

_____ 7. Avete il suo numero di cellulare?

_____ 8. No, non vado da nessuna parte prima del dolce.

3 **Mettere in ordine** Number these events in the order in which they occur.

_____ a. Paolo propone a Emily di restare a vivere nella pensione.

_____ b. Lorenzo saluta Marcella ed Emily.

_____ c. Viola va via con Riccardo verso la stazione.

_____ d. Viola chiede dov'è Lorenzo.

_____ e. Il gruppo arriva al parco.

4 **Completare** Complete these sentences with words from the list.

| accada | ci sia | possa | sia stato | resti | trovi | vada | voglia |

1. Che peccato che tu non _____ restare per il picnic.
2. Spero che tu _____ bene qui.
3. Qualunque cosa _____, non mi dimenticherò mai di te.
4. È il parco più bello che _____ a Roma.
5. I miei genitori non vogliono che io _____ a Roma a meno che non _____ un lavoro.
6. È meglio che io _____ a casa.
7. Sembra che invece lui non _____ parlare con te.

Video Manual

Dopo il video

5 **Vero o falso?** Indicate whether each statement is **vero** or **falso**.

	Vero	Falso
1. Lorenzo chiede a Marcella dove sono Emily e Viola per salutarle.	○	○
2. Emily non sapeva che Lorenzo avesse un colloquio di lavoro.	○	○
3. Lorenzo promette a Emily che guarderà il blog.	○	○
4. Emily accetta di restare nella pensione.	○	○
5. Viola non è più arrabbiata con Emily.	○	○
6. Lorenzo parte con il treno dell'una.	○	○

6 **Spiegare** Answer these questions in Italian according to what you saw in the video.

1. Perché Emily non può restare a Roma lavorando al bar?

_____

_____

2. Cosa vuole fare Riccardo la prossima settimana?

_____

_____

3. Perché Viola è triste durante il picnic?

_____

_____

4. Perché Riccardo accetta di accompagnare Viola alla stazione con lo scooter?

_____

_____

7 **Tocca a te!** Describe a city park or a nature reserve that you know. What natural features are there to see? What kind of animals can you see? What activities you can do?

_____

_____

_____

_____

_____

_____

_____

_____

_____

_____

_____

Video Manual

Lezione 12B, Puntata 24 **Fotoromanzo**

ARRIVEDERCI, ROMA!

Prima di guardare

1 **Che cosa succede?** In this episode, Riccardo and Viola are rushing to the train station because Viola wants to talk with Lorenzo. What do you think will happen?

_____

_____

_____

_____

_____

Durante il video

2 **Chi parla?** Indicate which character says each line: **Emily**, **Riccardo**, **Viola**, **Paolo**, or **Marcella**.

_____ 1. Spero che ce la facciano.

_____ 2. So guidare uno scooter, grazie mille.

_____ 3. Pensavo che ti occupassi solo di film e computer.

_____ 4. Se non facciamo attenzione all'ambiente, rischiamo il riscaldamento globale.

_____ 5. Non capiresti.

_____ 6. Spero che tu ce la presenterai quando verrà a Roma.

_____ 7. Lui mi piaceva perché era attratto da me.

_____ 8. Sei così sensibile a volte.

3 **Identificare** Match these images with their captions.

_____ 1. Niente immondizia in giro!
_____ 2. Non c'è di che. Lascia che ti aiuti.
_____ 3. Allora, com'è andata?
_____ 4. Mia madre viene a Roma.
_____ 5. Sono una stupida, vero?

a.

b.

c.

d.

e.

Video Manual

4 **Completare** Watch Emily and Paolo talk about the importance of protecting the environment and complete Paolo's lines with the missing words. Not all words will be used.

attenzione	inquinamento	riscaldamento
deforestazione	pannelli	serra

PAOLO L'effetto (1) _____ è una cosa seria, Emily. Se non facciamo (2) _____ all'ambiente, rischiamo il (3) _____ globale. [...] Non mi piacerebbe avere un'amica che non si preoccupa dell'(4) _____ e della (5) _____. Io e Caterina abbiamo proposto l'impianto di (6) _____ solari per la nostra scuola.

5 **Associare** Match the first half of these sentences with the correct endings.

_____ 1. Pensi che Riccardo e Viola...   a. vogliamo prenderlo.

_____ 2. Lo pensavo anch'io prima...   b. possano arrivare in tempo alla stazione?

_____ 3. Se tu avessi un po' di buon senso, ...   c. sia andata a finire alla stazione.

_____ 4. Dobbiamo sbrigarci se...   d. non ci troveremmo in questa situazione.

_____ 5. Mi chiedo come...   e. che lo rompessi.

Dopo il video

6 **Vero o falso?** Indicate whether each statement is **vero** or **falso**.

	Vero	Falso
1. Caterina è una compagna di scuola di Paolo.	O	O
2. A Paolo non interessa l'ecologia.	O	O
3. Alla stazione, Lorenzo incontra una sua amica.	O	O
4. Quando Viola esce dalla stazione, Riccardo la prende in giro.	O	O
5. Emily viaggerà con sua madre per un mese.	O	O
6. Viola si accorge che Riccardo è un ragazzo dolce.	O	O

7 **Tocca a te!** In this episode, Paolo and Emily talk about ecological problems. What can you do to preserve the environment where you live?

_____

_____

_____

_____

_____

_____

_____

_____

Video Manual